高等学校创新性数智化应用型经济管理规划教材（金融科技系列）

总主编 / 李雪　　主审 / 徐国君

西方经济学学习指导书（第三版）

王国娜　肖英红 ◎ 主编

秦桂兰 ◎ 副主编

图书在版编目(CIP)数据

西方经济学学习指导书 / 王国娜，肖英红主编.
3 版. --上海：立信会计出版社，2025.1. --("十四
五"高等学校创新性数智化应用型经济管理规划教材).
ISBN 978-7-5429-7795-3

Ⅰ. F0-08

中国国家版本馆 CIP 数据核字第 2024CT4931 号

策划编辑　　方士华
责任编辑　　孙　勇
美术编辑　　吴博闻

西方经济学学习指导书（第三版）
XIFANG JINGJIXUE XUEXI ZHIDAOSHU

出版发行	立信会计出版社		
地　　址	上海市中山西路 2230 号	邮政编码	200235
电　　话	(021)64411389	传　　真	(021)64411325
网　　址	www.lixinaph.com	电子邮箱	lixinaph2019@126.com
网上书店	http://lixin.jd.com		http://lxkjcbs.tmall.com
经　　销	各地新华书店		
印　　刷	上海华业装潢印刷有限公司		
开　　本	787 毫米×1092 毫米　　1/16		
印　　张	15.75		
字　　数	415 千字		
版　　次	2025 年 1 月第 3 版		
印　　次	2025 年 1 月第 1 次		
书　　号	ISBN 978-7-5429-7795-3/F		
定　　价	39.00 元		

如有印订差错，请与本社联系调换

总 序

教材是高校实现人才培养目标的重要载体,教材及教材建设对高校发展具有举足轻重的作用。与培养模式相对应的教材是培养合格人才的基本保证,是实现培养目标的重要工具。由于历史的原因,在财经类教材的出版方面,相关出版社出版研究型本科或者高职高专、中等职业等层次的教材较多,应用型本科层次的教材较少。虽然近年来一些应用型本科教材也陆续出版,但总体而言,这些教材还是缺乏权威性、普适性、实用性、创新性。造成这种状况的原因主要在于:出版社对财经类应用型本科教材的出版还不够重视,没有进行有效的组织;财经类应用型本科院校多为新建院校,教材建设相对滞后,主观上也较愿意使用研究型本科教材;在教材使用中存在比较严重的混用现象,教材目标读者群不明确,如不少教材既适用于研究型本科院校又适用于应用型本科院校,或者既适用于本科院校又适用于高职高专院校。

由于目前财经类应用型本科教材种类和数量匮乏或质量欠佳,财经类应用型本科院校不得不沿用传统研究型教材。这些教材本身的质量很好、级别很高,但是并不适用于应用型本科院校的教学,教师和学生普遍反映不好用。即使从全国范围看,相对成套、成熟的适合财经类应用型本科院校的教材也还没有。现有教材存在的主要问题包括:①教材的定位和要求过高;②教材的内容偏多、难度偏大;③教材着重于理论解释,相关案例、实训等内容较少,缺乏普适性、实用性。

与此同时,信息技术的快速发展使学生的学习习惯和阅读习惯发生了改变,不断朝个性化、自主学习的方向发展,传统的单一纸质教材已经无法适应这种变化。翻转课堂、慕课、微课等网络课程的兴起,混合式教学的不断推进,也对立体化教材建设提出了新的要求。教材作为一种课堂上的教学工具、一种传播媒介,理应顺势而为,随课堂形式、学生学习方式的改变而改变,朝着数字化、立体化、可视化的方向发展。因此,我们认为需要编写适应学生水平、便于学生接受的立体化财经类应用型本科教材。

我们组织具有多年应用型人才培养经验的优秀教师和实务界专家编写了这套高等学校创新性数智化应用型经济管理规划教材。本系列教材有《会计基本技能》《出纳实务》《基础会计》《中级财务会计》《成本会计》《管理会计》《会计信息系统》《财务管理》《审计学》《高级财务会计》《商业分析》《税法》《经济法》《金融学》《会计英语》等品种。为了保证教材的质量,本系列教材聘请了知名高校的专家教授进行专门指导和审核。每本教材至少有一名本学科的知名专家或学科带头人提出审核指导意见,至少有一名高等院校教学一线的高级职称教师组织编写,至少有一名行业协会、实务界专家或教学研究机构人员提出编写建议。

本系列教材的特色如下。

1. 应用性

应用型本科的教材建设应坚持培养应用型本科人才的定位,充分吸收和借鉴传统的普通本科教材与高职高专类教材建设的优点和经验,以就业为导向,做到理论上高于高职高专类教材、动手能力的培养上高于传统的本科院校教材。本系列教材体现了应用型本科的定位,体现了素质教育和"以学生发展为本"的教育理念,遵循了高等教育教学基本规律,重视知识、能力和素质的协调发展,根据应用型人才培养模式对学生的创新精神、实践能力和适应能力的要求,在内容选材、教学方法、学习方法、实验和实训配套等方面突出了应用性特征。

2. 针对性

本系列教材的编写符合会计学、财务管理和审计学等专业的培养目标、培养需求、业务规格和教学大纲的基本要求,与各专业的课程结构和课程设置相对应,与课程平台和课程模块相对应。教材在结构纵横的布局、内容重点的选取、示例习题的设计等方面符合教改目标和教学大纲的要求,把教师的备课、试讲、授课、辅导答疑等教学环节有机地结合起来。

3. 立体化

本系列教材为立体化教材,实现了由传统纸质教材向"纸质教材+数字资源"的转变,通过技术手段将晦涩难懂的理论知识转变为直观的具体知识,以立体化、数字化的方式呈现,包括图文、动画、音频、视频等多种形式,生动、有趣且易懂,不仅可以激发学生的学习兴趣,还有利于教学效果的提升。

4. 趣味性

本系列教材注重趣味性,使用了大量的例题和案例,总体上,每章都加入了"思政育人""延伸阅读"等内容,使读者能够加深理解,便于掌握相关内容。在案例、例题等的设计选用上重点突出趣味性,易于引发读者的共鸣。

5. 先进性

本系列教材反映了应用型会计人才教育教学改革的内容,能够反映学科领域的新发展。教材的整体规划、每一种教材的内容构建等均体现了创新性。教材还强调了系列配套,包括了教材、学习参考书、教学课件等。立体化教材在内容修订上更具有明显优势,线上资源可以随时根据政策法规、理论知识或工作实务等的变化进行调整,更有利于保持教材内容的先进性。

6. 基础性

本系列教材将打破传统教材自身知识框架的封闭性,尝试多方面知识的融会贯通,注重知识层次的递进,体现每一门科目的基本内容,同时在具体内容上突出实际运用能力,做到"教师易教,学生乐学,技能实用"。

7. 易于自学性

自学能力是大学生的一项基本能力。学生只有具备了自主学习的能力,才能最终建立起终身学习的保障体系,这也是应用型本科人才培养的客观要求。应用技术型高校的生源素质与普通高校相比存在一定的差距,除了一部分是高考发挥失误的学生,还有一部分学生在学习习惯、基础知识等方面存在一定的欠缺,这就要求教材能够调动这部分学生的学习积极性,在理论方面尽量通俗易懂,在实践方面尽量采用案例式教学。为了有利于学生课后自主学习,本系列教材配套了学习指导书和教学课件。

因此,本系列教材的定位准确,特色明显,适用于应用型本科院校教学,容易得到学生和市场的认可,便于学生的自学和教师的教学。

高等学校创新性数智化应用型经济管理规划教材(金融科技系列)凝聚了众多领导、教授和专家多年来的经验和心血。当然,由于我们的经验和人力有限,教材难免存在不足,我们期待着各位同行、专家和读者的批评指正。我们将伴随着经济发展和会计环境的变迁不断修订教材,以便及时反映学科的最新发展和人才培养的最新变化。

本系列教材自2014年出版后,得到市场的认可,深受广大高校师生的欢迎。为了更好地回馈读者,本系列教材从2017年起启动第二版的修订工作,2019年启动第三版的修订工作,2021年启动第四版的修订工作。各种教材的修订版将陆续出版。我们会一如既往地做好教材修订和相关服务工作,希望广大读者对本套系列教材继续给予支持。

李 雪
2024年1月

第三版前言

本书是为学习西方经济学编写的学习指导书,既可作为应用型高等财经院校西方经济学教学的辅助教材,也可作为其他相关人员学习西方经济学、备战相关考试的参考用书。

《西方经济学学习指导书(第三版)》分为三个部分,第一部分为"学习指导及思考与练习",下设"本章基本内容框架""重点、难点讲解及典型例题""思考与练习"。"本章基本内容框架"总结了每章的知识框架,让学习者能够掌握本章的知识脉络,在学习的过程中做到思路清晰,有的放矢。"重点、难点讲解及典型例题"将每章的重点与难点进行提炼,针对重要知识点设置典型例题并进行解答。"思考与练习"选取本章有代表性的习题,检验学习者对本章的掌握程度。第二部分为"思考与练习参考答案",对前面"思考与练习"进行讲解。第三部分为"模拟试题及参考答案",检验学习者对西方经济学的整体掌握程度。

本次改版修订了部分练习题及其解析,更新部分模拟试题,根据我国目前的财政政策和货币政策修改了部分内容。本书具有以下特点:

(1) 内容全面而基础,信息量大,实用性强;

(2) 总结精练,习题的设计突出理论联系实际,体现运用能力,即重视知识、能力和素质的协调发展;

(3) 注重对重点、难点的讲解,借助图、表、习题等工具进行讲解,深入浅出,通俗易懂;

(4) 习题形式多样,既有客观题,也有大量的问答题和计算题,覆盖面广,可以考察学生综合分析和解决问题的能力。

本书由王国娜、肖英红主编,秦桂兰为副主编,高金清参加了编写。具体分工如下:第一章导论(王国娜),第二章需求、供给与均衡价格(王国娜),第三章效用论(王国娜),第四章企业的生产和成本(王国娜),第五章完全竞争市场(王国娜),第六章不完全竞争市场(王国娜),第七章生产要素价格的决定(王国娜),第八章一般均衡理论与福利经济学(王国娜),第九章市场失灵与微观经济政策(高金清),第十章国民收入核算理论(高金清),第十一章简单国民收入决定理论(肖英红),第十二章产品市场和货币市场的一般均衡(肖英红),第十三章宏观经济政策(肖英红),第十四章 AD-AS 模型(肖英红),第十五章失业与通货膨胀(秦桂兰),第十六章经济增长与经济周期理论(肖英红),第十七章开放经济下的短期经济模型(肖英红)。本书适合作为高等院校经济管理专业学生学习经济学的参考用书。

  在编写本书的过程中,编者参考了大量相关教材和论著,在此向有关作者致以深深的谢意!

  为编写本书,编者先后多次讨论研究,力求内容编排合理、避免错误,书中如有疏漏不足之处,敬请读者批评指正。我们的联系方式为:guona.wang@qdc.edu.cn

编 者
2025 年 1 月

目 录

第一部分 学习指导及思考与练习

第一章 导论 ………………………………………………………………………… 1
    本章基本内容框架 …………………………………………………………… 1
    重点、难点讲解及典型例题 ………………………………………………… 1
    思考与练习 …………………………………………………………………… 4

第二章 需求、供给与均衡价格 ………………………………………………… 7
    本章基本内容框架 …………………………………………………………… 7
    重点、难点讲解及典型例题 ………………………………………………… 8
    思考与练习 …………………………………………………………………… 13

第三章 效用论 …………………………………………………………………… 18
    本章基本内容框架 …………………………………………………………… 18
    重点、难点讲解及典型例题 ………………………………………………… 18
    思考与练习 …………………………………………………………………… 22

第四章 企业的生产和成本 …………………………………………………… 25
    本章基本内容框架 …………………………………………………………… 25
    重点、难点讲解及典型例题 ………………………………………………… 26
    思考与练习 …………………………………………………………………… 32

第五章 完全竞争市场 ………………………………………………………… 39
    本章基本内容框架 …………………………………………………………… 39
    重点、难点讲解及典型例题 ………………………………………………… 39
    思考与练习 …………………………………………………………………… 43

第六章 不完全竞争市场 ……………………………………………………… 47
    本章基本内容框架 …………………………………………………………… 47
    重点、难点讲解及典型例题 ………………………………………………… 47
    思考与练习 …………………………………………………………………… 51

第七章 生产要素价格的决定 ………………………………………………… 54
    本章基本内容框架 …………………………………………………………… 54
    重点、难点讲解及典型例题 ………………………………………………… 54

思考与练习 ………………………………………………………………………… 60

第八章　一般均衡理论与福利经济学 …………………………………………… 63
　　本章基本内容框架 …………………………………………………………… 63
　　重点、难点讲解及典型例题 ………………………………………………… 63
　　思考与练习 …………………………………………………………………… 66

第九章　市场失灵与微观经济政策 ……………………………………………… 69
　　本章基本内容框架 …………………………………………………………… 69
　　重点、难点讲解及典型例题 ………………………………………………… 69
　　思考与练习 …………………………………………………………………… 74

第十章　国民收入核算理论 ……………………………………………………… 77
　　本章基本内容框架 …………………………………………………………… 77
　　重点、难点讲解及典型例题 ………………………………………………… 77
　　思考与练习 …………………………………………………………………… 82

第十一章　简单国民收入决定理论 ……………………………………………… 87
　　本章基本内容框架 …………………………………………………………… 87
　　重点、难点讲解及典型例题 ………………………………………………… 87
　　思考与练习 …………………………………………………………………… 91

第十二章　产品市场和货币市场的一般均衡 …………………………………… 95
　　本章基本内容框架 …………………………………………………………… 95
　　重点、难点讲解及典型例题 ………………………………………………… 95
　　思考与练习 …………………………………………………………………… 101

第十三章　宏观经济政策 ………………………………………………………… 105
　　本章基本内容框架 …………………………………………………………… 105
　　重点、难点讲解及典型例题 ………………………………………………… 105
　　思考与练习 …………………………………………………………………… 109

第十四章　AD-AS 模型 …………………………………………………………… 114
　　本章基本内容框架 …………………………………………………………… 114
　　重点、难点讲解及典型例题 ………………………………………………… 114
　　思考与练习 …………………………………………………………………… 118

第十五章　失业与通货膨胀 ……………………………………………………… 122
　　本章基本内容框架 …………………………………………………………… 122
　　重点、难点讲解及典型例题 ………………………………………………… 122
　　思考与练习 …………………………………………………………………… 129

第十六章　经济增长与经济周期理论 …………………………………………… 132
　　本章基本内容框架 …………………………………………………………… 132
　　重点、难点讲解及典型例题 ………………………………………………… 132

思考与练习 ··· 136

第十七章　开放经济下的短期经济模型 ··· 139
　　本章基本内容框架 ··· 139
　　重点、难点讲解及典型例题 ··· 139
　　思考与练习 ··· 142

第二部分　思考与练习参考答案

　　第一章　导论 ··· 145
　　第二章　需求、供给和均衡价格 ··· 148
　　第三章　效用论 ··· 155
　　第四章　企业的生产和成本 ··· 159
　　第五章　完全竞争市场 ·· 169
　　第六章　不完全竞争市场 ·· 175
　　第七章　生产要素价格的决定 ··· 179
　　第八章　一般均衡理论与福利经济学 ·· 184
　　第九章　市场失灵与微观经济政策 ·· 188
　　第十章　国民收入核算理论 ··· 192
　　第十一章　简单国民收入决定理论 ·· 196
　　第十二章　产品市场和货币市场的一般均衡 ·· 200
　　第十三章　宏观经济政策 ·· 205
　　第十四章　AD-AS 模型 ··· 211
　　第十五章　失业与通货膨胀 ··· 216
　　第十六章　经济增长与经济周期理论 ·· 219
　　第十七章　开放条件下的短期经济模型 ··· 224

第三部分　模拟试题及参考答案

西方经济学模拟试题(一) ··· 227
西方经济学模拟试题(二) ··· 230
西方经济学模拟试题(一)参考答案 ··· 233
西方经济学模拟试题(二)参考答案 ··· 236

第一部分　学习指导及思考与练习

第一章　导　　论

本章基本内容框架

$$
\begin{cases}
\text{经济学定义} \\
\text{经济学的基本假设} \begin{cases} \text{理性人} \\ \text{信息完全} \\ \text{市场出清} \end{cases} \\
\text{经济学的分析方法} \begin{cases} \text{实证分析法和规范分析法} \\ \text{静态分析法和动态分析法} \\ \text{局部均衡分析法和一般均衡分析法} \end{cases} \\
\text{经济学的相关概念} \begin{cases} \text{经济物品} \\ \text{机会成本} \\ \text{生产可能性曲线} \end{cases}
\end{cases}
$$

重点、难点讲解及典型例题

一、经济学定义

不同经济学家对经济学定义的诠释有所差别，迄今为止经济学界也不存在一个被所有经济学家都一致接受的说法，但不同的定义基本上都包含了三方面的内容：无限的欲望、资源的稀缺性及由此产生的选择。所以，目前主流的定义为：经济学是研究人们如何选择使用有限的资源来生产物品和劳务，以满足人们无穷的欲望，并将之分配到社会中不同成员的一门学科。

【例题1·单项选择题】　经济学可定义为研究（　　）的学科。

A. 政府对市场制度的干预
B. 消费者如何获取收入
C. 如何最合理地配置稀缺资源用于诸多用途
D. 企业取得利润的活动

【答案】　C

【解析】　经济学研究在资源稀缺前提下进行选择，来实现资源的最优配置，进行选择的主体可以是消费者、企业或者政府，故ABD选项主体过于单一，因此，C选项正确。

【例题2·单项选择题】 资源的稀缺性是指（　　）。
A. 资源的绝对数量的有限性
B. 相对于人类社会的无穷欲望而言,资源总是不足的
C. 生产某种物品所需资源的绝对数量的有限性
D. 资源是不可再生的

【答案】 B

【解析】 经济学中,资源的稀缺性是相对于人的欲望无穷性而言的,从而就必须进行选择,进而产生经济学,所以,这种稀缺性是相对概念,而不是绝对概念,故B选项正确。

二、经济学的基本假设

西方经济学有三个基本假设:一是理性人假设,又称经济人假设或最大化原则,是指在经济活动中,经济主体(居民户、厂商或政府)所追求的唯一目标是自身经济利益的最优化,这是西方经济学中最基本的假设。二是信息完全假设,是指市场上每一个从事经济活动的个体都对有关的经济情况具有完全的信息,价格机制是传递供求信息的经济机制,信息完全假设具体体现在自由波动的价格上。三是市场出清假设,指商品价格具有充分的灵活性,能使需求和供给迅速达到均衡的市场。在出清的市场上,没有定量配给、资源闲置,也没有超额供给或超额需求。西方经济学从以上三个基本假设出发,通过数学演绎推理,得出结论。

【例题3·单项选择题】 在以市场机制为主要资源配置方式的经济中,（　　）起到了关键的作用。
A. 需求　　　　B. 供给　　　　C. 价格　　　　D. 政府干预

【答案】 C

【解析】 需求、供给分别是决定价格的某一因素,无法单独调节资源配置,故AB选项错误。政府干预是在市场失灵情况下采取的方式,不是市场机制调节资源配置的主要方式,故D选项错误。在理性人假设及信息完全假设下,经济学提出市场出清假设,即价格具有充分的灵活性,能够使需求和供给迅速达到均衡,来实现资源的最优配置,故C选项正确。

【例题4·多项选择题】 下列项目中,不是经济学基本假设的有（　　）。
A. 信息不对称　　　　　　　　B. 市场出清
C. 感性人　　　　　　　　　　D. 理性人
E. 信息完全

【答案】 AC

【解析】 信息不对称指交易中的各个主体拥有的信息不同,有些主体处于信息的有利地位,有些处于不利地位,这样,价格机制就会丧失作用,从而无法实现资源配置,故A选项错误。感性人是凭借感觉作出选择,而不是根据最大化原则进行选择,故C选项错误。本题的正确选项为AC。

三、经济学的分析方法

按照研究方法不同,经济学的分析方法可以分为实证分析法和规范分析法。实证分析法是指企图超脱或排斥一切价值判断,只研究经济本身的内在规律,并根据这些规律,分析和预测人们经济行为的效果的分析方法。它要回答的"是什么"的问题,而不对事物的好坏作出评价。规

范分析法是指以一定的价值判断为基础,提出某些分析、处理经济问题的标准,树立经济理论的前提,作为制定经济政策的依据,并研究如何才能符合这些标准的分析方法。它要回答的是"应该是什么"的问题。

按照分析经济活动时是否考虑时间因素,经济学的分析方法可以分为静态分析法和动态分析法。静态分析法不考虑时间因素,不考虑均衡达到和变动的过程,只在一定假设前提下分析均衡达到和变动的条件,因而静态分析法是一种状态分析。动态分析法则引入时间因素,分析均衡达到和变动的过程,因而动态分析法是一种过程分析。

按照均衡分析范围的不同,经济学的分析方法分为局部均衡分析法和一般均衡分析法。局部均衡分析法是在不考虑经济体系某一局部以外的因素的影响的条件下,分析在这一局部本身所包含的各种因素相互作用中,均衡的形成与变动的方法。一般均衡分析法,是相对于局部均衡分析法而言的,它是分析整个经济体系的各个市场、各种商品的供求同时达到均衡的条件与变化的方法。

【例题5·单项选择题】 下列说法中,属于实证分析的是(　　)。
A. 低利率会刺激投资　　　　　　B. 应该降低利率以刺激投资
C. 现在的存款利率太低　　　　　D. 税收太高

【答案】　A

【解析】　BCD选项以一定的价值判断为基础,回答了"应该是什么"问题,属于规范分析,不符合题意。A选项仅仅研究经济本身的内在规律,回答"是什么"问题,属于实证分析,本题正确选项A。

【例题6·判断题】 实证经济学要解决"应该是什么"的问题,规范经济学要解决"是什么"的问题。

【答案】　错误

【解析】　规范经济学要解决"应该是什么"问题,实证经济学要解决"是什么"问题,本题论述与正确答案相反。

四、经济学的相关概念

在经济学各章学习过程中会涉及许多重要概念,有些概念贯穿经济学始终,成为学习经济学的基石。

经济物品。它是指人类必须付出代价才能得到的产品或服务,即必须借助生产资源通过人类加工出来的物品,其数量有限。相对于人类社会的无穷欲望而言,经济物品或者说生产这些物品的资源总是不足的,所以,我们常常把有用且稀缺的物品称为经济物品。

机会成本。它是指把资源投入某一特定用途后所放弃的在其他用途中所能获得的最大利益。只要资源是稀缺的,并且只要人们对于稀缺资源的使用进行选择,就必然会产生机会成本。

生产可能性曲线。这条曲线表示经济社会在既定的资源与既定的技术条件下所能够生产的最大数量的不同商品的组合。其凹向原点的特征表明,从一种产品的生产转换为另一种产品的生产所产生的机会成本是递增的。

【例题7·单项选择题】 经济物品是指(　　)。
A. 有用的物品　　　　　　　　　B. 稀缺的物品
C. 要用钱购买的物品　　　　　　D. 有用且稀缺的物品

【答案】 D

【解析】 有用、稀缺两个条件缺一不可,故 AB 选项错误。要用钱购买的物品未必都是有用的物品,如毒品等,经济学讨论的经济物品是好的商品,C 选项错误。经济物品是有用且稀缺的物品,D 选项正确。

【例题8·单项选择题】 下列短语中,可以用机会成本予以解释的是( )。

A. 杀鸡焉用宰牛刀   B. 物以稀为贵

C. 买卖不成仁义在   D. 薄利多销

【答案】 A

【解析】 物以稀为贵体现了价格理论,故 B 选项错误。薄利多销涉及弹性理论,故 D 选项错误。一把牛刀在某一时间用来杀鸡就丧失了宰牛的机会,无法从宰牛中获得利益,体现了机会成本,本题正确选项 A。

【例题9·多项选择题】 关于生产可能性曲线,下列说法中,错误的有( )。

A. 一国资源总能被充分利用

B. 假定所有经济资源能得到充分利用,则只有减少 Y 物品的生产才能增加 X 物品的生产

C. 改进技术引起生产可能性曲线向内移动

D. 经济能力增长唯一决定于劳动力数量

【答案】 ACD

【解析】 当某点位于生产可能性曲线左下方时,说明该国资源没有被充分利用,A 选项说法错误。当某点位于生产可能性曲线上时,即资源得到充分利用时,若增加 X 物品的产出就必须减少 Y 物品的产出,B 选项说法正确。当存在技术进步时,生产可能性曲线向外移动,C 选项说法错误。经济增长不仅取决于劳动力数量,还取决于一国的技术水平、资本的存量等,D 选项说法错误。综上,依据题意,本题正确答案为 ACD。

思考与练习

一、单项选择题

1. 稀缺性问题( )。

A. 只存在于依靠市场机制的经济中

B. 只存在于依靠中央计划机制的经济中

C. 存在于所有经济中

D. 只存在于发展中国家

2. 稀缺性的存在意味着( )。

A. 必须作出选择

B. 人们的生活水平会不断下降

C. 一个人不应该把今天能买到的东西留到明天来买

D. 需要用政府计划来配置资源

3. 由政府来解决"生产什么""如何生产"和"为谁生产"这三个经济学基本问题的经济制度属于( )。

A. 混合经济　　　　　　　　　　B. 计划经济
C. 市场经济　　　　　　　　　　D. 有计划的商品经济

4. 作为经济学的一个分支,微观经济学主要研究(　　)。
A. 国际贸易　　　　　　　　　　B. 不发达国家的经济增长
C. 通货膨胀和失业　　　　　　　D. 家庭和企业的经济行为

5. 作为经济学的一个分支,宏观经济学主要研究(　　)。
A. 作为总体经济组成部分的个体的行为
B. 经济总体状况,如失业和通货膨胀等
C. 市场经济
D. 单个消费者和企业的相互作用

6. 宏观经济学的核心理论是(　　)。
A. 国民收入决定理论　　　　　　B. 失业与通货膨胀理论
C. 经济周期与经济增长理论　　　D. 开放经济理论

7. 经济学根据其研究对象的不同可分为(　　)。
A. 实证经济学和规范经济学　　　B. 微观经济学和宏观经济学
C. 西方经济学和政治经济学　　　D. 理论经济学和应用经济学

8. 下列选项中,(　　)会导致生产可能性曲线向外移动。
A. 失业
B. 通货膨胀
C. 有用性资源增加或技术进步
D. 消费品生产增加,资本品生产下降

9. 下列说法中,属于实证表述的是(　　)。
A. 目前的社会救济金太少
B. 医生挣的钱比工人多
C. 男女应同工同酬
D. 降低失业比抑制通货膨胀更重要

10. 下列说法中,不属于规范表述的是(　　)。
A. 治理通货膨胀比增加就业更重要
B. 利率上升有利于增加储蓄
C. 经济发展中出现的收入差距拉大的现象是正常的
D. 效率就是生产率的提高

二、判断题

1. 如果社会不存在稀缺性,也就不会产生经济学。（　　）
2. 在不同的经济体制下,资源配置和利用问题的解决方法是不同的。（　　）
3. 微观经济学要解决的问题是资源利用,宏观经济学要解决的问题是资源配置。（　　）
4. 微观经济学的中心理论是价格理论,宏观经济学的中心理论是国民收入决定理论。
（　　）
5. 微观经济学的基本假设是市场失灵。（　　）

三、名词解释
1. 机会成本
2. 生产可能性边界

四、简答题
1. 如何理解西方经济学是一门考察稀缺的资源合理配置的科学?
2. 如果经济学家讨论的是"人们的收入差距大一点好还是小一点好"的问题,试问这是属于实证经济学问题还是属于规范经济学问题?

五、论述题
1. 西方经济学的理论体系由哪两部分构成?它们之间的关系怎样?
2. 为什么生活在极端奢华之中的富豪也会面临稀缺性?人们都希望有更多的钱,可政府为什么不印刷更多的钞票?这样能够一下子解决稀缺的问题吗?有人认为,"社会生活中许多资源是取之不竭、用之不尽的,如空气、河流、森林等,所以社会资源稀缺的观点不完全妥当"。你对这些观点怎么看?试分析说明。
3. 你高中毕业时总会遇到一些选择,如继续上学深造、找工作挣钱等。请运用机会成本概念分析当时面临的权衡取舍决策过程。

第二章 需求、供给与均衡价格

 本章基本内容框架

```
        ┌ 需求的定义
        │ 需求规律
        │ 需求的种类
        │                  ┌ 商品的价格
        │                  │ 替代品的价格
        │                  │ 互补品的价格
  需求 ─┤ 影响需求的因素 ─┤ 收入
        │                  │ 消费者偏好
        │                  └ 消费者对未来价格的预期
        │ 需求函数
        └ 需求量的变动与需求的变动

        ┌ 供给的定义
        │ 供给规律
        │ 供给的种类
        │                  ┌ 商品的价格
        │                  │ 生产成本
  供给 ─┤ 影响供给的因素 ─┤ 厂商对价格的预期
        │                  │ 相关商品的价格
        │                  └ 政府政策
        │ 供给函数
        └ 供给量的变动与供给的变动

  市场均衡

        ┌ 需求价格弹性
        │ 需求收入弹性
  弹性 ─┤ 需求交叉价格弹性
        └ 供给价格弹性

  运用供求曲线的事例
```

重点、难点讲解及典型例题

一、需求曲线

需求是指在一定时期内消费者在各种可能的价格水平下愿意并且能够购买的商品或服务数量。需求曲线一般向右下方倾斜,它表示商品的需求量与价格呈反方向变动。影响一种商品的需求数量的主要因素有:该商品本身的价格,价格越高,需求量越小;相关商品的价格,在互补商品中,一种商品的需求数量与另一种商品的价格呈反方向变动,在替代商品中,某种商品的需求数量与另一种商品的价格呈同方向变动;消费者的收入水平,正常商品的需求量与收入呈正相关,低档商品的需求量与收入呈负相关;消费者对未来价格的预期,某种商品的需求量与消费者对该商品的预期价格呈正相关;消费者偏好,某种商品的需求量与消费者对该商品的偏好程度呈正相关。除商品本身价格以外的其他因素的变化,会导致需求曲线的位置发生移动,称为需求的变动。而由商品本身价格的变化,引起的商品的需求数量的变化,称为需求量的变动。

【例题1·单项选择题】 如果甲产品价格下降引起乙产品需求曲线向左移动,那么( )。
A. 甲产品和乙产品是替代商品
B. 甲产品和乙产品是互补商品
C. 甲产品为低档商品,乙产品为高档商品
D. 甲产品为高档商品,乙产品为低档商品
【答案】 A
【解析】 甲产品价格下降,引起乙产品需求下降,说明需求交叉弹性为正,两者为互替商品,如汽车与摩托车,猪肉与牛肉,火车票与飞机票等。

【例题2·判断题】 消费者实际收入增加,会带来商品需求的普遍上升。 ( )
【答案】 错误
【解析】 实际收入上升,对劣等品的需求反而会下降。

【例题3·单项选择题】 猪肉需求曲线左移的原因可能是( )。
A. 猪肉价格上涨
B. 猪肉预期价格上涨
C. 牛肉价格上涨
D. 牛肉预期价格上涨
【答案】 D
【解析】 猪肉价格上涨表现为沿着需求曲线向左上方移动,A选项错;B选项和C选项表现为需求曲线右移;而D选项中,牛肉预期价格上涨,消费者会增加对当前牛肉的需求,而减少对猪肉的需求,需求曲线左移。

二、供给曲线

供给是指在一定时期内生产者在各种可能的价格水平下愿意并且能够提供出售的商品或服务数量。供给曲线一般向右上方倾斜,它表示商品的供给量与价格呈同方向变动。影响一种商品的供给数量的主要因素有:该商品本身的价格,价格越高,供给量越大;要素价格、生产的技术和管理水平等因素决定的生产成本,与商品供给量呈负相关;厂商对价格的预期,与商

品的供给量呈负相关;相关商品的价格,如果两种产品在资源投入上相互竞争,那么一种商品的价格与另一种商品的供给量呈负相关,如果两种产品共享同一资源,那么一种商品的价格与另一种商品的供给量呈正相关。除商品本身价格以外的其他因素的变化,会导致供给曲线的位置发生移动,称为供给的变动。而由商品本身价格的变化,引起的商品的供给数量的变化,称为供给量的变动。

【例题4·单项选择题】 如果某种商品的供给曲线斜率为正,在保持其他因素不变的情况下,该商品的价格上升,必将导致(　　)。

A. 供给量增加　　　　　　　　　B. 供给量减少
C. 供给增加　　　　　　　　　　D. 供给减少

【答案】 A

【解析】 其他因素不变的情况下,商品供给量与其价格呈同方向变动,所以价格上升,供给量将增加。

【例题5·单项选择题】 鸡蛋的供给量增加是指供给量由于(　　)。

A. 鸡蛋的需求量增加而引起的增加　　　B. 人们对鸡蛋偏好的增加而引起的增加
C. 收入增加而引起的增加　　　　　　　D. 鸡蛋的价格提高而引起的增加

【答案】 D

【解析】 供给量变动是指其他因素不变,由某种商品价格的变动引起的厂商对这种商品供给量的变动。在其他因素不变的情况下,商品供给量与其价格呈同方向变动,所以供给量增加,价格将上升。

【例题6·单项选择题】 小麦歉收导致小麦价格上升,在这个过程中(　　)。

A. 小麦供给的减少引起需求下降
B. 小麦供给的减少引起需求量的下降
C. 小麦供给量的减少引起需求下降
D. 小麦供给量的减少引起需求量的下降

【答案】 B

【解析】 小麦歉收表现为供给的减少,而不是供给量的减少,由此导致价格水平上升,进而引起需求量下降。

三、供求曲线的作用

商品市场上需求量与供给量相等时的价格称为均衡价格,两者相等时的数量称为均衡数量。均衡价格是在市场机制的作用下自发形成的。需求的变化会引起均衡价格呈同方向的变化,供给的变化会引起均衡价格呈反方向的变化,而需求和供给的变化都会引起均衡数量呈同方向的变化。

【例题7·单项选择题】 假定某商品的需求价格为 $P = 100 - 4Q$,供给价格为 $P = 40 + 2Q$,则均衡价格和均衡产量应为(　　)。

A. $P = 60, Q = 10$　　　　　　　B. $P = 10, Q = 6$
C. $P = 40, Q = 6$　　　　　　　　D. $P = 20, Q = 20$

【答案】 A

【解析】 令 $100 - 4Q = 40 + 2Q$,得 $Q = 10, P = 60$。

【例题8·单项选择题】 在需求和供给同时减少的情况下,( )。
A. 均衡价格和均衡交易量都将下降
B. 均衡价格将下降,均衡交易量的变化无法确定
C. 均衡价格的变化无法确定,均衡交易量将减少
D. 均衡价格将上升,均衡交易量将下降

【答案】 C

【解析】 供给不变,需求减少,均衡价格下降,均衡数量减少;需求不变,供给减少,均衡价格上升,均衡数量减少。所以,均衡数量必然减少,而均衡价格的变动幅度具体要看需求与供给的变动幅度,该题并没有强调,因此均衡价格的变化无法确定。

四、弹性

(1) 需求价格弹性表示商品需求量对于价格变化的反应程度。需求价格弧弹性的公式是 $E_{dp} = -\dfrac{\frac{\Delta Q_d}{Q_d}}{\frac{\Delta P}{P}} = -\dfrac{\Delta Q_d}{\Delta P} \cdot \dfrac{P}{Q_d}$,需求价格点弹性的公式是 $E_{dp} = -\dfrac{\frac{dQ_d}{Q_d}}{\frac{dP}{P}} = -\dfrac{dQ_d}{dP} \cdot \dfrac{P}{Q_d}$,其中点弹性的数值还可以从几何的角度来求得。根据需求量变动幅度与价格变动幅度的关系,将需求价格弹性分为富有弹性、缺乏弹性、单位弹性、完全弹性以及完全无弹性。影响需求价格弹性的因素主要有以下几点:商品的重要程度,与需求价格弹性呈负相关;商品可替代的程度,与需求价格弹性呈正相关;商品的消费支出占总支出的比重,与需求价格弹性正相关;商品用途的广泛性,与需求价格弹性正相关;所考察的消费者调节需求量的时间,与需求价格弹性正相关。

对于富有弹性的商品,商品的价格与厂商的销售收入呈反方向的变化;对于缺乏弹性的商品,商品的价格与厂商的销售收入呈同方向的变化;对于单位弹性的商品,则商品价格的变化对厂商的销售收入无影响。

(2) 需求收入弹性表示商品的需求量对于收入变化的反应程度。需求收入弧弹性的公式是 $E_M = \dfrac{\frac{\Delta Q_d}{Q_d}}{\frac{\Delta M}{M}} = \dfrac{\Delta Q_d}{\Delta M} \cdot \dfrac{M}{Q_d}$,需求收入点弹性的公式是 $E_M = \dfrac{dQ_d}{dM} \cdot \dfrac{M}{Q_d}$。对于正常品来说,需求的收入弹性大于零;对于劣等品来说,需求的收入弹性小于零。在正常品中,必需品的收入弹性小于1;而奢侈品的需求的收入弹性大于1。

(3) 需求交叉价格弹性表示一种商品的需求量对于另一种商品的价格变化的反应程度。需求交叉价格弧弹性的公式是 $E_{XY} = \dfrac{\frac{\Delta Q_{dX}}{Q_{dX}}}{\frac{\Delta P_y}{P_y}} = \dfrac{\Delta Q_{dX}}{\Delta P_y} \cdot \dfrac{P_y}{Q_{dX}}$,需求交叉价格点弹性的公式是 $E_{XY} = \dfrac{dQ_{dX}}{dP_Y} \cdot \dfrac{P_Y}{Q_{dX}}$。如果两种商品之间为替代关系,则需求的交叉价格弹性系数大于零;如果两种商品之间为互补关系,则需求的交叉价格弹性系数小于零;如果两种商品之间无相关关系,则需求的交叉价格弹性系数等于零。

(4) 供给价格弹性表示商品的供给量对于价格变化的反应程度。供给价格弧弹性的公式是 $E_{sp} = \dfrac{\dfrac{\Delta Q_s}{Q_s}}{\dfrac{\Delta P}{P}} = \dfrac{\Delta Q_s}{\Delta P} \cdot \dfrac{P}{Q_s}$,供给价格点弹性的公式是 $E_{sp} = \dfrac{\dfrac{\mathrm{d}Q_s}{Q_s}}{\dfrac{\mathrm{d}P}{P}} = \dfrac{\mathrm{d}Q_s}{\mathrm{d}P} \cdot \dfrac{P}{Q_s}$。

【例题9·单项选择题】 从甲地到乙地的汽车票价为10元,火车的乘客为12万人,当汽车的票价从10元减至8.5元时,火车乘客与汽车票价的交叉弹性为0.8,则乘客坐火车的人数减至( )万人。

A. 10.54 B. 10.50 C. 10.56 D. 10.97

【答案】 C

【解析】 由于票价的降价幅度大,采用需求交叉价格弧弹性的计算公式,不能用点弹性计算公式。设乘坐火车的人数减至 X,代入公式 $E_{XY} = (\Delta Q_X \div \Delta P_Y) \times (P_Y \div Q_X) = \left(\dfrac{12-X}{10-8.5}\right) \times (10 \div 12) = 0.8$,得 $X = 10.56$。

【例题10·判断题】 直线型需求曲线的斜率不变,因此其价格弹性也不变。 ( )

【答案】 错误

【解析】 同一条需求曲线上,线的斜率不变,但各点的弹性值通常不同,点的位置越高弹性值越大。

【例题11·单项选择题】 下列选项中,正确的是( )。

A. 替代品种类越多,则商品的需求价格弹性越小
B. 商品对消费者越重要,则需求价格弹性越大
C. 用于商品的购买支出占消费者总收入的比重越高,则需求价格弹性越小
D. 在价格和需求量既定的条件下,需求曲线越平缓,则需求价格弹性越大

【答案】 D

【解析】 替代品越多,价格弹性越大;重要性越强,价格弹性越小;商品支出占总收入比重越高,价格弹性越大。故只有D选项正确。

【例题12·单项选择题】 吉芬商品表现为( )。

A. 需求收入弹性和需求价格弹性都是正值
B. 需求收入弹性和需求价格弹性都是负值
C. 需求收入弹性为正,需求价格弹性为负值
D. 需求收入弹性为负,需求价格弹性为正值

【答案】 D

【解析】 吉芬物品是以经济学家吉芬的名字命名的一种特殊商品,随着价格的上升,市场对它的需求量增加,其需求曲线向右上方倾斜,因此其需求价格弹性为正值;同时,作为劣等商品,当收入提高时,消费者会减少对它的需求,即需求收入弹性为负值。

【例题13·单项选择题】 若两种商品的需求交叉弹性小于零,则表明这两种商品是( )。

A. 替代商品 B. 互补商品
C. 既非替代又非互补 D. 正常商品

【答案】 B

【解析】 需求交叉弹性小于零,说明一种商品的提价会引起对另一种商品需求的减少,表明这两种商品是互补品,如汽油与汽车。

【例题 14·判断题】 如果需求曲线富有弹性,其确切的含义是,价格的上升会引起购买者的总支出减少。 ( )

【答案】 正确

【解析】 富有弹性,表明需求价格弹性的绝对值大于1,这时提价会减少消费者的总支出。

五、供求曲线的运用

1. 限制价格和支持价格

限制价格是政府对某一产品设定市场最高价格,这一设定通常小于市场均衡价格,导致供给的减少,需求大于供给会产生排队、黑市交易、限额购买等现象,造成社会福利的损失,增加社会成本。

支持价格是政府对某一产品设定市场最低价格,这一设定通常高于市场均衡价格,导致供过于求。由于多出的部分常由政府购买,如农产品,政府支出增加,使政府背上沉重的包袱。

两者都会造成资源配置的无效率。不过事实都有两面性。对一些商品实施限制价格,可以防止生产者哄抬物价,维持市场的稳定。对农产品实施支持价格,有利于我国农业的发展,维持社会的稳定。

2. 税收效应分析

税收归宿分为法定归宿(可以理解为表面上看上去对谁征税)和经济归宿(即实际上谁承担税收),弹性决定了经济归宿,即税收到底由谁来承担。当供给无弹性时(可以理解为供应者别无选择),供给曲线是垂直于 X 轴的,此时供应者承担了全部税收;反之,如果供给完全弹性时(可以理解为消费者别无选择),供给曲线平行于 X 轴,此时消费者承担全部税收。这是两种极端的特殊情况,而实际中,消费者和供应者承担税收的比例由弹性决定,供给弹性越大,消费者承担得越多;反之,供给弹性越小,供应者承担得越多。

【例题 15·单项选择题】 下面关于支持价格、限制价格分析中,正确的是( )。

①支持价格和限制价格均有可能高于均衡价格;②支持价格针对的商品有可能是某些生活必需品,以保护生产者积极性,促进国民经济的健康发展;③限制价格针对的商品最有可能是某些高档耐用品,以树立勤俭节约消费观,抑制消费者不合理需求;④设立专家挂号费属于限制价格。

A. ②④　　　　B. ①④　　　　C. ③④　　　　D. ②③

【答案】 A

【解析】 ①说法错误,支持价格一定高于均衡价格,但是限制价格是为了限制某种产品或产业的发展,因此一定会低于均衡价格;③说法不科学,限制价格应该是某些涉及民生的产品,故排除;题中②④表述正确。故答案选 A。

【例题 16·判断题】 如果商品的需求弹性大于供给弹性,则销售税主要由生产者负担。

( )

【答案】 正确

【解析】 政府的征税所得在生产者和消费者之间的分配,就是征税的实际负担。消费者和生产者各自负担多少销售税,取决于商品的供给弹性与需求弹性。如果商品的需求弹性小于供给弹性,销售税主要由消费者负担;如果商品的需求弹性大于供给弹性,销售税主要由生产者负担;如果商品的需求弹性等于供给弹性,则两者的负担一样多。

【例题17·判断题】 对小汽车征收销售税时,其税收主要由消费者承担。（　　）

【答案】 错误

【解析】 汽车的需求曲线富有弹性,因为汽车涨价了,人们就不购买汽车而改坐公交车出行,所以价格的高低对汽车需求量的影响较大;相对而言,汽车供给曲线的弹性却较小,因为价格的上升能使其供给量有很小幅度的增加。这就决定了对汽车征税时,税负主要由生产者负担,因为需求曲线的弹性大于供给曲线的弹性,其税负主要由生产者负担。

思考与练习

一、单项选择题

1. 在得出某棉花种植农户的供给曲线时,下列因素中,除(　　)以外均保持为常数。
   A. 土壤的肥沃程度　　　　　　　B. 技术水平
   C. 棉花的种植面积　　　　　　　D. 棉花的价格

2. 某月内,X商品的替代品的价格上升和互补品的价格上升,分别引起X商品的需求变动量为50单位和80单位,则在它们共同作用下该月X商品需求数量(　　)单位。
   A. 增加30　　　　　　　　　　B. 减少30
   C. 增加130　　　　　　　　　 D. 减少130

3. 在其他条件不变的情况下,某种商品的需求(　　)。
   A. 随着替代商品价格的提高而减少
   B. 随着替代商品价格的提高而增加
   C. 随着偏好的增加而减少
   D. 随着互补品价格下降而减少

4. 当出租车租金上涨后,对公共汽车服务的(　　)。
   A. 需求下降　　　　　　　　　　B. 需求增加
   C. 需求量下降　　　　　　　　　D. 需求量增加

5. 某种商品沿着供给曲线运动是由于(　　)。
   A. 商品价格的变化　　　　　　　B. 互补品价格的变化
   C. 生产技术条件的变化　　　　　D. 生产这种商品的成本的变化

6. 如果商品A和商品B是替代的,则A的价格下降将造成(　　)。
   A. A的需求曲线向右移动　　　　B. A的需求曲线向左移动
   C. B的需求曲线向右移动　　　　D. B的需求曲线向左移动

7. 一个商品价格下降对其互补品最直接的影响是(　　)。
   A. 互补品的需求曲线向右移动　　B. 互补品的需求曲线向左移动
   C. 互补品的供给曲线向右移动　　D. 互补品的价格上升

8. 假如生产某种物品所需原料价格上升了,则这种商品的(   )。
   A. 需求曲线向左方移动　　　　　　B. 供给曲线向左方移动
   C. 需求曲线向右方移动　　　　　　D. 供给曲线向右方移动
9. 均衡价格一定随着(   )。
   A. 需求与供给的增加而上升
   B. 需求的增加和供给的减少而上升
   C. 需求的减少和供给的增加而上升
   D. 需求和供给减少而上升
10. 劣质商品需求的收入弹性为(   )。
    A. $Em<1$　　　　　　　　　　　B. $Em=0$
    C. $Em<0$　　　　　　　　　　　D. $Em>0$
11. 需求完全无弹性可以用(   )。
    A. 一条与横轴平行的线表示　　　　B. 一条与纵轴平行的线表示
    C. 一条向右下方倾斜的线表示　　　D. 一条向右上方倾斜的线表示
12. 当两种商品中一种商品的价格发生变化时,这两种商品的需求量都同时增加或减少,则这两种商品需求的交叉价格弹性系数为(   )。
    A. 正　　　　B. 负　　　　C. 0　　　　D. 1
13. (   )是度量沿着需求曲线的移动而不是曲线本身的移动。
    A. 需求的价格弹性　　　　　　　　B. 需求的收入弹性
    C. 需求的交叉弹性　　　　　　　　D. 需求的预期价格弹性
14. 若某产品的供给弹性无穷大,当该产品的需求增加时,则(   )。
    A. 均衡价格和均衡产量同时增加　　B. 均衡价格和均衡产量同时减少
    C. 均衡产量增加但价格不变　　　　D. 均衡价格上升但产量不变
15. 在图 2-1 中,A 点的价格需求弹性的绝对值为(   )。
    A. $\dfrac{1}{3}$　　　　　　　　　　　　B. $\dfrac{2}{5}$
    C. $\dfrac{2}{3}$　　　　　　　　　　　　D. $\dfrac{3}{2}$
16. 假定玉米市场的需求是缺乏弹性的,玉米的产量等于销售量且等于需求量,恶劣的气候条件使玉米产量下降 20%,在这种情况下(   )。
    A. 玉米生产者的收入减少,因为玉米产量下降 20%
    B. 玉米生产者的收入增加,因为玉米价格上升低于 20%
    C. 玉米生产者的收入增加,因为玉米价格上升超过 20%
    D. 玉米生产者的收入减少,因为玉米价格上升低于 20%
17. 政府为了扶持农业,对农产品规定了高于其均衡价格的支持价格。政府为了维持支持价格,应该采取的相应措施是(   )。
    A. 增加对农产品的税收　　　　　　B. 实行农产品配给制
    C. 收购过剩的农产品　　　　　　　D. 对农产品生产者予以补贴

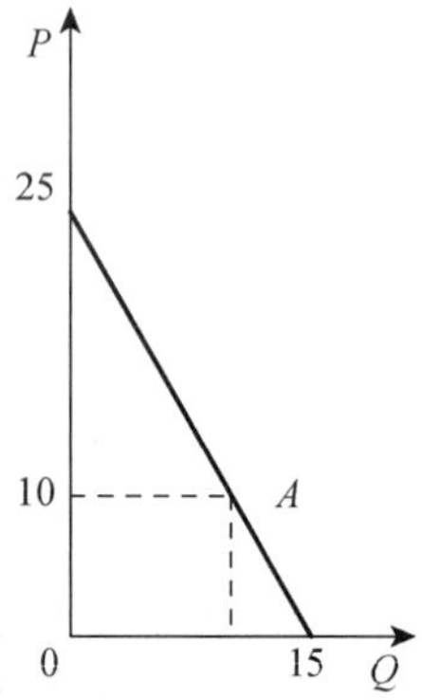

图 2-1　单项选择题 15 题图示

18. 政府把价格限制在均衡水平以下可能导致（　　）。
A. 黑市交易
B. 大量积压
C. 买者按低价买到了希望购买的商品数量
D. A 和 C

19. 如果商品的需求弹性＝0.8，其供给弹性＝0.5，则销售税（　　）。
A. 主要由消费者承担　　　　　　　B. 主要由生产者负担
C. 由生产者和消费者均等地负担　　D. 全部由生产者负担

20. 对香烟征收消费税时，其税收（　　）。
A. 主要由消费者承担　　　　　　　B. 主要由生产者负担
C. 由生产者和消费者均等地负担　　D. 全部由生产者负担

二、判断题

1. 预计某产品的价格会下降，则该产品的供给将会减少。（　　）
2. 如果政府对某种商品的生产者给予现金补贴，会使该商品的供给曲线向左上方移动。（　　）
3. 需求曲线的斜率和需求的价格弹性是相同的概念。（　　）
4. 假如某城市运输的需求的价格弹性为1.2，则为了增加运输的收入，运输价格应该降低。（　　）
5. 降低价格一定会使供给量下降。（　　）
6. 在商品过剩的情况下，卖者之间的竞争会压低价格；在商品短缺的情况下，买者之间的竞争会抬高价格。（　　）
7. 在供给和需求同时发生变化的情况下，如果供给增加的幅度大于需求增加的幅度，均衡价格将下降。（　　）
8. 某种商品的需求的收入弹性随着买者收入的增加会发生变化。（　　）
9. 假定其他条件不变，某种商品价格的变化将导致其供给量变化，但不会引起供给的变化。（　　）
10. 农产品的需求一般来说缺乏价格弹性，这意味着当农产品价格上升时，农场主的总收益将增加。（　　）

三、名词解释

1. 需求
2. 需求定理
3. 供给
4. 供给定理
5. 均衡价格
6. 需求价格弹性
7. 需求交叉价格弹性
8. 需求收入弹性

四、计算题

1. 假定表 2-1 是需求函数 $Q^d = 500 - 100P$ 在一定价格范围内的需求表：

表 2-1　　　　　　　　　　　　计算题 1 资料

价格(元)	1	2	3	4	5
需求量(个)	400	300	200	100	0

（1）求出价格 2 元和价格 4 元之间的需求的价格弧弹性。
（2）根据给出的需求函数，求 $P = 2$ 元时的需求的价格点弹性。

2. 假定表 2-2 是供给函数 $Q^s = -3 + 2P$ 在一定价格范围内的供给表：

表 2-2　　　　　　　　　　　　计算题 2 资料

价格(元)	2	3	4	5	6
供给量(个)	1	3	5	7	9

（1）求出价格 3 元和价格 5 元之间的供给的价格弧弹性。
（2）根据给出的供给函数，求 $P = 4$ 元时的供给的价格点弹性。

3. 已知市场的需求函数为 $Q^d = 60 - 2P$，供给函数为 $Q^s = -30 + 3P$。
（1）求此时的均衡价格与均衡数量，需求价格弹性与供给价格弹性。
（2）如果政府对每单位产品征收 5 元的销售税，政府的税收收入是多少？其中，生产者和消费者各负担多少税额？

4. 某种商品原先的价格为 1 元，销售量为 1 000 千克，该商品的需求弹性系数为 2.4。如果该商品降价至 0.8 元 1 千克，此时的销售量是多少？降价后总收益是增加了还是减少了？增加或减少了多少？

5. 某君消费商品 X 的数量与其收入的函数的关系是：$M = 1 000Q^2$，计算当收入 $M = 6 400$ 时的点收入弹性。

6. 设需求函数为 $Q = \dfrac{M}{P^n}$，式中 M 为收入；P 为价格；n 为常数。求需求的点收入弹性和价格弹性。

7. 在英国，对新汽车需求的价格弹性 $E_d = 1.2$，需求的收入弹性 $E_M = 3.0$，计算：
（1）其他条件不变，价格提高 3% 对需求的影响。
（2）其他条件不变，收入增加 2% 对需求的影响。
（3）假设价格提高 8%，收入增加 10%，1980 年新汽车销售量为 800 万辆，利用有关弹性系数的数据估计 1981 年新汽车的销售量。

8. 假设 A 公司和 B 公司的产品的需求曲线分别为 $Q_A = 200 - 0.2P_A$，$Q_B = 400 - 0.25P_B$，这两家公司现在的销售量分别为 100 和 250。
（1）求 A、B 两公司当前的价格弹性。
（2）假定 B 公司降价后，使 B 公司的销售量增加到 300，同时又导致 A 公司的销售量下降到 75，问 A 公司产品的交叉价格弹性是多少？
（3）假定 B 公司目标是谋求销售收入最大，你认为它降价在经济上是否合理？

五、画图分析题

1. 画图分析发生下列几种情况时某种蘑菇的需求曲线或供给曲线的移动方向,并分析前后均衡点的变化。

(1) 另一种蘑菇的价格上升了。

(2) 部分地区发生洪水,导致种植蘑菇的农田损坏。

(3) 卫生组织发出一份报告,称这种蘑菇会致癌。

(4) 培育蘑菇的工人工资减少了。

(5) 消费者的收入增加了。

2. 画图分析"谷贱伤农"的道理。

六、问答题

1. 图 2-2 中有三条为直线的需求曲线。

(1) 试比较 a、b 和 c 点的需求价格弹性。

(2) 试比较 a、d 和 e 点的需求价格弹性。

2. 如果考虑到提高生产者的收入,那么对农产品和电视机、录像机一类高级消费品应采取提价还是降价的方法?为什么?

3. 有人说,气候不好对农民不利,因为农业要歉收。但有人说,气候不好对农民有利,因为农业歉收以后谷物要涨价,收入会增加。对这两种议论你有何评价?

4. 影响需求价格弹性的因素有哪些?

5. 试述需求量变动与需求变动的区别以及供给量变动与供给变动的区别,并举例说明。

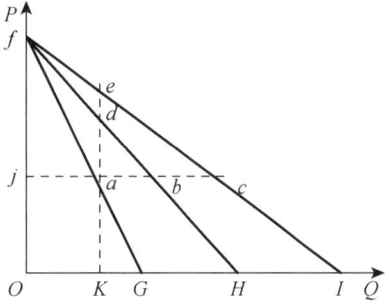

图 2-2　问答题示意图

第三章 效 用 论

本章基本内容框架

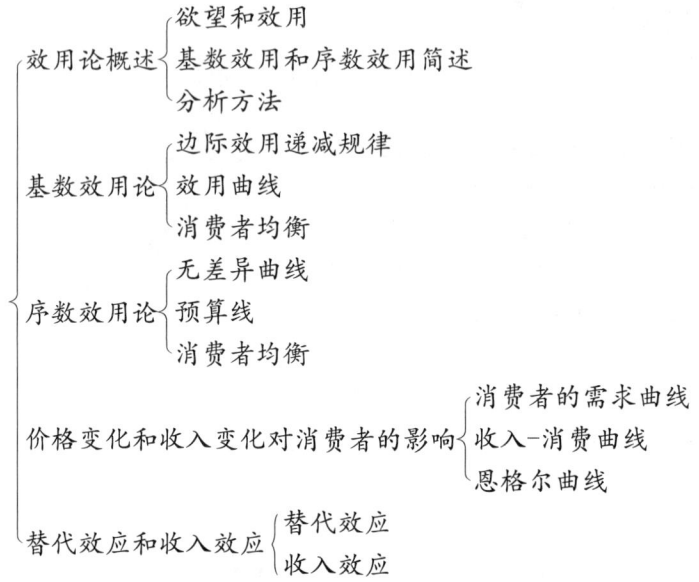

重点、难点讲解及典型例题

一、效用论概述

效用是指商品满足人们的欲望的能力,或者说,效用是指消费者在消费商品时所感受到的满足程度。一种商品对消费者是否具有效用,取决于消费者是否有消费这种商品的欲望,以及这商品是否具有满足消费者欲望的能力。效用这一概念与人的欲望是联系在一起的。

基数效用论和序数效用论都是用来分析消费者行为的方法,这两种方法的不同之处在于分析方法不同。基数效用论是用边际效用递减规律来解释,而序数效用论是用无差异曲线和预算线的功能来分析。

【例题1·判断题】 商品的效用就是指商品的功能。 （ ）

【答案】 错误

【解析】 效用是指商品满足人们的欲望的能力,或者说,效用是指消费者在消费商品时所感受到的满足程度。所以为错。

【例题2·单项选择题】 利用边际效用递减规律来进行消费者行为的分析方法被称为（ ）。

A. 边际效用递减方法   B. 基数效用论
C. 序数效用论   D. 边际报酬递减规律

【答案】 B

【解析】 基数效用论是用边际效用递减规律来解释消费者行为的方法,所以选 B。

二、基数效用论

边际效用递减规律指在一定时间内,在其他商品的消费数量保持不变的条件下,随着消费者对某种商品消费量的增加,消费者从该商品连续增加的每一消费单位中所得到的效用增量即边际效用是递减的。

基数效用论的假设条件:
(1) 效用量可以具体衡量。
(2) 边际效用(MU)递减规律。
(3) 货币边际效用不变。

在一个人很饥饿的时候,吃第一个包子给他带来的效用是很大的,以后,随着这个人吃的包子数量的连续增加,虽然总效用不断增加,但每一个包子给他带来的效用增量即边际效用却是递减的。当他完全吃饱的时候,包子的总效用达到最大值,而边际效用却降为零。如果他还继续吃包子,就会感到不适,这意味着包子的边际效用进一步降为负值,总效用也开始下降。

消费者均衡是研究单个消费者如何把有限的货币收入分配在各种商品的购买中以获得最大的效用。而消费者效用最大化的均衡条件为:

$$P_1X_1 + P_2X_2 + \cdots + P_nX_n = I$$

$$\frac{MU_1}{p_1} = \frac{MU_2}{P_2} = \cdots = \frac{MU_n}{P_n} = \lambda$$

【例题 3·单项选择题】 当总效用增加时,边际效用应该( )。
A. 为正值,但不断减少   B. 为正值,且不断增加
C. 为负值,且不断减少   D. 以上都不对

【答案】 A

【解析】 边际效用递减规律指在一定时间内,在其他商品的消费数量保持不变的条件下,随着消费者对某种商品消费量的增加,消费者从该商品连续增加的每一消费单位中所得到的效用增量即边际效用是递减的,但是总效用依然增加,边际效用依然为正值。所以选 A。

【例题 4·单项选择题】 当某消费者对商品 X 的消费达到饱和点时,则边际效用 Mu_x 为( )。
A. 正值   B. 负值   C. 零   D. 不确定

【答案】 C

【解析】 因为边际效用递减规律的存在,因此边际效用随着消费品的增加而减少,极限条件为当达到饱和点时,边际效用趋近于零。所以选 C。

【例题 5·判断题】 不同的消费者对同一件商品的效用的大小可以进行比较。 ( )

【答案】 错误

【解析】 这种说法是错误的。同一个消费者对不同商品的效用大小可以比较。但由于效用是主观价值判断,同一商品对不同的消费者来说,其效用的大小是不可比的。

三、序数效用论

无差异曲线是用来表示消费者偏好相同的两种商品的所有组合的,或者说,它是能够给消费者带来相同的效用水平或满足程度的两种商品的所有组合。无差异曲线的三个特征:函数连续,曲线无数条,越远越高;任何两条线不会相交;凸向原点(右下倾斜,斜率为负且绝对值递减,因为边际替代率递减)。

预算线为收入和价格给定时,全部收入能买的商品组合,其表达式为:$P_1X_1 + P_2X_2 = I$。预算线的变动包括以下几种情况:P_1 和 P_2 不变,收入 I 变,线平移,斜率不变;P_1、P_2 不变,收入 I 不变,线平移,斜率不变;收入 I 不变,P_1 或 P_2 中有一个变,线摆动;I、P_1、P_2 同比例同向变,线不变。

当消费者组合达到均衡点时,无差异曲线和预算线的斜率相等,两者的绝对值分别是边际替代率 MRS_{12} 和商品价格比值 $\dfrac{P_1}{P_2}$,故有:

$$MRS_{12} = \dfrac{P_1}{P_2},\text{此即消费者均衡条件} \dfrac{MU_1}{P_1} = \dfrac{MU_2}{P_2} = \lambda。$$

【例题6·判断题】 在一个坐标系里,有无数条无差异曲线,每条无差异曲线互不相交且平行。   ( )

【答案】 错误

【解析】 这种说法是错误的。两条无差异曲线互不相交,但未必平行。因无差异曲线不一定是直线。

【例题7·单项选择题】 无差异曲线的形状取决于(   )。

A. 消费者收入　　　　　　　　　　B. 所购商品的价格
C. 消费者偏好　　　　　　　　　　D. 商品效用水平的大小

【答案】 C

【解析】 无差异曲线有无数条,无差异曲线不相交,无差异曲线为消费者对两种商品所有的组合,在这些组合下,消费者的总效用是不变的,因此两者的比例和关系取决于消费者的偏好,无差异曲线的形状是由消费者偏好决定的。所以选C。

四、价格变化和收入变化对消费者的影响

价格-消费曲线:在其他条件保持不变的情况下,一种商品价格的变化会使消费者效用最大化的均衡点的位置发生移动。它是在消费者的偏好、收入以及其他商品价格不变的条件下,与某一种商品的不同价格水平相联系的消费者效用最大化的均衡点轨迹。消费者的需求曲线是由价格-消费曲线推导出来的,将价格-消费曲线上的所有均衡点连接起来,即消费者在每一个价格水平下,对某种商品的需求数量,因此可以推导出消费者的需求曲线。

收入-消费曲线为在消费者的偏好和商品的价格不变的条件下,与消费者的不同收入水平相联系的消费者效用最大化的均衡点的轨迹。恩格尔曲线表示消费者在每一收入水平对某商品的需求

量。而通过恩格尔曲线可以将商品分为劣等品和正常品。

【例题 8·单项选择题】 某消费者需求曲线上的各点(　　)。
A. 表示该消费者的效用最大点
B. 不表示效用最大点
C. 有可能表示效用最大点
D. 无法判断

【答案】 A

【解析】 消费者的需求曲线是根据消费者的价格-消费曲线推导出来的,在每一个均衡点上,消费者的效用都可以达到最大化,因此表示的是消费者的效用最大化的点,所以选A。

【例题 9·单项选择题】 消费者预算线发生平移时,连接消费者诸均衡点的曲线称为(　　)。
A. 需求曲线
B. 价格-消费曲线
C. 收入-消费曲线
D. 恩格尔曲线

【答案】 C

【解析】 收入-消费曲线为在消费者的偏好和商品的价格不变的条件下,与消费者的不同收入水平相联系的消费者效用最大化的均衡点的轨迹,所以选C。

五、替代效应和收入效应

一种商品的名义价格发生变化后,将同时对商品的需求量发生两种影响:一种是因该种商品名义价格变化,而导致的消费者所购买的商品组合中,该商品与其他商品之间的替代,称为替代效应。另一种是在名义收入不变的条件下,因一种商品名义价格变化,导致消费者实际收入变化,而导致的消费者所购商品总量的变化,称为收入效应。

正常商品的替代效应为负,收入效应也为负。低档商品的替代效应为负,收入效应为正,对于低档物品来说,当某低档物品的价格下降导致消费者的实际收入水平提高时,消费者会减少对低档物品的需求量,即低档物品的收入效应与价格呈同方向变动。如果为正的收入效应的绝对值大于替代效应,使需求量随价格上升而上升,则该商品为吉芬商品,吉芬商品价格变动的替代效应为负,收入效应为正(更大),并且收入效应大于替代效应,使需求量随价格上升而上升。

【例题 10·判断题】 所有物品的收入效应和替代效应的变化都是相同的,包括正常物品和低档物品,只是变化的程度不一样。　　　　　　　　　　　　　　　　　(　　)

【答案】 错误

【解析】 正常商品的替代效应为负,收入效应也为负。低档商品的替代效应为负,收入效应为正。如果为吉芬物品,则等同于低档物品,但正的收入效应的绝对值大于替代效应。

【例题 11·单项选择题】 假定其他条件不变,如果某种吉芬物品的价格下降,根据效用最大化原则,消费者则会(　　)这种商品的购买。
A. 增加
B. 减少
C. 不改变
D. 增加或减少

【答案】 B

【解析】 吉芬物品的收入效应为正,替代效应为负,但是收入效应大于替代效应,所以整体的效应为正,因此当吉芬物品的价格下降时,消费者会减少对这种商品的购买,所以选B。

思考与练习

一、单项选择题

1. 无差异曲线上任一点斜率的绝对值代表了（　　）。
   A. 消费者为提高效用而获得另一些商品时愿意放弃的某一种商品的数量
   B. 消费者花在各种商品上的货币总值
   C. 两种商品的价格比率
   D. 在确保消费者效用不变的情况下,一种商品与另一种商品的交换比率

2. 以下情况中,指的是边际效用的为（　　）。
   A. 张某吃了第二个面包,满足程度从10个效用单位增加到了15个效用单位,增加了5个效用单位
   B. 张某吃了两个面包,共获得满足15个效用单位
   C. 张某吃了两个面包,平均每个面包的满足程度为7.5个效用单位
   D. 以上都不对

3. 若无差异曲线上任何一点的斜率 $\dfrac{\mathrm{d}_X}{\mathrm{d}_Y}=-\dfrac{1}{2}$,这意味着消费者有更多的 X 时,他愿意放弃（　　）单位 X 而获得一单位 Y。
   A. $\dfrac{1}{2}$　　　　B. 2　　　　C. 1　　　　D. 1.5

4. 下列项目中,不是序数效用论对偏好的假设是（　　）。
   A. 边际效用递减　　　　B. 完备性
   C. 传递性　　　　　　　D. 不饱和性

5. 同一条无差异曲线上的不同点表示（　　）。
   A. 效用水平不同,但所消费的两种商品组合比例相同
   B. 效用水平相同,但所消费的两种商品的组合比例不同
   C. 效用水平不同,两种商品的组合比例也不相同
   D. 效用水平相同,两种商品的组合比例也相同

6. 消费者均衡的条件是（　　）。
   A. $\dfrac{MUx}{Px}<\dfrac{MUy}{Py}$　　　　　　B. $\dfrac{MUx}{Px}>\dfrac{MUy}{Py}$
   C. $\dfrac{MUx}{Px}=\dfrac{MUy}{Py}$　　　　　　D. 以上都不对

7. 根据序数效用理论,消费者均衡是（　　）。
   A. 无差异曲线与预算约束线的相切之点
   B. 无差异曲线与预算约束线的相交之点
   C. 离原点最远的无差异曲线上的任何一点
   D. 离原点最近的预算约束线上的任何一点

8. 下列项目中,不是消费者的无差异曲线具有的特点是（　　）。

A. 其斜率绝对值递减
B. 任意两条无差异曲线都不相交
C. 具有正斜率
D. 位于右上方的无差异曲线具有较高的效用水平

9. 某消费者逐渐增加某种商品的消费量,直至达到了效用最大化,在这个过程中,该商品的( )。
A. 总效用和边际效用不断增加
B. 总效用不断下降,边际效用不断增加
C. 总效用不断增加,边际效用不断下降
D. 总效用和边际效用同时下降

10. 假定 X、Y 的价格 P_x、P_y 已定,当 $MRS_{xy} > \dfrac{P_x}{P_y}$ 时,消费者为达到最大满足,他将( )。
A. 增加 X,减少 Y B. 减少 X,增购 Y
C. 同进增购 X、Y D. 同时减少 X、Y

11. 商品 X 和 Y 的价格按相同的比率上升,而收入不变,预算线( )。
A. 向左下方平行移动   B. 向右上方平行移动
C. 不变动   D. 向左下方或右上方平行移动

12. 在消费者均衡点以上的无差异曲线斜率的绝对值( )。
A. 大于预算线斜率的绝对值
B. 小于预算线斜率的绝对值
C. 等于预算线斜率的绝对值
D. 可能大于、小于或等于预算线斜率的绝对值

13. 若某条无差异曲线是水平直线,这表明该消费者对( )的消费已达到饱和(设 X 由横轴度量,Y 由纵轴度量)。
A. 商品 X B. 商品 Y
C. 商品 X 和商品 Y D. 无法判断

14. 无差异曲线为斜率不变的直线时,表示相组合的两种商品是( )关系。
A. 可以替代   B. 完全替代
C. 互补   D. 互不相关

15. 商品 X 和 Y 的价格以及消费者的收入都按同一比例同方向变化,预算线( )。
A. 向左下方平行移动   B. 向右上方平行移动
C. 不变动   D. 向左下方或右上方平行移动

二、判断题

1. 效用的大小,即使是对同一件商品来说,也会因人、因时、因地而异。 ( )
2. 边际效用递减规律是指消费者消费某种消费品时,随着消费量的增加,其最后一单位消费品的效用递减。 ( )
3. 根据基数效用论的观点,假设货币收入不变,则消费者获得效用最大化的条件是单位

货币的边际效用不变。（ ）
4. 当两种产品的边际替代率的绝对值递减时,无差异曲线凸向原点。（ ）
5. 预算线的移动表示消费者的收入发生变化。（ ）

三、名词解释

1. 边际效用递减规律
2. 预算线
3. 完全互补品
4. 恩格尔曲线
5. 消费者均衡

四、计算题

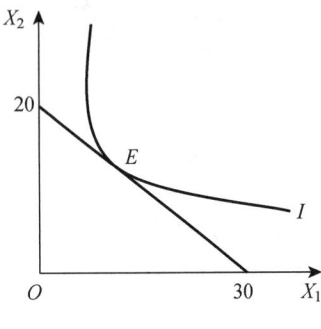

图 3-1 计算题图示

1. 假设某消费者的均衡如图3-1所示。其中,横轴 OX_1 和纵轴 OX_2 分别表示商品1和商品2的数量,线段为消费者的预算线,曲线 I 为消费者的无差异曲线,E 点为均衡点。已知商品1的价格 $P_1=3$(元)。求:
   (1) 消费者的收入。
   (2) 商品2的价格 P_2。
   (3) 预算线方程。
   (4) 预算线的斜率。
   (5) E 点的边际替代率。

2. 已知某消费者每年用于商品1和商品2的收入为540元,两商品的价格分别为 $P_1=20$(元)和 $P_2=30$(元),该消费者的效用函数为 $U=3X_1X_2^2$,该消费者每年购买这两种商品的数量各应为多少?他每年从中获得的总效用是多少?

3. 已知某人月收入为1 200元,全部花费在 X 和 Y 两种商品上,他的效用函数为 $U=XY$,X 的价格为20元,Y 的价格为30元。求:
   (1) 为获得最大效用,他购买的 X 和 Y 各为多少?
   (2) 货币的边际效用和他获得的总效用各为多少?
   (3) 假如 X 的价格提高44%,Y 的价格不变,为保持原有的效用水平,他的收入必须增加多少?

五、简答题

1. 简单说明无差异曲线的特征。
2. 预算线的移动主要包括哪几种方式?
3. 序数效用论中关于偏好的假定有哪些?

六、论述题

1. 试用边际效用递减规律来解释为什么钻石极为稀少但是却价格昂贵?
2. 试结合图示来分析低档商品的收入效应和替代效应。

第四章 企业的生产和成本

 本章基本内容框架

$$\text{生产论}\begin{cases}\text{柯布-道格拉斯函数与固定投入比例生产函数}\\\text{短期生产函数}\begin{cases}TP、AP、MP\text{三者之间的关系}\\\text{边际报酬递减规律}\\\text{生产合理区}\end{cases}\\\text{长期生产函数}\begin{cases}\text{等产量曲线}\\\text{边际技术替代率及其递减规律}\\\text{等成本线}\\\text{生产要素的最优组合}\\\text{生产扩展曲线}\end{cases}\\\text{规模报酬}\\\theta=f(L,K)\begin{cases}\text{递增}:f(\lambda L,\lambda K)>\lambda\theta\\\text{固定}:f(\lambda L,\lambda K)=\lambda\theta\\\text{不变}:f(\lambda L,\lambda K)<\lambda\theta\end{cases}\end{cases}$$

$$\text{成本论}\begin{cases}\text{成本的概念}\begin{cases}\text{机会成本}\\\text{显成本与隐成本}\\\text{经济利润与会计利润}\end{cases}\\\text{短期成本的概念}\begin{cases}\text{短期总成本}\\STC=TFC+TVC\end{cases}\begin{cases}\text{短期总固定成本}TFC\\\text{短期总可变成本}TVC\end{cases}\\\qquad\qquad\qquad\begin{cases}\text{短期平均成本}\\SAC=AFC+AVC\end{cases}\begin{cases}\text{短期平均固定成本}AFC=\dfrac{TFC}{Q}\\\text{短期平均可变成本}AVC=\dfrac{TVC}{Q}\end{cases}\\\qquad\qquad\qquad\text{短期边际成本}SMC=\dfrac{\mathrm{d}STC}{\mathrm{d}Q}\\\text{短期成本函数之间的关系}\\\text{短期成本与短期产量的关系}\begin{cases}MC\text{与}MP_L\text{的关系}:MC=\dfrac{w}{MP_L}\\AVC\text{与}AP_L\text{的关系}:AVC=\dfrac{w}{AP_L}\end{cases}\\\text{长期成本理论}\begin{cases}\text{无固定成本与变动成本之分}\\LTC,LAC,LMC\text{曲线的推导}\\LAC\text{呈U形的原因}:\text{规模经济与规模不经济}\end{cases}\end{cases}$$

重点、难点讲解及典型例题

一、短期与长期的区别

短期指生产者来不及调整全部生产要素的数量,生产中厂商至少有一种生产要素的数量固定不变的时期。短期内所有生产要素分为两类:①可变的生产要素:随产量的变动而变动,如劳动和原材料;②不变的生产要素:不随产量的变动而变动,如机器和厂房。

长期指在生产中厂商对于所有生产要素都可以进行调整的时期。

【例题1·单项选择题】 经济学中短期与长期划分取决于(　　)。

A. 时间长短　　　　　　　　　　B. 可否调整产量
C. 可否调整产品价格　　　　　　D. 可否调整生产规模

【答案】 D

【解析】 短期就是说在一定的时间内,生产者没有办法调整全部生产要素,而长期就是可以调整全部的生产要素。因此,是否能调整生产规模,是判断长期和短期的依据。

【例题2·单项选择题】 在长期中,下列成本中,(　　)是不存在的。

A. 固定成本　　　　　　　　　　B. 平均成本
C. 机会成本　　　　　　　　　　D. 隐成本

【答案】 A

【解析】 在长期中,厂商可以调整全部生产要素的投入量,此时所有的生产要素均是可变的,因此不存在固定成本。

二、短期生产理论

短期生产的基本规律是边际报酬递减规律。该规律强调:在任何一种产品的短期生产中,在其他条件不变的前提下,任何一种可变生产要素的边际产量必然会从递增阶段发展为递减阶段。也就是说,任何一种可变要素的短期边际产量呈现出先上升后下降的倒U形的特征。

由短期边际产量的计算公式 $MP_L = \dfrac{\mathrm{d}TP_L}{\mathrm{d}L}$ 看,边际产量就是总产量曲线的斜率,所以当 $MP>0$,MP 递增时,TP 以递增的速度递增,总产量曲线上凹地向右上方伸展;当 $MP>0$,MP 递减时,TP 以递减的速度递增,总产量曲线下凹地向右上方延伸;当 $MP=0$ 时,TP 最大;当 $MP<0$,TP 递减。再由公式 $AP_L = \dfrac{TP_L}{L}$,可知平均产量就是从原点向总产量曲线所作射线的斜率。由于总产量曲线先上凹后下凹,故从原点向总产量曲线所作的射线正好切于总产量曲线时,射线的斜率极大,即平均产量极大。在切点以前,射线的斜率递增,即平均产量递增;在切点以后,射线的斜率递减,即平均产量递减,因此短期平均产量曲线也是先上升后下降的倒U形。当边际产量曲线与平均产量曲线相交时,两者的值相等;当 $MP>AP$ 时,AP 将上升;当 $MP<AP$ 时,AP 将下降。而根据短期生产的总产量曲线、平均产量曲线和边际产量曲线之间的关系,可将短期生产划分为三个阶段,而厂商生产的合理区是第Ⅱ阶段。

【例题3·单项选择题】 当劳动的总产量下降时,(　　)。

A. AP_L 是递增的 B. AP_L 为零
C. MP_L 为零   D. MP_L 为负

【答案】 D

【解析】 只要边际产量大于零,总产量就处于上升阶段;而边际产量小于零,总产量就会下降。

【例题4·单项选择题】 下列说法中,错误的是(　　)。
A. 只要总产量减少,边际产量一定是负数
B. 只要边际产量减少,总产量一定也减少
C. 随着某种生产要素投入量的增加,边际产量和平均产量达到一定程度将趋于下降,其中边际产量的下降一定先于平均产量
D. 边际产量曲线一定在平均产量曲线的最高点与之相交

【答案】 B

【解析】 由边际产量与总产量的关系可知,当边际产量大于零时,总产量就是增加的;当边际产量小于零时,总产量才会减少,而非边际产量减少,总产量就减少。由边际产量与平均产量的关系可知,当 $MP_L > AP_L$ 时,AP_L 曲线是上升的;当 $MP_L < AP_L$ 时,AP_L 曲线是下降的;当 $AP_L = MP_L$ 时,AP_L 曲线达到极大值。又由于边际报酬递减规律作用下的 MP_L 曲线是先升后降的,当 MP_L 曲线和 AP_L 曲线相交时,AP_L 曲线必达到最大值。

【例题5·单项选择题】 下列说法中,正确的是(　　)。
A. 生产要素的边际技术替代率递减是规模报酬递减造成的
B. 边际收益递减是规模报酬递减造成的
C. 规模报酬递减是边际收益递减规律造成的
D. 生产要素的边际技术替代率递减是边际收益递减规律造成的

【答案】 D

【解析】 生产要素的边际技术替代率 $MRTS_{LK} = \dfrac{MP_L}{MP_K}$,由于边际收益递减,所以边际技术替代率递减。

【例题6·单项选择题】 当 MP_L 为负时,生产处于(　　)。
A. 对 L 的Ⅰ阶段   B. 对 K 的Ⅲ阶段
C. 对 L 的Ⅱ阶段   D. 对 L 的Ⅲ阶段

【答案】 D

【解析】 当劳动的边际产量为负时,总产量处于减少阶段,所以生产处于对 L 的Ⅲ阶段。

三、长期生产理论

长期生产理论的主要分析工具是等产量曲线和等成本曲线。等产量曲线是在技术水平不变的条件下,生产同一产量的两种生产要素投入量的所有不同组合的轨迹。其具有以下特征:等产量曲线有无数条,同一条曲线代表相同的产量,不同的曲线代表不同的产量水平;离远点越远的等产量曲线代表的产量水平越低;任意两条等产量曲线不相交;等产量曲线向右下方倾斜,斜率为负;等产量曲线凸向原点。等产量曲线的斜率的绝对值就是边际技术替代率,边际技术替代率是递减的。等成本线是在既定的成本和既定生产要素价格条件下,生产者可以购

买到的两种生产要素的各种不同数量组合的轨迹。等成本线的斜率可以用两要素的价格之比来表示。

在长期生产中,厂商无论是实现既定成本下的最大产量,还是实现既定产量下的最小成本,生产的均衡点都发生在等产量曲线和等成本线的相切点。在切点上,等产量曲线和等成本线的斜率相等,即两要素的边际技术替代率等于两要素的价格之比。或者说,只有当厂商将最后一单位的货币成本无论用来购买哪一种要素所带来的边际产量都相等时,它才能实现既定成本下的最大产量,或者实现既定产量下的最小成本。

规模报酬属于长期生产的概念。规模报酬递增、规模报酬不变和规模报酬递减分别指长期生产中全部生产要素增加的比例小于、等于或大于它所导致的产量增加的比例。在企业扩大规模的长期生产过程中,一般会先后经历规模报酬递增、规模报酬不变和规模报酬递减三个阶段。

【例题7·单项选择题】 等产量曲线是指在这条曲线上的各个点代表(　　)。
A. 为生产同等产量投入要素的各种组合比例是不能变化的
B. 为生产同等产量投入要素的价格是不变化的
C. 不管投入各种要素量如何,产量总是相等的
D. 投入要素的各种组合所能生产的产量都是相等的

【答案】 D

【解析】 等产量曲线表示其他条件不变时,为生产一定的产量所需投入的两种生产要素之间的各种可能组合的轨迹。

【例题8·单项选择题】 如果某厂商增加一单位劳动使用量能够减少三单位资本,而仍生产同样的产出量,则 $MRTS_{LK}$ 为(　　)。

A. $\dfrac{1}{3}$　　　　B. 3　　　　C. 1　　　　D. 6

【答案】 B

【解析】 由边际技术替代率的公式 $MRTS_{LK} = -\dfrac{\Delta K}{\Delta L}$,可知,$MRTS_{LK} = \dfrac{3}{1} = 3$

【例题9·单项选择题】 等成本曲线围绕着它与纵轴的交点逆时针移动表面为(　　)。
A. 生产要素 Y 的价格上升了　　　　B. 生产要素 X 的价格上升了
C. 生产要素 X 的价格下降了　　　　D. 生产要素 Y 的价格下降了

【答案】 C

【解析】 由等成本曲线公式 $Y = \left(-\dfrac{P_X}{P_Y}\right)X + \dfrac{C}{P_Y}$ 可知,当等成本曲线围绕着它与纵轴的交点逆时针移动,因此,生产要素 Y 的价格不变,生产要素 X 的价格下降。

【例题10·单项选择题】 在生产均衡点上,(　　)。

A. $MRTS_{LK} = \dfrac{P_L}{P_K}$　　　　B. $\dfrac{MP_L}{P_L} = \dfrac{MP_K}{P_K}$
C. 等产量曲线与等成本曲线相切　　　　D. 上述都正确

【答案】 D

【解析】 生产者追求利润最大化,因而生产者均衡就是在既定的成本下实现产量最大,或

者在既定的产量下实现成本最小。由等产量曲线和等成本曲线分析可知,只有在两条曲线相切时才能实现上述两个条件。边际技术替代率是等产量曲线斜率的绝对值,$\frac{P_L}{P_K}$ 是等产量曲线斜率的绝对值,两条曲线相交时,必定有 $MRTS_{LK} = \frac{P_L}{P_K}$,又因为 $MRTS_{LK} = \frac{MP_L}{MP_K}$,所以有 $\frac{MP_L}{P_L} = \frac{MP_K}{P_K}$。

【例题 11·单项选择题】 当某厂商以最小成本生产出既定产量时,那它( )。
  A. 总收益为零
  B. 一定获得最大利润
  C. 一定未获得最大利润
  D. 无法确定是否获得最大利润

【答案】 D

【解析】 厂商以最小成本生产出既定产量时可能获得利润,也可能亏损,这取决于商品的价格,如果此时商品的价格大于生产商品的平均成本,则生产者可以获得最大利润;如果商品的价格小于生产的平均成本,则此时生产者承受最小亏损。

【例题 12·单项选择题】 如果规模报酬不变,单位时间里增加了20%的劳动使用量,但保持资本量不变,则产出将( )。
  A. 增加20%
  B. 减少20%
  C. 增加大于20%
  D. 增加小于20%

【答案】 D

【解析】 规模报酬不变,说明在单位时间里,劳动和资本投入同时增加20%,可以使产量增加20%,所以单位时间里只增加了20%的劳动使用量,但保持资本量不变,这时的产量必定小于劳动和资本同时增加20%时的产量。因此,产量增加小于20%。

四、成本的概念

厂商的生产成本不能简单地仅从厂商向他人购买生产要素的成本支付的角度来理解。一个重要的成本概念是机会成本。机会成本是指厂商运用一定的生产要素进行生产时他所放弃的运用相同的生产要素在其他场合的生产中所能得到的最高收入。由此,厂商生产的成本不仅包括显成本,还应该包括隐成本。其中,显成本指厂商使用或者购买他人所拥有的生产要素时的成本支付;隐成本指厂商使用自己所拥有的生产要素时应该得到的收入报酬。厂商生产的总成本等于显成本与隐成本之和。

【例题 13·单项选择题】 使用自有资金也应计算利息收入,这种利息从成本角度看是( )。
  A. 固定成本
  B. 隐成本
  C. 会计成本
  D. 生产成本

【答案】 B

【解析】 隐成本是指企业使用自有生产要素时所花费的成本。例如:厂房、设备租给别的企业用可得租金,资金借给别人用可得利息,现都为自己所用,失去为别的企业所用时所获报酬的成本即隐成本。

【例题 14·单项选择题】 由企业购买或使用任何生产要素所发生的成本是指( )。

A. 显成本 B. 隐成本
C. 变动成本 D. 固定成本

【答案】 A

【解析】 显成本指厂商使用或者购买他人所拥有的生产要素时的成本支付；隐成本指厂商使用自有生产要素时所花费的成本。

【例题 15·单项选择题】 一个人的市场工资提高,将使他在其他经济活动中的机会成本(　　)。

A. 上升 B. 下降
C. 不变 D. 可能上升也可能下降

【答案】 A

【解析】 若一个人的市场工资提高,那么他放弃该经济活动从事其他经济活动的机会成本即他的市场工资上升。

五、经济利润与正常利润的概念与区别

厂商生产的经济利润等于总收益减去总成本。经济利润也称超额利润,或简称利润。而正常利润通常指付给企业家才能的报酬。根据机会成本的概念,正常利润应该以隐成本的形式计入总成本。从本质上说,正常利润不是利润,而是成本。于是有:当经济利润等于零时,正常利润全部实现。

【例题 16·判断题】 当厂商的经济利润为零时,厂商仍然得到了全部的正常利润。
(　　)

【答案】 正确

【解析】 正常利润就是厂商刚好不亏不赚,就是总收益＝总成本。而经济利润＝总收益－总成本,所以经济利润为零。

六、短期成本理论

短期成本有七种:总成本、总不变成本、总可变成本、平均总成本、平均不变成本、平均可变成本以及边际成本。由于 MC 与 MP 呈反比,根据边际报酬递减规律,因为 MP 先上升后下降,MC 先下降后上升;且 MC 的最低点对应 MP 的顶点。从边际成本的计算公式 $SMC = \dfrac{dSTC}{dQ} = \dfrac{dTVC}{dQ}$ 看,边际成本就是总成本曲线、可变成本曲线的斜率。所以在边际成本递减的阶段,总成本、可变成本增加的速度递减,即总成本曲线、可变成本曲线越来越平缓;在边际成本递增阶段,总成本、可变成本增加的速度越来越快,即总成本曲线、可变成本曲线越来越陡峭。又因为 $SAC = \dfrac{STC}{Q}$,所以平均成本就是从原点向总成本曲线所作射线的斜率,平均成本曲线、平均不变成本曲线、平均可变成本曲线都是先减后增的。由于总成本曲线、总可变成本曲线先上凸后下凸,从原点向总成本曲线、总可变成本曲线所作的射线正好切于总成本曲线、总可变成本曲线时,射线的斜率极小,即平均成本、平均可变成本极小,因此,边际成本曲线与平均成本曲线和平均可变成本曲线相交,且分别交于它们的最低点。

【例题 17·单项选择题】 边际成本低于平均成本时,(　　)。

A. 平均成本上升
B. 平均可变成本可能上升也可能下降
C. 总成本下降
D. 平均可变成本上升

【答案】 B

【解析】 根据边际报酬递减规律,边际成本曲线先下降后上升,当边际成本低于平均可变成本时,平均可变成本和平均成本都是下降的;当边际成本上升超过平均可变成本且低于平均成本时,平均可变成本是上升的,但平均成本仍然是下降的;当边际成本继续上升超过平均成本时,平均成本和平均可变成本都是上升的。由于边际成本始终为正,总成本总是上升的。

【例题18·单项选择题】 随着产量的增加,平均固定成本( )。
A. 在开始时下降,然后趋于上升
B. 在开始时上升,然后趋于下降
C. 一直趋于上升
D. 一直趋于下降

【答案】 D

【解析】 由 $AFC = \dfrac{TFC}{Q}$ 可知,TFC 总是不变的,随着产量的增加,AFC 一直趋于下降。

【例题19·单项选择题】 短期平均成本曲线成为U形的原因与( )有关。
A. 规模报酬
B. 外部经济与外部不经济
C. 要素的边际生产率
D. 固定成本与可变成本所占比重

【答案】 C

【解析】 要素的边际生产率即要素的边际产量。由于边际产量递减规律,在短期生产中,当可变要素投入小于一定的量,边际产量递增,即边际成本递减;当可变要素投入超过这一定的量时,边际产量递减,即边际成本递增,因此,短期边际成本曲线是U形的。又由边际量和平均量的关系可知,短期平均成本曲线也是U形的。

七、长期成本理论

在长期中,厂商在每一个产量上都是通过对最优生产规模的选择来将生产成本降到最低水平。也就是说,在长期中,厂商通过对最优生产规模的选择,使每一单位的产量都以最小的成本被生产出来。由此,可以推导出长期总成本曲线是无数条短期总成本曲线的包络线,长期平均成本曲线也是无数条短期平均成本曲线的包络线。

此外,企业长期生产的规模经济和规模不经济决定了长期平均成本曲线的U形特征;企业长期生产的外在经济和外在不经济决定了长期平均成本曲线位置的高低。

【例题20·判断题】 SAC 绝不会小于 LAC。 ( )

【答案】 正确

【解析】 长期平均成本表示厂商在长期内通过选择最优生产规模而实现的按产量平均计算的最低总成本。在长期生产中,厂商总是可以在每一产量水平上找到相应的最优的生产规模进行生产。从数学上说,长期平均成本曲线是短期平均成本曲线的包络线,所以总有 SAC 小于 LAC。

【例题21·判断题】 长期成本曲线上的每一点都与短期成本曲线上的某一点相对应,但短期成本曲线上并非每一点都与长期成本曲线上的某一点相对应。 ( )

【答案】 正确

【解析】 长期成本曲线上的每一点都是相应产量下,最优规模的短期成本曲线上的点,因此长期成本曲线上每一点都可以在相应的短期成本曲线上找到。但是短期成本曲线上其他不能实现既定产量下成本最小的点,都不是长期成本曲线上的点。

【例题22·单项选择题】 长期平均成本曲线成为U形的原因与( )。

A. 规模报酬有关

B. 外部经济与外部不经济有关

C. 要素的边际生产率有关

D. 固定成本与可变成本所占比重有关

【答案】 A

【解析】 长期平均成本曲线的U形特征是由长期生产中的规模经济和规模不经济决定的。在企业生产扩张的开始阶段,厂商由于扩大生产规模而使经济效益得到提高,这被称为规模经济。当生产扩张到一定的规模以后,厂商继续扩大生产规模,就会使经济效益下降,这被称为规模不经济。规模经济和规模不经济的作用,决定了长期平均成本曲线表现出先下降后上升的U形特征。

思考与练习

一、单项选择题

1. 生产函数表示( )。

   A. 一定数量的投入,至少能生产多少产品

   B. 生产一定数量的产品,最多要投入多少生产要素

   C. 投入与产出的关系

   D. 以上都对

2. 如果连续地增加某种生产要素、在总产量达到最大值时,边际产量与( )相交。

   A. 平均产量曲线   B. 纵轴

   C. 横轴   D. 总产量曲线

3. 在总产量、平均产量和边际产量的变化过程中,( )首先发生。

   A. 边际产量下降   B. 平均产量下降

   C. 总产量下降   D. B和C

4. 边际收益递减规律发生作用的前提条件是( )。

   A. 连续地投入某种生产要素而保持其他生产要素不变

   B. 生产技术不变

   C. 按比例同时增加各种生产要素

   D. A和B

5. 生产的第二阶段(　　)开始于 AP_L 开始下降处。
   A. 总是   B. 绝不是
   C. 经常是   D. 有时是

6. 等产量线上某一点的切线的斜率的绝对值等于(　　)。
   A. 预算线的斜率   B. 等成本线的斜率
   C. 边际技术替代率   D. 边际报酬

7. 若厂商增加使用一个单位劳动,减少两个单位的资本,仍能生产相同产量,则 $MRTS_{LK}$ 是(　　)。
   A. $\frac{1}{2}$ B. 2   C. 1   D. 4

8. 等成本线向外平行移动表明(　　)。
   A. 产量提高了
   B. 成本增加了
   C. 生产要素价格按相同的比例上升了
   D. 以上都正确

9. 在以横轴表示生产要素 X,纵轴表示生产要素 Y 的坐标系中,等成本曲线的斜率等于 -2,这表明(　　)。
   A. $\frac{P_X}{P_Y}=2$ B. $\frac{Q_X}{Q_Y}=2$
   C. $\frac{P_Y}{P_X}=2$ D. 上述都不正确

10. 当生产函数 $Q=f(L,K)$ 的 AP_L 为正且递减时,MP_L 可以是(　　)。
    A. 递减且为正   B. 递减且为负
    C. 为零   D. 以上均正确

11. 规模收益递减是在下述情况下发生的(　　)。
    A. 连续地投入某种生产要素而保持其他生产要素不变
    B. 按比例连续增加各种生产要素
    C. 不按比例连续增加各种生产要素
    D. 上述都正确

12. 在 $\frac{MP_L}{P_L}>\frac{MP_K}{P_K}$ 情况下,企业(　　)可以降低成本而又维持相同产量。
    A. 增加劳动投入   B. 增加资本投入
    C. 提高规模经济水平   D. 提高劳动的边际产量

13. 如果一个企业在各种产出水平上都显示规模报酬递减,把这个企业划分为两个相等规模的较小企业,它的总产出(　　)。
    A. 减少   B. 不变
    C. 增加   D. 无法判定

14. 生产函数为 $Q=2L^{0.6}K^{0.8}$,请问该生产函数表示(　　)。
    A. 规模报酬递增   B. 规模报酬不变

C. 规模报酬递减　　　　　　　　　D. 劳动的边际产量递减

15. 如果等成本曲线在坐标平面上与等产量曲线相交,那么追求最佳效益的企业要生产等产量曲线表示的产量水平(　　)。

A. 应增加成本支出　　　　　　　　B. 不能增加成本支出
C. 应减少成本支出　　　　　　　　D. 不能减少成本支出

16. 经济学分析中所说的短期是指(　　)。

A. 1年之内
B. 2年之内
C. 全部生产要素都可随产量而调整的时期
D. 只能根据产量调整可变成本的时期

17. 固定成本是指(　　)。

A. 厂商在短期内必须支付的不能调整的生产要素的费用
B. 厂商要增加产量所要增加的费用
C. 厂商购进生产要素时所要支付的费用
D. 厂商支付的工资

18. 已知产量为9单位时,总成本为95元,产量增加到10单位时,平均成本为10元,由此可知边际成本为(　　)元。

A. 5　　　　　B. 10　　　　　C. 15　　　　　D. 20

19. 某厂商每年从企业的总收入中取出一部分作为自己所提供的生产要素的报酬,这部分资金被视为(　　)。

A. 显成本　　　　　　　　　　　　B. 隐成本
C. 经济利润　　　　　　　　　　　D. 毛利润

20. 对应于边际报酬的递增阶段,SMC曲线(　　)。

A. 以递增的速率上升　　　　　　　B. 以递增的速率下降
C. 以递减的速率上升　　　　　　　D. 以递减的速率下降

21. 短期内在每一产量上的 MC 值应该(　　)。

A. 是该产量上的 TVC 曲线的斜率,但不是该产量上的 TC 曲线的斜率
B. 是该产量上的 TC 曲线的斜率,但不是该产量上的 TVC 曲线的斜率
C. 既是该产量上的 TVC 曲线的斜率,又是该产量上的 TC 曲线的斜率
D. 是该产量上的 TFC 曲线的斜率,但不是该产量上的 TVC 曲线的斜率

22. 在短期内,随着产量的增加,AFC 会越变越小,于是,AC 曲线和 AVC 曲线之间的垂直距离会越来越小,直至两曲线(　　)。

A. 相交　　　　　　　　　　　　　B. 绝不会相交
C. 平行　　　　　　　　　　　　　D. 不确定

23. 某工厂日产出1 000个单位的水平,总的成本为4 900美元,如果产量减少1单位,则总的成本为4 890美元,在这个产出的范围以内(　　)。

A. 平均成本高于边际成本
B. 平均成本和边际成本大致相等
C. 边际成本高于平均成本

D. 由于给定条件中无法得到边际成本,不能比较平均成本和边际成本的大小

24. 如果边际成本在一定的产出范围以内大于平均成本,那么在这一范围内,产出的增加将会使平均成本( )。
   A. 升高
   B. 降低
   C. 升高或者降低将会取决于可变成本的变化
   D. 保持不变

25. 假定大学生决定参加外语培训班而放弃获取1 000元收入的打工机会,参加培训班需要花费的学费为1 000元,课本费为500元,参加培训班期间的生活费为500元。请问参加培训班的经济成本为( )元。
   A. 1 500   B. 2 000   C. 2 500   D. 3 000

26. 经济成本与经济利润具有的特征是( )。
   A. 前者比会计成本大,后者比会计利润小
   B. 前者比会计成本小,后者比会计利润大
   C. 两者都比相应的会计成本和会计利润小
   D. 两者都比相应的会计成本和会计利润大

27. 某机器原来生产产品A,利润收入为200元,现在改为生产产品B,所花的人工、材料费为1 000元,则生产产品B的机会成本是( )元。
   A. 200   B. 1 200   C. 1 000   D. 800

28. 如果一个企业经历规模报酬不变阶段,则 LAC 曲线是( )。
   A. 下降趋势   B. 上升趋势
   C. 水平趋势   D. 先上升后下降趋势

29. 在任何产量上的 LTC 绝不会大于该产量上由最优生产规模所决定的 STC。这句话( )。
   A. 总是对的   B. 肯定错了
   C. 有可能对   D. 视规模经济的具体情况而定

30. 在 LAC 曲线与一条代表最优生产规模的 SAC 曲线相切的产量上必定有( )。
   A. 相应的 LMC 曲线和代表最优生产规模的 SMC 曲线的一个交点,以及相应的 LTC 曲线和代表最优生产规模的 STC 曲线的一个切点
   B. 代表最优生产规模的 SAC 曲线达最低点
   C. LAC 曲线达最低点
   D. 以上都对

二、判断题
1. 边际产量可由总产量线上的任一点的切线的斜率来表示。　　　　　　　(　　)
2. 边际产量总是小于平均产量。　　　　　　　　　　　　　　　　　　　(　　)
3. 边际技术替代率为两种投入要素的边际产量之比,其值为负。　　　　　(　　)
4. 如果连续地增加某种生产要素的投入量,总产量将不断递增,边际产量开始时递增然后递减。　　　　　　　　　　　　　　　　　　　　　　　　　　　　　　　　(　　)

5. 只要边际产量减少,总产量一定也在减少。 ( )

6. 假定生产某产品要用两种要素,如果这两种要素价格相等,则该生产者最好要用同等数量的这两种要素投入。 ( )

7. 利用等产量线上任意一点所表示的生产要素组合都可以生产出同一数量的产品。 ( )

8. 生产要素的价格一旦确定,等成本曲线斜率随之确定。 ( )

9. 假如以生产要素 X 代替 Y 的边际技术替代率等于3,这意味着这时增加1个单位 X 所增加的产量,等于减少3个单位 Y 所减少的产量。 ( )

10. 生产要素的边际技术替代率递减是边际收益递减规律造成的。 ( )

11. 经济学分析中所说的短期是指1年以内。 ( )

12. 在长期中无所谓固定成本与可变成本之分。 ( )

13. 短期总成本曲线与长期总成本曲线都是从原点出发向右上方倾斜的一条曲线。 ( )

14. 由于固定成本不随产出的变化而变化,AFC 也不随产出的变化而变化。 ( )

15. MC 一开始递减是因为生产中的边际收益递增引起的。 ( )

16. 如果产量减少到零,短期内总成本也将为零。 ( )

17. 企业运用生产要素 A 和 B 生产商品 X,如果:$MP_a = 10, MP_b = 7, P_a = 4, P_b = 3$,企业就应该增加 B 的使用量。 ( )

18. 厂商在给定产量下使成本最小化,即达到利润极大化。 ( )

19. LAC 曲线的上升是由边际收益递减规律引起的。 ( )

20. LAC 曲线相切于 SAC 曲线的最低点。 ( )

三、名词解释

1. 边际报酬递减规律
2. 等产量曲线
3. 边际技术替代率递减规律
4. 等成本线
5. 规模经济
6. 规模不经济
7. 外在经济
8. 外在不经济
9. 机会成本

四、计算题

1. 下面是一张一种可变生产要素的短期生产函数的产量表,要求:

(1) 在表中填空。

(2) 该生产函数是否表现出边际报酬递减?如果是,是从第几单位的可变要素投入量开始的?

可变要素的数量	可变要素的总产量	可变要素的平均产量	可变要素的边际产量
1		2	
2			10
3	24		
4		12	
5	60		
6			6
7	70		
8			0
9	63		

2. 已知生产函数 $Q = KL - 0.5L^2 - 0.32K^2$，若 $K = 10$，求：

(1) 劳动的平均产量函数和边际产量函数。

(2) 分别计算当总产量、平均产量和边际产量达到极大值时，劳动的投入量。

(3) 证明当 AP_L 达到极大值时，$AP_L = MP_L$。

3. 已知生产函数 $Q = -L^3 + 24L^2 + 240L$，求：在生产的三个阶段上，L 的投入量分别应为多少？

4. 已知某企业的生产函数 $Q = L^{\frac{2}{3}} K^{\frac{1}{3}}$，劳动的价格 $w = 2$，资本的价格 $r = 1$，求：

(1) 当成本 $C = 3\,000$ 时，企业实现最大产量时的 L、K 和 Q 的值。

(2) 当产量 $Q = 800$ 时，企业实现最少成本时的 L、K 和 C 的值。

5. 生产函数 $Q = f(L, K)$ 的要素组合与产量的对应关系，如表 4-1 所示，这张表是以坐标平面的形式编制的。其中，横轴和纵轴分别表示劳动投入量（L）和资本投入量（K），其他框中的数字表示与该点的要素投入组合对应的产量。

表 4-1　　　　　　　　　　　　　　计算题第 5 题资料

K					
4	85	130	165	190	
3	80	120	150	165	
2	70	100	120	130	
1	50	70	80	85	
0	1	2	3	4	L

(1) 表 4-1 中是否存在规模报酬递增、不变和递减？

(2) 表 4-1 中是否存在边际报酬递减？

(3) 表 4-1 中哪些要素组合处于同一条等产量曲线上？

6. 已知生产函数为：① $Q = 4\sqrt{KL}$，② $Q = \min(3K, 4L)$。分别求厂商的扩展线函数。

7. 已知生产函数为 $Q = AL^{\frac{1}{3}} K^{\frac{2}{3}}$。判断：

(1) 在长期生产中，该生产函数的规模报酬属于哪一种类型？

(2) 在短期生产中，该生产函数是否受边际报酬递减规律的支配？

8. 假定某企业的短期成本函数是 $TC = Q^3 - 10Q^2 + 17Q + 66$，求：

(1) 该成本函数中的可变成本部分和固定成本部分。

(2) 下列函数：TVC、AC、AVC、AFC、MC。

9. 已知某企业的短期总成本函数是 $STC = 0.04Q^3 - 0.8Q^2 + 10Q + 5$，求最小的平均可变成本值。

10. 一个企业每周生产 100 单位产品，成本状况如下：机器 200 元，原料 500 元，抵押租金 400 元，保险费 50 元，工资 750 元，废料处理费 100 元，求企业总固定成本和平均可变成本。

11. 假设某厂商的边际成本函数 $MC = 3Q^2 - 30Q + 100$，且生产 10 单位产量时的总成本为 1 000，求：

(1) 固定成本的值。

(2) 总成本函数、总可变成本函数，以及平均成本函数、平均可变成本函数。

12. 假定一企业的平均成本函数 $AC = \left(\dfrac{160}{Q}\right) + 5 - 3Q + 2Q^2$，求边际成本函数。

13. 如果某企业仅生产一种产品，并且唯一可变要素是劳动，也有固定成本，其短期生产函数为 $Q = -0.1L^3 + 3L^2 + 8L$，其中，Q 是每月的产量，单位为吨，L 是雇佣工人数，问：

(1) 要使劳动的平均产量达到最大，该企业需要雇佣多少工人？

(2) 要使劳动边际产量达到最大，其应该雇佣多少工人？

(3) 在其平均可变成本最小时，生产多少产量？

14. 若某企业短期总成本函数为 $STC = 1\,200 + 240q - 4q^2 + \left(\dfrac{1}{3}\right)q^3$，问：

(1) 当 SMC 达到最小值时，它的产量为多少？

(2) 当 AVC 达到最小值时，它的产量是多少？

五、画图分析题

1. 画图说明短期生产函数 $Q = f(L)$ 的 TP_L 曲线，AP_L 曲线和 MP_L 曲线的特征及其相互之间的关系。

2. 画图说明厂商在既定成本条件下是如何实现最大产量的最优要素组合的。

3. 画图说明厂商在既定产量条件下是如何实现最小成本的最优要素组合的。

4. 画图说明 AVC 和 AP_L，MC 和 MP_L 之间的关系。

六、问答题

1. 简述等产量线的特征。

2. 生产的三阶段是如何划分的？为什么厂商只会在第 Ⅱ 阶段生产？

3. 等产量线与无差异曲线在性质上有何异同？

4. 试述规模经济产生原因。

5. 短期平均成本曲线和长期平均成本曲线都是 U 形，请解释它们成 U 形的原因有何不同。

第五章　完全竞争市场

本章基本内容框架

$$\begin{cases} \text{市场的类型} \begin{cases} \text{完全竞争市场} \\ \text{垄断竞争市场} \\ \text{寡头市场} \\ \text{垄断市场} \end{cases} \\ \text{完全竞争厂商的需求曲线和收益曲线} \\ \text{厂商利润最大化的均衡条件：} MR=MC \\ \text{完全竞争厂商的短期均衡和短期供给曲线} \begin{cases} \text{获得超额利润} \\ \text{收支相抵点} \\ \text{虽然亏损但继续生产} \\ \text{停止营业点} \\ \text{必须停产} \end{cases} \\ \text{完全竞争行业的短期供给曲线} \\ \text{完全竞争行业的长期供给曲线} \begin{cases} \text{成本不变行业} \\ \text{成本递增行业} \\ \text{成本递减行业} \end{cases} \end{cases}$$

重点、难点讲解及典型例题

一、市场的类型

市场是物品买卖双方相互作用并得以决定其交易价格和交易数量的一种组织形式和制度安排。决定市场类型划分的主要因素有：第一，市场上厂商的数目；第二，厂商所生产的产品的差别程度；第三，单个厂商对市场价格的控制程度；第四，厂商进入或退出一个行业的难易程度。根据影响因素的不同，将市场划分为完全竞争市场、垄断竞争市场、寡头市场和垄断市场四种类型，见表5-1。

表5-1　　　　　　　　　　市场划分的四种类型

市场类型	厂商数目	产品差别程度	对价格的控制程度	进出一个行业的难易程度	接近哪种商品市场
完全竞争	很多	完全无差别	没有	很容易	农产品
垄断竞争	很多	有差别	有一些	比较容易	轻工产品、零售业

(续表)

市场类型	厂商数目	产品差别程度	对价格的控制程度	进出一个行业的难易程度	接近哪种商品市场
寡头	几个	有差别或无差别	相当程度	比较困难	钢、汽车、石油
垄断	唯一	唯一的产品,且无相近的替代品	很大程度,但经常受到管制	很困难几乎不可能	公用事业,如水、电行业

【例题1·单项选择题】 下列行业中,(　　)最接近完全竞争模式。

A. 飞机　　　　　　　　　　B. 水稻
C. 汽车　　　　　　　　　　D. 日用品

【答案】 B

【解析】 飞机、汽车供给者的数量较少,单个厂商对价格的控制程度较强,厂商进入或退出一个行业比较困难,属于寡头市场,故 AC 选项错误。日用品产品差别程度较小,供给者数量较多,厂商进入或退出行业比较容易,单个厂商对价格控制程度较弱,属于垄断竞争市场,故 D 选项错误。水稻产品差别程度较小,有无数个供给者,进入或退出行业障碍较低,单个厂商对价格没有控制程度,最接近完全竞争,故 B 选项正确。

二、完全竞争厂商的需求曲线和收益曲线

完全竞争厂商在市场中面对的是一条具有完全弹性的、水平的需求曲线。它表明在一定价格下,完全竞争市场上的消费者对某个厂商的产品需求量是无限的,即需求价格弹性 $Ed=\infty$,同时,厂商的平均收益曲线、边际收益曲线和需求曲线是重叠的,即三线合一。完全竞争厂商的总收益曲线是一条从原点出发,向右上方倾斜的直线。

【例题2·单项选择题】 完全竞争厂商所面临的需求曲线是一条水平线,它表示完全竞争厂商(　　)。

A. 可以通过改变销售量来影响商品价格
B. 可以随意改变价格
C. 只能接受市场价格
D. 是否能够改变价格还不确定

【答案】 C

【解析】 完全竞争厂商的需求曲线是由既定市场价格出发的水平线,上面任何一点的价格不变,说明完全竞争厂商没有能力改变价格,只能是价格的接受者,故 C 选项正确。

【例题3·单项选择题】 在完全竞争市场中,厂商的平均收益曲线可以由(　　)。

A. 他的产品供给曲线表示　　　　B. 行业的产品供给曲线表示
C. 他的产品需求曲线表示　　　　D. 行业的产品需求曲线表示

【答案】 C

【解析】 在完全竞争市场中,厂商的需求曲线、平均收益曲线、边际收益曲线重合,三线合一,本题正确选项 C。

三、厂商利润最大化的均衡条件

厂商实现利润最大化的均衡条件是 $MR=MC$,该条件也被称为利润最大或亏损最小的

均衡条件。这是因为,当厂商实现 $MR=MC$ 的均衡条件时,并不意味着厂商一定能获得利润,实现这一条件,能保证厂商处于由既定的成本状况和既定的收益状况所决定的最好的境况之中,即在 $MR=MC$ 时,如果厂商是获得利润的,则厂商所获得的一定是最大的利润;相反,如果在 $MR=MC$ 时,厂商是亏损的,则厂商所遭受的一定是最小的亏损。

【例题4·单项选择题】 在 $MR=MC$ 的均衡产量上,企业(　　)。

A. 必然得到最大的利润

B. 不可能亏损

C. 必然得到最小的亏损

D. 若获利润,则利润最大;若亏损,则亏损最小

【答案】 D

【解析】 $MR=MC$ 是企业利润最大化的前提条件,在这样的产量上,企业可以是盈利也可以是亏损,若盈利则是最大利润,若亏损,则是最小亏损,本题正确选项D。

【例题5·判断题】 完全竞争厂商实现短期利润最大化时就不可能出现亏损。 (　　)

【答案】 错误

【解析】 当 $MR=MC$ 即企业实现利润最大化时,企业有可能盈利也有可能亏损或者收支平衡,故本题错误。

四、完全竞争厂商的短期均衡和短期供给曲线

在完全竞争厂商的短期生产中,厂商是既定价格的接受者,且厂商无法改变不变要素的投入量,即生产规模不变。因此,在短期,厂商是在给定的生产规模下,通过对产量的调整来实现 $MR=SMC$ 的利润最大化的均衡条件。当实现这一条件时,厂商有可能获得利润,也可能亏损,把各种可能的情况都考虑在内,完全竞争厂商的短期均衡可以分为五种情况:获得超额利润、收支相抵、虽然亏损但继续生产、停止营业点(生产或不生产结果一样)、必须停产。综述,完全竞争厂商短期均衡的条件是 $MR=SMC$,此时,厂商的利润可以大于零、等于零或小于零。

供给曲线是用来表示在每一个价格水平厂商愿意而且能够提供的产品的数量。完全竞争厂商的短期供给曲线可以用 SMC 曲线上大于和等于 AVC 曲线最低点的部分来表示,即用 SMC 曲线大于和等于停止营业点的部分来表示。这条供给曲线表示厂商在每一个价格水平的供给量都是能够给他带来最大利润或最小亏损的最优产量。

【例题6·单项选择题】 如果在厂商的短期均衡产量上,AR 小于 SAC,但大于 AVC,则厂商(　　)。

A. 亏损,立即停产　　　　　　　　B. 亏损,但继续生产

C. 亏损,生产或不生产都可以　　　D. 获得正常利润,继续生产

【答案】 B

【解析】 只要 AR 小于 SAC,企业一定是亏损的,但又由于 AR 大于 AVC,即企业的收益在弥补完可变成本后,还能弥补一部分固定成本,因为企业在短期无法改变固定成本投入,所以,此时继续生产会比停产时亏损得少,本题正确选项B。

【例题7·单项选择题】 在厂商的停止营业点上,应该有(　　)。

A. $AR=AVC$　　　　　　　　　　B. 总亏损等于 TFC

C. $P = AVC$ D. 以上说法都对

【答案】 D

【解析】 停止营业点,即 $AR = AVC$ 上的点,A 选项正确。又 $P = AR$,当 $AR = AVC$ 时,即 $P = AVC$,C 选项正确。当 $AR = AVC$ 时,即收益正好弥补可变成本,此时固定成本得不到一点弥补,所以总亏损等于 TFC,B 选项正确。ABC 全对,本题正确选项 D。

【例题 8 · 单项选择题】 完全竞争厂商的短期供给曲线应该是(   )。

A. SMC 曲线上超过停止营业点的部分
B. SMC 曲线上超过收支相抵点的部分
C. SMC 曲线上的停止营业点和超过停止营业点以上的部分
D. SMC 曲线上的收点相抵点和超过收支相抵点以上的部分

【答案】 C

【解析】 完全竞争厂商的短期供给曲线可以用 SMC 曲线上大于和等于 AVC 曲线最低点的部分来表示,即用 SMC 曲线大于和等于停止营业点以上的部分来表示,本题正确选项 C。

五、完全竞争行业的短期供给曲线

在任何价格水平上,一个行业的供给量等于行业内所有厂商的供给量的总和,所以,假定生产要素的价格不变,则一个行业的短期供给曲线由该行业内所有厂商的短期供给曲线的水平加总而得到。故完全竞争行业的短期供给曲线也是向右上方倾斜的,它表示市场的产品价格和市场的短期供给量呈同方向的变动,而且,行业的短期供给曲线上与每一价格水平相对应的供给量都是可以使全体厂商在该价格水平获得最大利润或最小亏损的最优产量。

六、完全竞争厂商的长期均衡

在长期,完全竞争厂商可以对全部生产要素进行调整,这种调整主要体现在两个方面,即对最优生产规模的选择和进入或退出一个行业的决策。一方面,厂商通过对最优生产规模的选择,使自己的状况得到改善,从而获得了比在短期内所能获得的更大利润。另一方面,厂商在长期生产中进入或退出一个行业的决策对单个厂商的利润会产生影响。最终,完全竞争厂商的长期均衡出现在 LAC 曲线的最低点,此时,生产的平均成本降到长期平均成本的最低点,商品的价格也等于最低的长期平均成本。完全竞争厂商长期均衡条件为 $MR = LMC = SMC = LAC = SAC$,单个厂商的超额利润为零。

【例题 9 · 单项选择题】 在完全竞争厂商的长期均衡产量上必然有(   )。

A. $MR = LMC \neq SMC$,其中 $MR = AR = P$
B. $MR = LMC = SMC \neq LAC$,其中 $MR = AR = P$
C. $MR = LMC = SMC = LAC \neq SAC$,其中 $MR = AR = P$
D. $MR = LMC = SMC = LAC = SAC$,其中 $MR = AR = P$

【答案】 D

【解析】 完全竞争厂商长期均衡产量位于 LAC 曲线的最低点,在这一点上 $MR = LMC = SMC = LAC = SAC$,而且,对于完全竞争厂商来说,需求曲线、平均收益曲线、边际收益曲线重合,三线合一,即 $MR = AR = P$,本题正确选项 D。

【例题 10 · 单项选择题】 当一个完全竞争行业实现长期均衡时,每个企业(   )。

A. 都实现了正常利润　　　　　　　　B. 利润都为零
C. 行业中没有任何厂商再进出　　　　D. 以上说法都对

【答案】 D

【解析】 当实现长期均衡时，$P=AR=LAC$，此时，完全竞争厂商的超额利润为零，从而行业中没有任何厂商进出，但此时，厂商所有的成本得到了弥补，正常利润是对企业家才能的弥补，以隐成本形式计入，属于成本的一部分，故企业实现了正常利润，综上，本题正确选项D。

【例题11·判断题】 完全竞争厂商实现长期利润最大化时就不可能出现亏损。（ ）

【答案】 正确

【解析】 当完全竞争厂商实现长期利润最大化时，超额利润为零，此时不会出现亏损，本题正确。

七、完全竞争行业的长期供给曲线

在长期，完全竞争厂商可以根据盈亏情况自由进出行业，行业内厂商的数量是不断变化的，所以，我们无法通过简单加总的方法来推导完全竞争行业的长期供给曲线。在经济学分析中，根据行业产量变化对生产要素价格所可能产生的影响，将完全竞争行业区分为成本不变行业、成本递增行业和成本递减行业。

成本不变行业中产量变化所引起的生产要素需求的变化，不会对生产要素的价格产生影响，该行业的长期供给曲线是一条水平线。成本递增行业中产量增加所引起的生产要素需求的增加，会导致生产要素价格的上升，该行业的长期供给曲线是向右上方倾斜的。成本递减行业中产量增加所引起的生产要素需求的增加，反而使生产要素的价格下降，该行业的长期供给曲线是向右下方倾斜的。

【例题12·单项选择题】 在成本不变的完全竞争行业中，长期中需求的增加会导致市场价格（　　）。

A. 提高　　　　　　　　　　　　　　B. 不变
C. 降低　　　　　　　　　　　　　　D. 先增后减

【答案】 B

【解析】 成本不变行业的长期供给曲线是一条水平线，此时的价格等于产出的长期最小平均成本。当产品的价格高于此价格时，存在正的利润，有更多厂商进入，短期供给增加，对价格形成下降的压力。在成本不变的行业中，当产出市场的条件发生变化时，投入价格不发生变化，成本不变的行业就有一条水平的长期平均成本曲线，本题正确答案选项B。

思考与练习

一、单项选择题

1. 根据完全竞争市场的条件，下列行业中，接近完全竞争的行业是（　　）。
   A. 自行车行业　　　　　　　　　　B. 玉米行业
   C. 糖果行业　　　　　　　　　　　D. 服装行业
2. 假如某厂商的平均收益曲线从水平线变为向右下方倾斜的曲线，这说明（　　）。

A. 既有厂商进入也有厂商退出该行业
B. 完全竞争被不完全竞争所取代
C. 新的厂商进入了该行业
D. 原有厂商退出了该行业

3. 在完全竞争市场上，厂商短期均衡的条件是（　　）。
A. $P = AVC$　　　B. $P = TC$　　　C. $P = MC$　　　D. $P = AC$

4. 完全竞争市场的厂商总收益曲线的斜率为（　　）。
A. 固定不变　　　B. 经常变动　　　C. 1　　　D. 0

5. 对一个完全竞争企业来说，平均收益曲线（　　）。
A. 和企业的需求曲线一样，边际收益曲线在企业的需求曲线之下
B. 在企业的需求曲线之上，边际收益曲线在企业的需求曲线之下
C. 在企业的需求曲线之上，边际收益曲线与企业的需求曲线相同
D. 和边际收益曲线都与企业的需求曲线相同

6. 作为市场价格接受者的厂商是（　　）厂商。
A. 完全竞争　　　　　　　　B. 完全垄断
C. 垄断竞争　　　　　　　　D. 寡头垄断

7. 以下说法中，正确的是（　　）。
A. 完全竞争厂商面对的需求曲线由市场价格所决定，故其完全缺乏弹性
B. 对于一个完全竞争厂商来说，其边际收益与市场价格是相同的
C. 完全竞争模型毫无意义，因为它的几个假设极不现实
D. 长期中，完全竞争厂商经济利润为0使厂商倾向于退出该行业

8. 在短期中，企业所能出现的最大经济亏损是（　　）。
A. 零　　　　　　　　　　　B. 其总成本
C. 其可变总成本　　　　　　D. 其固定总成本

9. 厂商的收支相抵点是指（　　）相交之点。
A. SMC 与 SAC　　　　　B. SMC 与 TFC
C. SMC 与 AFC　　　　　D. SAC 与 AVC

10. 如果一个完全竞争企业生产的产量使价格小于平均成本，那么该企业（　　）。
A. 将停止营业　　　　　　　B. 收支相抵
C. 仍然会获得经济利润　　　D. 处于有经济亏损状态

11. 当完全竞争厂商和行业都处于长期均衡时，（　　）。
A. $P = MR = SMC = LMC$　　　B. $P = MR = SAC = LAC$
C. $P = MR = LAC$ 的最低点　　D. 以上都对

12. 假设一个完全竞争的企业其规模收益是不变的，如果该企业每年可以获得1 000元的利润，则（　　）。
A. 在长期，它可以获得相同的利润
B. 当有企业进入这个行业时，它将得不到利润
C. 在长期，它可以通过增加一倍投入获得加倍的利润
D. 当利润开始减少时，其可以选择提高价格

13. 在完全竞争市场中行业的长期供给曲线取决于(　　)。
   A. SAC 曲线最低点的轨迹　　　　B. SMC 曲线最低点的轨迹
   C. LAC 曲线最低点的轨迹　　　　D. LMC 曲线最低点的轨迹
14. 若生产要素的价格和产量变化方向相同,则该行业是(　　)。
   A. 成本不变行业　　　　　　　　B. 成本递增行业
   C. 成本递减行业　　　　　　　　D. 以上任何一个
15. 某完全竞争行业的价格和供给量在长期内呈同方向变动,则该行业的长期供给曲线(　　)。
   A. 呈水平状态　　　　　　　　　B. 向右下方倾斜
   C. 向右上方倾斜　　　　　　　　D. 呈垂直线

二、判断题

1. 一个完全竞争行业的企业所面临的需求曲线是完全无弹性的。　　　　(　　)
2. 完全竞争厂商的目标是收益最大化。　　　　　　　　　　　　　　　(　　)
3. 如果边际收益大于边际成本,企业就可以通过减少产量来增加利润。　(　　)
4. 在长期中完全竞争厂商可能有经济亏损,但在短期中不会。　　　　　(　　)
5. 如果厂商的超额利润为零,就实现了收支相抵。　　　　　　　　　　(　　)
6. 新厂商进入一个完全竞争行业中会提高价格并增加每个企业的利润。(　　)
7. 完全竞争厂商只能被动地接受价格。　　　　　　　　　　　　　　　(　　)
8. 某厂商产量达到 5 万时的 $MR=65$(元),$MC=55$(元),其他条件一定时,该厂商应继续扩大产量。　　　　　　　　　　　　　　　　　　　　　　　　　　　(　　)
9. 如果在某个市场上有一个完全竞争企业,则该市场就是完全竞争市场。(　　)
10. 在完全竞争的条件下,市场价格处于厂商平均成本的最低点时,厂商将获得最大利润。　　　　　　　　　　　　　　　　　　　　　　　　　　　　　　　(　　)

三、名词解释

1. 市场
2. 行业
3. 完全竞争市场
4. 边际收益
5. 成本递减行业

四、计算题

1. 已知某完全竞争行业中的单个厂商的短期成本函数为 $STC = 0.1Q^3 - 2Q^2 + 15Q + 10$。求:
   (1) 当市场上产品的价格为 $P=55$ 时,厂商的短期均衡产量和利润。
   (2) 当市场价格下降为多少时,厂商必须停产?
   (3) 厂商的短期供给函数是什么?
2. 已知完全竞争市场上单个厂商的长期成本函数为 $LTC = Q^3 - 20Q^2 + 200Q$,市场的产

品价格为 $P=600$。求：

(1) 该厂商实现利润最大化时的产量、平均成本和利润各是多少？

(2) 该行业是否处于长期均衡，为什么？

(3) 该行业处于长期均衡时每个厂商的产量、平均成本和利润各是多少？

(4) 判断(1)中的厂商是处于规模经济阶段，还是处于规模不经济阶段。

3. 在短期的完全竞争市场上，市场供给函数为：$Q_s=1\,800P-60\,000$，市场需求函数为：$Q_d=100\,000-200P$，若有个厂商的短期成本函数为：$STVC=0.1Q^3-6Q^2+132.5Q$，$STFC=400$。求：

(1) 该厂商利润最大化的产量。

(2) 该厂商的经济利润。

(3) 若该厂商的生产成本发生变化，固定成本增加：$STFC=400+C$，那么，C 为多少时，该厂商开始停止生产。

4. 山楂的生产成本是 2 元/千克，但运输成本较高，每千克的运费为 0.2 元/千米。市场上对该产品的需求为：$Q_d=5\,000-200P$，在离市场 5 千米的地区有山楂果园，每季度的产量为 3 000 千克，不考虑山楂的储存。求：

(1) 生产厂商共得到多少利润？

(2) 若要新建一个每季度产量为 1 000 千克的果园，那么，这个新果园离市场最远的距离是多少？

五、画图分析题

1. 运用图形及文字分析完全竞争厂商短期均衡的五种情况。

六、问答题

1. 完全竞争市场必须具备哪些条件？对这些条件的含义进行解释。

2. "虽然很高的固定成本会是企业亏损的原因，但永远不会是企业关门的原因"，这句话是否正确？为什么？

3. 在产品市场上，企业实现利润最大化的原则是什么？证明你的结论。

4. 为什么利润最大化原则 $MR=MC$ 在完全竞争条件下可表达为 $P=MC$？

5. 为什么完全竞争厂商的需求曲线、平均收益曲线和边际收益曲线是重叠的？

6. 为什么完全竞争厂商的短期供给曲线是 SMC 曲线上等于和高于 AVC 曲线最低点的部分？

7. 说明完全竞争条件下行业的短期供给曲线和厂商的短期供给曲线相互之间的关系。

第六章 不完全竞争市场

本章基本内容框架

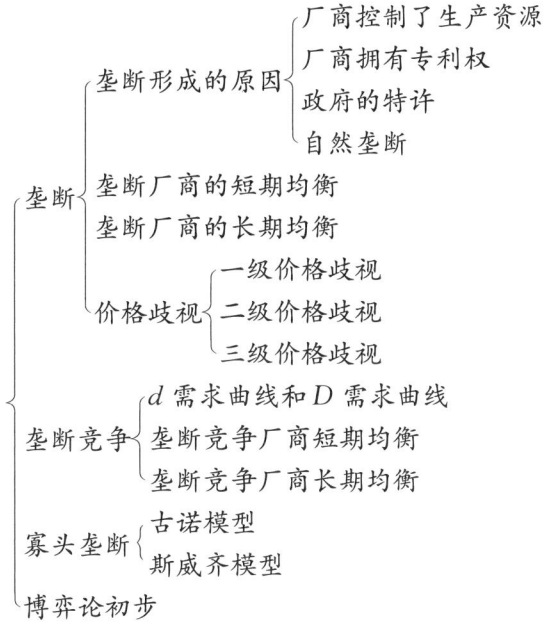

重点、难点讲解及典型例题

一、垄断

垄断市场是整个行业中只有唯一的一个厂商的市场组织,垄断厂商可以控制和操纵市场价格,形成垄断的原因主要有厂商控制了生产资源、厂商拥有专利权、政府的特许及自然垄断。由于垄断市场中只有一个厂商,所以,市场的需求曲线就是垄断厂商所面临的需求曲线,即一条向右下方倾斜的曲线,当垄断厂商的需求曲线为直线型时,需求曲线和边际收益曲线的纵截距是相等的,边际收益曲线的斜率是需求曲线的斜率的两倍。

在短期,垄断厂商无法改变固定要素投入量,垄断厂商是在既定的生产规模下通过对产量和价格的调整,来实现 $MR = SMC$ 的利润最大化原则,此时,垄断厂商同样会出现获利、亏损、收支平衡等情况。凡是在或多或少的程度上带有垄断因素的不完全竞争市场中,单个厂商的需求曲线向右下方倾斜,是不存在具有规律性的厂商和行业的短期和长期供给曲线的。在长期,垄断厂商可以调整全部生产要素的投入量即生产规模,从而实现最大的利润,由于垄断行业进入障碍高,排除了其他厂商进入的可能性,因此如果垄断厂商在短期内获得利润,那么,在长期垄断厂商可以保持利润,其利润不会因为新厂商的加入而消失,垄断厂商长期均衡条件为 $MR = LMC = SMC$。由于垄断厂商代表了整个行业,所以,垄断厂商的短期和长期均衡价格与均衡产量的决定,就是垄断市场的短期和长期的均衡价格与均衡产量的决定。

在有些情况下,垄断厂商会实施价格歧视,即以不同的价格销售同一产品。价格歧视分为一级、二级和三级,一级价格歧视指厂商对每一单位产品都按消费者所愿意支付的最高价格出售,二级价格歧视指厂商对不同的消费数量段规定不同的价格,三级价格歧视是垄断厂商对同一产品在不同的市场上(或对不同的消费群)收取不同的价格。

【例题1·单项选择题】 完全竞争和垄断企业都会选择能最大化利润的产量,所以该产量的( )。

A. 平均成本等于价格　　　　　　B. 边际成本等于边际收益
C. 边际收益等于价格　　　　　　D. 总收益等于总成本

【答案】 B

【解析】 $MR = MC$ 这一利润极大化条件适用于所有类型的市场结构,故 B 选项正确。

【例题2·单项选择题】 追求利润最大化的企业采取价格歧视,它将在( )的市场索取最低的价格。

A. 需求价格弹性最小　　　　　　B. 需求价格弹性最大
C. 需求量最小　　　　　　　　　D. 需求量最大

【答案】 B

【解析】 需求价格弹性大意味着消费者对价格的敏感程度较大,当垄断厂商定价较高时,很多消费者会放弃购买,所以,在这样的市场上只能索取最低的价格,故 B 选项正确。

【例题3·单项选择题】 垄断企业是市场上唯一的销售者,所以相比其他市场类型而言,它能在长期内赚取( )。

A. 零利润　　　　　　　　　　　B. 资本投资的正常收益率
C. 会计利润　　　　　　　　　　D. 超额经济利润

【答案】 D

【解析】 由于垄断行业有很高的进入障碍,可以阻止其他企业进入,所以,在长期它可以维持超额利润,故 D 选项正确。

【例题4·单项选择题】 ( )市场中,厂商的需求曲线最陡峭。

A. 完全竞争　　　　　　　　　　B. 完全垄断
C. 垄断竞争　　　　　　　　　　D. 寡头垄断

【答案】 B

【解析】 厂商对价格的控制程度越强,需求曲线越陡峭,在所有市场类型中,垄断厂商对价格的控制程度最强,故 B 选项正确。

二、垄断竞争

垄断竞争市场中有许多厂商生产和销售有差别的同种产品。垄断竞争厂商需求曲线向右下方倾斜,比较平坦,常被区分为两种,d 需求曲线和 D 需求曲线。d 需求曲线表示在垄断竞争生产集团中的某个厂商改变产品价格,而其他厂商的产品价格都保持不变时,该厂商的产品价格和销售量之间的关系。D 需求曲线表示在垄断竞争生产集团中的某个厂商改变产品价格,而且集团内的其他所有厂商也使产品价格发生相同变化时,该厂商的产品价格和销售量之间的关系。

在短期内,垄断竞争厂商是在现有的生产规模下通过对产量和价格的调整,来实现 $MR = SMC$ 的。在长期内,垄断竞争厂商不仅可以调整生产规模,还可以加入或退出生产集团,这就意味着,垄断竞争厂商在长期均衡时的利润必定为零。

【例题5·单项选择题】 设某典型垄断竞争企业面临 d 和 D 需求曲线,其中 d 需求曲线假定其他企业不与此企业同样改变价格,D 曲线假定其他企业与此企业同样改变价格,则( )。

A. d 曲线倾斜程度大于 D 曲线 B. d 曲线倾斜程度小于 D 曲线
C. 两条曲线倾斜程度相同 D. 以上都不对

【答案】 B

【解析】 D 曲线指当垄断竞争企业改变价格时,其他企业也会相应变动价格,考虑到其他企业的行为后,该垄断竞争企业面临的需求变化也会较小,此时 D 曲线比较陡峭,从而 d 曲线倾斜程度小于 D 曲线,故 B 选项正确。

【例题6·单项选择题】 垄断竞争厂商短期均衡时( )。

A. 一定能获得超额利润 B. 一定不能获得超额利润
C. 只能得到正常利润 D. 三种情况都有可能发生

【答案】 D

【解析】 垄断竞争厂商在短期,各种情况都有可能发生,但在长期,由于进入退出障碍较低,最终超额利润为零,本题考查短期情况,故 D 选项正确。

三、寡头

寡头市场是指少数几家厂商控制整个市场的产品生产和销售的一种市场组织。由于每个厂商的产量都会在全行业的总产量中占有一个较大的份额,从而每个厂商的产量和价格变动都会对其他竞争对手以致整个行业的产量和价格产生举足轻重的影响,所以,由于竞争对手之间相互反应方式的不同,无法建立一般的寡头市场模型,只能介绍有代表性的模型。

古诺模型是早期的寡头模型,也称为双头模型。其假定市场上只有两个厂商生产和销售相同的产品,它们的生产成本为零,它们共同面临的市场需求曲线是线性的,两个厂商都是在已知对方产量的情况下,各自确定能够给自己带来最大利润的产量,即每个厂商都是消极地以自己的产量去适应对方已确定的产量。在以上假设条件下,令寡头厂商的数量为 m,则每个寡头厂商的均衡产量 $= \dfrac{市场总容量 \times 1}{(m+1)}$,行业的均衡总产量 $= \dfrac{市场总容量 \times m}{(m+1)}$。

斯威齐模型也被称为弯折的需求曲线模型,这一模型被用来解释一些寡头市场上的价格刚性现象。该模型假设如果一个寡头厂商提高价格,行业中的其他寡头厂商都不会跟着改变自己的价格,因而提价的寡头厂商的销售量的减少是很多的;如果一个寡头厂商降低价格,行业中的其他寡头厂商会将价格下降到相同的水平,以避免销售份额的减少,因而该寡头厂商的销售量的增加是很有限的。从该假设出发可以推导出寡头厂商的弯折的需求曲线,进而得到间断的边际收益曲线,只要边际成本曲线的位置变动不超出边际收益曲线的垂直间断范围,寡头厂商的均衡价格和均衡数量都不会发生变化,以此来解释寡头市场上的价格刚性现象。

【例题7·单项选择题】 一个企业改变价格或产量会引起其他企业改变价格或产量,这种情况最可能发生在( )。

A. 完全竞争市场　　　　　　　　B. 垄断竞争市场

C. 寡头市场　　　　　　　　　　D. 垄断市场

【答案】 C

【解析】 在寡头垄断市场上，任一厂商进行决策时，必须把竞争者的反应和对策考虑在内，因而既不是价格的接受者也不是价格的制定者，而是价格的寻求者，当对手价格或产量改变时，会改变自己的价格或产量，故 C 选项正确。

【例题 8·单项选择题】 在关于寡头行为的斯威齐模型中，寡头企业的需求曲线弯折的原因之一是( )。

A. 其他企业不随该寡头企业增加产量而增加产量

B. 其他企业不随该寡头企业减少产量而减少产量

C. 其他企业不随该寡头企业提高价格而提高价格

D. 其他企业不随该寡头企业降低价格而降低价格

【答案】 C

【解析】 当一个寡头垄断厂商提高价格时，其他寡头厂商不会跟着改变自己的价格，因而提价的寡头厂商的销售量减少很多；当一个寡头厂商降低价格时，其他寡头厂商会将价格下降到相同的水平，以避免销售份额的减少，因而该寡头厂商的销售量的增加是很有限的，所以，寡头垄断厂商的需求曲线是拐折的，故 C 选项正确。

【例题 9·单项选择题】 寡头垄断厂商的产品是( )。

A. 同质的　　　　　　　　　　　B. 有差异的

C. 既可以是同质的又可以是有差异的　　D. 以上都不对

【答案】 C

【解析】 寡头垄断企业的产品可以是同质的，如石油，也可以是有差别的，如汽车。前者称为纯粹寡头垄断，后者则被称为有差别的寡头垄断，故 C 选项正确。

四、博弈论初步

博弈论又称为对策论(game theory)，既是现代数学的一个新分支，也是运筹学的一个重要学科。它主要研究公式化了的激励结构间的相互作用，是研究具有斗争或竞争性质现象的数学理论和方法，博弈论已经成为经济学的标准分析工具之一。

博弈论的基本概念包括局中人、行动、信息、策略、收益、均衡和结果等，其中局中人、策略和收益是最基本要素，局中人、行动和结果被统称为博弈规则。

根据不同的标准，可以对博弈论进行分类。根据当事人之间是否有一个具有约束力的协议，博弈论可以分为合作博弈和非合作博弈；根据行为的时间序列性，博弈论分为静态博弈与动态博弈；根据参与人对其他参与人的了解程度分为完全信息博弈和不完全信息博弈。

【例题 10·单项选择题】 在博弈论中，局中人从一个博弈中得到的结果常被称为( )。

A. 效用　　　　B. 支付　　　　C. 决策　　　　D. 利润

【答案】 B

【解析】 效用指消费者在消费商品或劳务时所获得的满足程度，用于消费者行为理论，A 选项错误。决策不是结果，C 选项错误。利润用于企业理论，D 选项错误。我们把局中人从一个博弈中得到的结果成为支付,故 B 选项正确。

【例题 11·单项选择题】 在囚徒困境的博弈中,合作策略会导致( )。

A. 博弈双方都获胜　　　　　　　　B. 博弈双方都失败

C. 先采取行动者获胜　　　　　　　D. 后采取行动者获胜

【答案】 A

【解析】 在囚徒困境中,最先背叛承诺的主体会获得好处,但也有可能在下一次博弈中遭受惩罚,当双方都不遵守诺言时,两者都会受到惩罚,但当两者合作时,杀人罪名无法成立,博弈双方都获胜,故 A 选项正确。

思考与练习

一、单项选择题

1. 在完全垄断市场中,边际收益曲线的横截距是平均收益曲线的横截距的( )。

A. 2 倍　　　　B. $\frac{1}{2}$　　　　C. 4 倍　　　　D. $\frac{1}{4}$

2. 对垄断企业而言,边际收益小于价格,是因为( )。

A. 它的产量占市场总产量的份额很小

B. 在市场价格下,企业可以销售它希望销售的任意数量

C. 它不能控制价格

D. 为了销售更多的数量,企业必须降低所有单位的价格

3. 下列对垄断企业和完全竞争企业的描述中,不正确的是( )。

A. 如果边际收益超过边际成本,生产都将增加

B. 都试图最大化利润

C. 都面对这一条有完全弹性的需求曲线

D. 如果边际成本超过边际收益,都将减少生产

4. 某垄断厂商需求曲线某一点上的需求的价格弹性 $E_d = 5$,商品的价格 $P = 6$,则相应的边际收益 MR 为( )。

A. 7.5　　　　B. 4.8　　　　C. 1　　　　D. 24

5. 在拐折需求曲线模型中,拐点左右两边的需求弹性是( )。

A. 左边弹性大,右边弹性小

B. 左边弹性小,右边弹性大

C. 左右两边弹性一样大

D. 以上都不对

6. 在垄断竞争中,厂商长期利润趋于零是由于( )。

A. 利润最大化　　　　　　　　B. 产品差异

C. 进入该行业容易　　　　　　D. 成本最小化

7. 下列不是价格歧视的前提条件的是( )。

A. 卖方必须拥有一定的垄断能力

B. 商品必须是耐用品

C. 消费者具有不同偏好

D. 不同消费者群体所在的市场能够被分割开来

8. ( )市场接近寡头市场。

A. 汽车产品　　　B. 农贸产品　　　C. 自来水　　　D. 服装产品

9. 在关于寡头行为的斯威齐模型中,边际收益曲线的最重要的特点是( )。

A. 间断　　　　　B. 连续　　　　　C. 扭折　　　　D. 平滑

10. 分析寡头企业的行为比分析其他市场的企业行为复杂,是因为寡头垄断行业中,( )。

A. 企业行事相互独立

B. 企业的价格和产量取决于其对手的行为

C. 企业能进入、退出该行业

D. 企业不是按照边际成本等于边际收益的原则来最大化其利益

二、判断题

1. 垄断竞争与完全竞争的关键区别是前者存在产品差别。　　　　　　　　( )

2. 当垄断竞争厂商处于长期均衡时,价格高于 LAC。　　　　　　　　　　( )

3. 如果某个企业把生产某种产品所需要的自然资源的产权全部买下,从而成为垄断生产者,这种情况就是自然垄断。　　　　　　　　　　　　　　　　　　　　( )

4. 在寡头垄断的条件下,生产商品的厂商数目很少,他们可以通过协议的方式制定价格。
　　　　　　　　　　　　　　　　　　　　　　　　　　　　　　　　　　( )

5. 垄断竞争市场的资源配置效率要高于完全竞争市场。　　　　　　　　　　( )

6. 垄断厂商可以任意制定价格。　　　　　　　　　　　　　　　　　　　　( )

7. 在双寡头的古诺模型中,如果两个厂商有不同的边际成本曲线,则该模型无稳定解。
　　　　　　　　　　　　　　　　　　　　　　　　　　　　　　　　　　( )

8. 垄断厂商的平均收益曲线与边际收益曲线是同一条线。　　　　　　　　　( )

9. 不论长期还是短期,垄断厂商的产量和价格的均衡条件都是 $MR = MC$。　( )

10. 在垄断的条件下,生产某种商品的厂商只有一个,它的产量的高低不影响价格。
　　　　　　　　　　　　　　　　　　　　　　　　　　　　　　　　　　( )

三、名词解释

1. 价格歧视
2. 完全垄断市场
3. 寡头市场
4. 垄断竞争市场
5. 自然垄断

四、计算题

1. 假定一个垄断者的产品需求曲线为 $P = 10 - 3Q$,成本函数为 $TC = Q^2 + 2Q$,求垄断企业利润最大时的产量、价格和利润。

2. 已知垄断者成本函数为 $TC=6Q+0.05Q^2$，产品需求函数为 $Q=360-20P$，求：

(1) 利润最大的销售价格、产量和利润。

(2) 如果政府试图对该垄断企业采取规定产量措施使其达到完全竞争行业所能达到的产量水平，则这个产量水平和此时的价格，以及垄断者的利润是多少？

(3) 如果政府试图对垄断企业采取限价措施使其只能获得生产经营的正常利润，则这个限价水平以及垄断企业的产量。

3. 假设某垄断者的一家工厂所生产的产品在一个分割的市场出售，产品的成本函数和两个市场的需求函数分别为 $TC=Q^2+10Q$，$Q_1=32-0.4P_1$，$Q_2=18-0.1P_2$。试问：

(1) 若两个市场能实行差别价格，求解利润极大时两个市场的售价、销售量和利润，并比较两个市场的价格与需求弹性之间的关系。

(2) 计算没有市场分割时垄断者的最大利润的产量、价格和利润。并与(1)比较。

4. 假设某垄断竞争厂商的产品需求函数为 $P=9\,400-4Q$，成本函数为 $TC=4\,000+3\,000Q$，求该厂商均衡时的产量、价格和利润。

5. 假设有两个寡头厂商行为遵循古诺模型，其成本函数分别为：

$$TC_1=0.1Q_1^2+20Q_1+10\,000$$
$$TC_2=0.4Q_2^2+32Q_2+20\,000$$

这两个厂商生产同一质量产品，其市场需求函数为：$Q=4\,000-10P$。根据古诺模型，试求：

(1) 厂商1和厂商2的反应函数。

(2) 均衡价格和厂商1和厂商2的均衡产量。

(3) 厂商1和厂商2的利润。

五、问答题

1. 什么是垄断竞争市场？它要具备哪些条件？

2. 为什么垄断竞争厂商的需求曲线接近水平线？

3. 为什么垄断厂商的供给曲线无法定义？

4. 比较完全竞争厂商的长期均衡与垄断厂商的长期均衡。

5. 垄断厂商长期均衡时，垄断者的生产规模一定是会使短期平均成本和长期平均成本达到最小，这句话对吗？

6. 某旅游景点入场券采取差别价格政策，国内游客的入场票价为2元，外国人的入场券为5元，试用经济理论分析：

(1) 为什么采用差别价格？

(2) 在怎样的条件下，施行这种政策才能有效？

7. 解释卡特尔组织不稳定的原因。

8. 在价格领导模型中，其他厂商为什么愿意跟着支配厂商定价？

第七章 生产要素价格的决定

本章基本内容框架

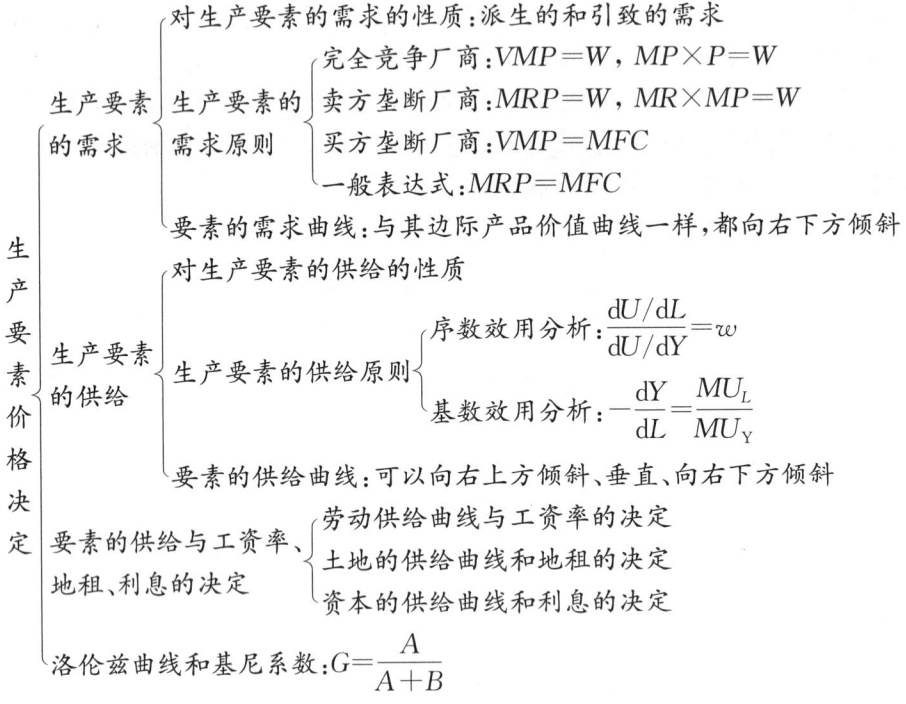

重点、难点讲解及典型例题

一、完全竞争厂商使用生产要素的原则与需求曲线

厂商使用生产要素是为了生产出产品,最终的目的仍然是实现利润最大化。因此厂商使用生产要素的原则就是利润最大化原则。在产品市场上,厂商利润最大化的原则是产品的边际收益等于边际成本。对于完全竞争的厂商来说,它使用要素的"边际收益"等于边际产品价值($MRP = P \times MP$),而"边际成本"等于要素价格。于是,完全竞争厂商使用要素的原则是:边际产品价值等于要素价格。由完全竞争厂商的要素使用原则可以推导出它对要素的需求曲线。该需求曲线向右下方倾斜,即要素需求量随要素价格的下降而增加。

【例题1·单项选择题】 在完全竞争的产品和要素市场中经营的厂商,其总利润达到最大的条件为(   )。

A. $P_X = MC_X$,且 MC_X 上升 B. $\dfrac{MP_A}{P_A} = \dfrac{MP_B}{P_B}$

C. $\dfrac{MP_A}{P_A} = \dfrac{MP_B}{P_B} = \dfrac{1}{MC_X}$ D. $\dfrac{MP_A}{P_A} = \dfrac{MP_B}{P_B} = \dfrac{1}{MC_X} = \dfrac{1}{P_X}$

【答案】 D

【解析】 在完全竞争的产品和要素市场中经营的厂商,要使其总利润达到最大必须采用最优的要素组合进行生产,并且使厂商的边际收益等于边际成本。

【例题2·单项选择题】 假定完全竞争的要素市场上各种要素的价格、产品的价格和边际收益均等于4美元,且此时厂商得到了最大利润,则各种生产要素的边际物质产品为( )。

A. 2   B. 1   C. 4   D. 不可确定

【答案】 B

【解析】 根据完全竞争厂商的要素使用原则 $VMP = W$,$W = 4$,所以 $VMP = 4$,$VMP = MP \cdot P$,$P = 4$,所以 $MP = 1$,即要素的边际物质产品是1。

【例题3·单项选择题】 为了得到某个厂商多个可变要素中一个要素的需求曲线,我们必须考虑( )。

A. 要素价格变化的内部效应   B. 要素价格变化的外部效应
C. 垄断剥削   D. 垄断购买剥削

【答案】 A

【解析】 当要素A仅是多个可变要素中的一个时,则其他可变要素价格给定时,要素A价格的变化将引起对其他可变要素作用量的变化进而引起企业的 VMP_A 曲线的移动,此即要素A的价格 P_A 变化所引起的内部效应。

当要素A价格 P_A 下降(或上升)时,若所有厂商都增加(减少)对要素的使用而增加(减少)产量,必使该要素所生产的产品的市场价格下降(上升),从而使企业的 VMP_A 曲线移动,因而市场对该要素的需求将比个别厂商的需求弹性小,此即要素A的价格变化所引起的外部效应。

二、要素供给原则

消费者的目的是实现效用最大化。消费者把生产要素提供给市场,可以获得收入,而收入本身就可以给他带来效用;消费者把生产要素保留自用,比如把时间用于闲暇,是因为闲暇本身就可以给消费者带来效用。所以消费者实际是在要素的两种用途之间进行权衡。消费者要素供给的原则就是他实现效用最大化的条件,这个条件可以表述为:消费者提供给市场的要素的边际效用和消费者"保留自用"的要素的边际效用相等。

【例题4·判断题】 消费者遵循要素供给的资源边际效用与作为保留自用的资源边际效用相等。 ( )

【答案】 正确

【解析】 当要素供给给市场的边际效用大于保留自用的边际效用,那么消费者增加要素的供给减少保留自用的资源数量将能够使他的总效用增加;而当要素提供给市场的边际效用小于保留自用的要素边际效用,那么理性的消费者将会减少提供给市场的要素增加保留自用的要素,从而提高自己的总效用。最终的均衡状态必然是消费者将提供给市场和将要素保留自用所获得的边际效用相等。

三、劳动供给曲线和工资率的决定

劳动供给是指劳动者所提供的一定劳动(工作)或服务的时间数,它涉及消费者对其拥有的既定时间资源在劳动和闲暇两个方面的分配。单个消费者的劳动供给曲线一般向右上方倾斜,即他的劳动供给量将随工资的增加而增加;但在很高的工资水平上,也可能随工资的增加而减少。此时,即出现劳动供给曲线"向后弯曲"。

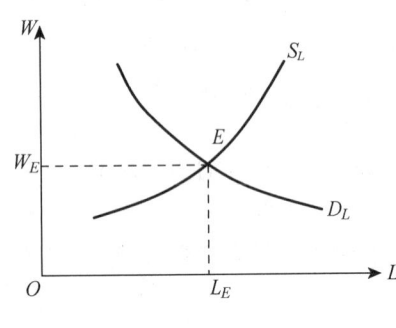

图 7-1 劳动供给曲线和工资率的决定模型

但是,劳动的市场供给曲线并不一定是向后弯曲的,这是由于在工资率提高时,尽管单个消费者的劳动供给可能会减少,但是较高的工资率会吸引更多的消费者进入劳动市场,这就抵消了个人劳动供给量的减少,使总的劳动供给依然是增加的。因而劳动的市场供给曲线是正常的向右上方倾斜的曲线。在完全竞争的要素市场上,厂商对劳动的市场需求曲线就是经行业调整之后的边际产品价值曲线的加总,由于边际报酬递减规律的作用,该曲线是向右下方倾斜的;在卖方垄断(产品市场垄断、要素市场完全竞争)的情况下劳动的市场需求曲线就是边际收入产品 MRP 的水平加总,因而也是向右下方倾斜的。在这两种情况下,劳动的均衡价格由劳动的需求和供给共同决定。

图 7-1 的模型说明了工资决定的一般理论,并不说明工人在同一行业或不同行业里的工资水平都一样。实际的工资水平受到很多因素的影响。比如,有的行业舒适、安静、安全、有趣,有的行业则肮脏、吵闹、危险、枯燥,前者会吸引众多的求职者,后者则少有人问津,因此前者工资低后者工资高,这种工资差别叫作补偿性工资差别;劳动者之间的工作效率的差别也是工资差异的一个重要原因;工会在西方劳动市场上起着举足轻重的作用,工会对劳动市场的垄断会使工人的实际工资水平高于竞争性的工资水平;政府的最低工资法等许多因素都会影响工人的工资;此外,劳动市场的信息不完全、对劳动者流动的限制、性别歧视等都是造成工资差别的因素。

【例题 5 · 单项选择题】 工资率上升所引起的替代效应是指(　　)。

A. 工作同样长的时间可以得到更多的收入

B. 工作较短的时间也可以得到更多的收入

C. 工人宁愿工作更长的时间,用收入带来的效用替代闲暇的效用

D. 以上都对

【答案】 C

【解析】 工资率的上升所导致的替代效应是指当工资率上升时,相对于工作,闲暇的价格上升了,工人会工作得更多来替代价格上升了的闲暇。由于工资率上升,工人获得的收入增加,工人能够在更短的时间里获得和以前一样的收入,此时由于收入效应,工人会减少工作的时间,来增加闲暇的时间。

【例题 6 · 单项选择题】 随着单个劳动者的劳动供给曲线向后弯曲变化,市场的劳动供给曲线将会(　　)。

A. 向前弯曲 B. 向后弯曲
C. 仍然保持向右上方倾斜 D. 以上都不对

【答案】 C

【解析】 在完全竞争的要素市场中,单个消费者的供给曲线横向加总就可以得到劳动的市场供给曲线。但是,劳动的市场供给曲线并不一定是向后弯曲的,这是由于在工资率提高时,尽管单个消费者的劳动供给可能会减少,但是较高的工资率会吸引更多的消费者进入劳动市场,这就抵消了个人劳动供给量的减少,使总的劳动供给依然是增加的。因而劳动的市场供给曲线是正常的向右上方倾斜的曲线。

四、土地供给曲线和地租的决定

土地的"自然供给"是固定不变的。土地的"市场供给"在假定不考虑自用土地的效用时也是固定不变的。在这种情况下,土地的供给曲线就是一条垂直线。但是,在考虑土地的自用效用或者土地具有多种用途的情况下,土地的供给曲线也会向右上方倾斜。

土地的服务价格称为地租,地租的大小由土地的供给和需求决定。如图 7-2 所示,在完全竞争的经济中,土地的市场供给曲线 S 是垂直的,土地的市场需求曲线 D 是向右下方倾斜的,因此,土地的市场供给曲线和市场需求曲线的交点 E 是土地供求实现均衡的均衡点,在 E 点的地租为 R_E。

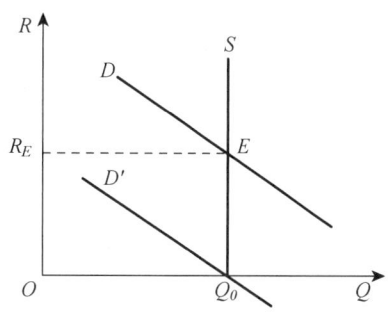

图 7-2 土地的供给曲线与需求曲线

从图 7-2 中可以看出,在土地的供给不变的情况下,如果需求不断下降,即需求曲线下移,需求曲线下降到一定程度的时候,均衡的地租水平将变为 0。随着土地的需求不断上升,地租也会不断地提高。所以说,产生地租的根本原因在于土地是稀缺的,供给不能增加,而需求不断上升。如果土地的供给不变,则地租的产生纯然是由于土地的需求的不断提高。

【例题 7·单项选择题】 在完全竞争市场上,土地的需求曲线与供给曲线分别是( )。

A. 水平,垂直状 B. 向左下方倾斜,向右下方倾斜
C. 向右下方倾斜,向左下方倾斜 D. 向右下方倾斜,垂直于数量轴

【答案】 D

【解析】 土地所有者将多少土地供给市场、将多少土地保留自用,取决于土地所有者的效用最大化决策。对于完全竞争市场,土地的价格由市场决定,即地租对于土地所有者来说是既定的,这样出租的土地越多,土地所有者的效用也越高,土地所有者会把他拥有的土地全部出租出去,以获取最大的收入,而不论土地的价格高低如何。因此,土地的供给曲线是垂直的。

【例题 8·单项选择题】 在完全竞争市场上,对于某一用途的土地而言,其地租率的决定因素应为( )。

A. 地主的定价 B. 土地的供给曲线
C. 土地的需求曲线 D. 以上均不对

【答案】 C

【解析】 从短期来看,土地的供给可以看作是一个固定不变的量,所以地租的产生纯然是

由于土地的需求的不断提高。

五、资本供给曲线和利息的决定

资本是由经济制度本身所生产出来的并被用作投入要素以便进一步生产更多的商品和服务的物品。储蓄是资本供给的源泉,但资本供给曲线并不等于储蓄曲线。就一个社会、一定时期而言,资本形成取决于过去已形成的储蓄量,同时假定资本的自用价值为0,因此在短期里,资本供给曲线为一条垂直于横轴的直线。但在长期里,随着利率的上升,储蓄量的增加,则资本供给曲线则被不断推向右方。

厂商在进行投资决策的时候,由于利息构成了厂商的成本,所以如果一个投资项目的预期利润率大于市场的利息率,那么就意味着厂商预期的资本收益大于成本,厂商投资该项目就可以获得利润;如果一个投资项目的预期利润率小于市场的利息率,那么厂商的预期资本收益小于成本,厂商就会亏损,所以厂商会放弃该项目或转而去寻求其他合适的项目。注意,如果厂商的投资所用资金是自有资金,利息可被看成是机会成本,上述分析依然有效。如果厂商的各个投资项目的预期利润率不变,而市场利率的提高,就会有许多的投资项目被否定,从而厂商的投资意愿降低,投资就会下降,从而对可贷资本的需求下降;如果市场利息率降低,厂商的成本降低,就会使一些原本不合算的项目变得有利可图,厂商的投资意愿上升,投资增加,对可贷资本的需求就会上升。因此资本的需求曲线也是向右下方倾斜的曲线。

如图 7-3 所示,横轴表示资本数量 Q,纵轴表示利率 r,S 是市场资本供给曲线,D 是市场的资本需求曲线。资本的供给曲线和需求曲线的交点表示了资本市场的均衡点。

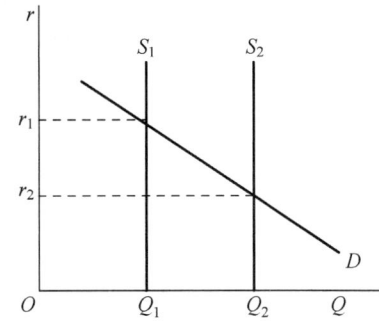

图 7-3 资本的供给曲线和需求曲线

【**例题 9·单项选择题**】 在其他情况不变时,若市场的利息率提高,任何给定的资本资产的现值将( )。

A. 下降,且对未来资产的预期收入越高,现值下降得越多

B. 提高,且对未来资产的预期收入越高,现值提高得越多

C. 下降,且对现在而不是未来资产的预期收入越高,现值下降得越多

D. 提高,且对现在而不是未来资产的预期收入越高,现值提高得越多

【**答案**】 A

【**解析**】 例如,现在有 100 元,你存入银行,利率为 5%,在 1 年后,你可以得到 105 元,也就是说,未来 1 年的 105 元的现值是 100 元。如果现在利率升到 6%,那么 100 元在 1 年后的价值就是 106 元,比 105 元多。所以利率的上升,使资产的现值变小,所以银行在出售资产时,资产若按高利率折现,使现值低于原来的水平,所以会产生资本损失。

六、洛伦兹曲线和基尼系数

1. 洛伦兹曲线

洛伦兹曲线是由美国统计学家 M·O·洛伦兹于 1905 年提出来的,旨在用以比较和分析一个国家在不同时代,或者与不同国家在同一时代的收入和财富的平等情况。具体做法是,首

先按照经济中人们的收入由低到高的顺序排队,然后统计经济中收入最低的10%人群的总收入在整个经济的总收入中所占的比例,再统计经济中收入最低的20%人群的总收入在整个经济的总收入中所占比例……以此类推。注意:这里的人口百分比和收入百分比在统计时都是累积百分比。将得到的人口累积百分比和收入累积百分比的统计数据投影在上图中,得到一系列的点,将这一系列的点用平滑的曲线连接得到一条曲线,就是图中的 ODY 曲线,这条曲线就叫作洛伦兹曲线。

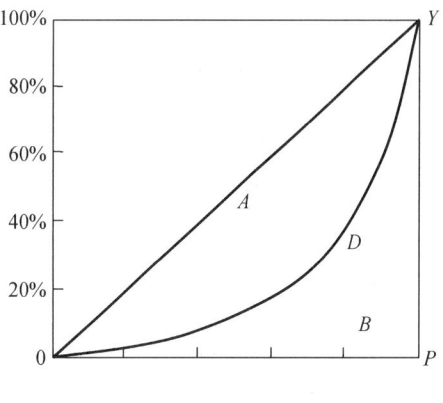

图7-4 洛伦兹曲线

图 7-4 中的对角线 OY 具有特殊的含义,因为 OY 是 45 度线,在这条线上横坐标与纵坐标相等,即经济中收入最低的 10% 的人得到社会 10% 的收入,收入最低的 20% 的人得到社会总收入的 20% 也就是人口累积百分比等于收入累积百分比,因此 OY 表示了经济社会中每个人得到了同样的收入,因而 OY 又被叫作绝对平均线。而折线 ODY 则表示了相反的收入分配状况,它意味着经济中极少数的人得到了社会 100% 的收入,因而这条线又叫作绝对不平均线。一个国家的收入分配状况既非绝对平均,又非绝对不平均,因而实际的洛伦兹曲线位于绝对平均线与绝对不平均线之间。洛伦兹曲线将 OYP 三角形分成了两部分:一部分为 A,另一部分为 B。显然 A 的面积越小,洛伦兹曲线与绝对平均线越接近,说明收入分配越平等,A 的面积越大,即洛伦兹曲线弯曲的弧度越大,它与绝对不平均线越接近,它所代表的收入分配就越不平等。

2. 基尼系数

根据洛伦兹曲线,基尼提出可以用 A、B 的面积比来表示一个经济的收入分配不平等程度,这个比值就是基尼系数。具体计算公式为: $G = \dfrac{A}{A+B}$。

基尼系数是一个大于 0 且小于 1 的数。基尼系数越大,说明一个国家收入分配越不平等,即贫富悬殊程度越高;基尼系数越小,说明一个国家的收入分配越平等。

【例题 10·单项选择题】 如果收入是平均分配的,则洛伦兹曲线将会(　　)。

A. 与纵轴重合　　　　　　　　B. 与横轴重合
C. 与 45 度线重合　　　　　　　D. 无法判定其位置

【答案】 C

【解析】 45 度线表示横坐标与纵坐标相等,即经济中收入最低的 10% 的人得到社会 10% 的收入,也就是人口累积百分比等于收入累积百分比,因此该线表示了经济社会中每个人得到了同样的收入。

【例题 11·单项选择题】 基尼系数的增大将表明(　　)。

A. 收入不平均程度的增加　　　B. 收入不平均程度的减少
C. 洛伦兹曲线与横轴重合　　　D. 洛伦兹曲线与纵轴重合

【答案】 A

【解析】 基尼系数越大,说明一个国家收入分配越不平等,即贫富悬殊程度越高;基尼系数越小,说明一个国家的收入分配越平等。

思考与练习

一、单项选择题

1. 生产要素的需求是一种（　　）。
   A. 派生需求
   B. 引致需求
   C. 最终产品需求
   D. 派生需求及引致需求

2. 如果厂商处于完全竞争的产品市场中,且生产要素中唯有 L 是可变要素,则该厂商对要素 L 的需求曲线可由（　　）推出。
   A. MP_L 曲线
   B. MFC_L 曲线
   C. VMP_L 曲线
   D. 以上均不正确

3. 生产要素的需求曲线之所以向右下方倾斜,是因为（　　）。
   A. 要素的边际收益产量递减
   B. 要素生产的产品的边际效用递减
   C. 要素参加生产的规模报酬递减
   D. 以上均不正确

4. 完全竞争产品市场与不完全竞争产品市场两种条件下的生产要素的需求曲线相比较,则（　　）。
   A. 前者比后者平坦
   B. 前者比后者陡峭
   C. 前者与后者重合
   D. 无法确定

5. 假设某歌唱演员的年薪为10万元,但若她从事其他职业,最多只能得到3万元,那么该歌唱演员所获得经济租金为（　　）。
   A. 10万元
   B. 7万元
   C. 3万元
   D. 不能确定

6. 某工人在工资率为每小时2美元时,每周挣80美元。现在每小时3美元,每周挣105美元,由此可以判定（　　）。
   A. 替代效应起着主要作用
   B. 收入效应起着主要作用
   C. 收入效应和替代效应都没有起作用
   D. 无法确定

7. 某一时期科技进步很快,人们越来越倾向于资本密集生产方式,这将导致（　　）。
   A. 劳动的供给曲线向右移动
   B. 劳动的需求曲线向右移动
   C. 劳动的供给曲线向左移动
   D. 劳动的需求曲线向左移动

8. 正常利润是（　　）。
   A. 对企业家承担风险的报酬
   B. 对企业家创新的报酬
   C. 隐含成本的一部分
   D. A 和 B 两者均正确

9. 下列各项中,拥有 VMP 曲线的生产者是（　　）。
   A. 完全竞争要素市场中的厂商
   B. 完全竞争产品市场中的厂商
   C. 非完全竞争产品市场中的厂商
   D. 非完全竞争要素市场中的厂商

10. 有关工资率变动的收入效应的描述中,不正确的是（　　）。
    A. 它是指工资率对于劳动者的收入,从而对劳动时间产生的影响
    B. 若劳动时间不变,工资率的提高使劳动者的收入提高
    C. 若劳动时间不变,工资率的提高使劳动者有能力消费更多的闲暇
    D. 工资率提高的收入效应使劳动供给量增加

11. 下列有关市场均衡工资率的决定的描述中,正确的是( )。
    A. 市场均衡工资率是劳动的市场需求与劳动的市场供给相互作用的结果
    B. 当市场工资率高于均衡工资率时,市场上的劳动供给量小于劳动需求量
    C. 当市场工资率低于均衡工资率时,市场上的劳动供给量大于劳动需求量
    D. 以上均不是

12. 随着我国卫生医疗条件的改善,越来越多的青少年成长为劳动力,这促进劳动的供给曲线( )。
    A. 向左移动   B. 向右移动
    C. 不移动   D. 以上均不是

13. 市场中单个厂商对某种要素的需求曲线同全体厂商对该种要素需求曲线之间的关系表现为( )。
    A. 两者是重合在一起的   B. 前者较后者平坦
    C. 前者较后者陡峭   D. 无法确定

14. 对资本供给曲线与均衡利息率变动的描述中,正确的是( )。
    A. 当产品市场上产品价格提高时,资本的需求曲线向左移动
    B. 在生产过程中资本的边际产量提高时,市场均衡利息率将降低
    C. 在生产过程中资本的边际产量降低时,市场均衡利息率将提高
    D. 当产品市场上产品价格下降时,资本的需求曲线向左移动

15. 在完全竞争市场上,土地的需求曲线与供给曲线分别是( )。
    A. 水平,垂直状
    B. 向左下方倾斜,向右下方倾斜
    C. 向右下方倾斜,向左下方倾斜
    D. 向右下方倾斜,垂直于数量轴

二、判断题

1. 某公司为扩大销售额而对营销人才的需求是引致需求。( )
2. 地租率的高低取决于土地面积的大小。( )
3. 不同国家之间的工资差别较大的原因在于社会性质、意识形态、文化背景不同。( )
4. 在完全竞争市场条件下,厂商使用要素的利润最大化原则是要素的边际产品价值等于要素的价格。( )
5. 劳动者对闲暇数量的选择是任意的,不受限制的。( )
6. 资本是在生产过程中被生产出来的,因而它的数量是可以改变的。( )
7. 较高的工资率意味着闲暇变得相对昂贵,所以工资率提高的替代效应使劳动供给量增加。( )
8. 厂商的要素需求曲线向右下方倾斜的原因在于边际效用递减。( )
9. 引致需求是指由消费者对产品的需求而引发的厂商对生产要素的需求。( )
10. 资本需求曲线与均衡利息率的变动均与产品市场上产品价格有关。( )

三、名词解释

1. 边际收益产品
2. 边际要素成本
3. 准租金
4. 经济租金
5. 级差地租
6. 洛伦茨曲线
7. 基尼系数

四、计算题

1. 某印染厂生产函数 $Q = 98L - 3L^2$，其中 Q 为每天的产量，L 为每天雇佣的工人人数。假定产品不论生产多少，都能按 20 元的价格出售，工人每天的工资均为 40 元，而且工人是该厂唯一的可变投入要素，问该厂为谋求利润最大，每天应雇佣多少工人？

2. 假定厂商的生产函数是 $Q = 12L - L^2$，L 的值为 $0 \sim 6$，其中 L 是每天的劳动投入，Q 是每天的产出。如果竞争性市场上产品以 10 美元售出，求：

(1) 推导出厂商的劳动需求曲线。

(2) 当工资率为每天 30 美元时，厂商将雇佣多少工人？

3. 假定某劳动市场的供求曲线分别为：$S_L = 100W$，$D_L = 60\,000 - 100W$，则：

(1) 均衡工资为多少？

(2) 假如政府对工人提供的每单位劳动课以 10 美元的税，则新的均衡工资为多少？

(3) 实际上对单位劳动征收的 10 美元由谁支付？

(4) 政府征收到的总税收额为多少？

4. 一厂商生产某产品，其单价为 10 元，月产量为 100 单位，每单位产品的平均可变成本为 5 元，平均不变成本为 4 元。试求其准租金和经济利润。两者相等吗？

五、问答题

1. 厂商使用生产要素的原则是什么？
2. 要素使用原则和利润最大化产量原则有何关系？
3. 土地的供给曲线为什么垂直？
4. 劳动供给曲线为什么向后弯曲？
5. 一项研究表明，在其他因素不变的情况下，某学区的教师工资取决于该地区内学区数量的多少。请分析如下问题：

(1) 如果该地区内的学区比较多，那么某特定学区的教师工资会高一些还是会低一些？

(2) 假定教师可毫无代价地到该地区以外的学区去任职，这是否会影响(1)问的答案？

(3) 近年来，大的学区倾向于分散成若干个小学区，并且每个小学区自己有权制定聘用或解聘教师的规章制度，这对教师工资有何影响？

(4) 赞成学区分散决策的理由有哪些？

第八章　一般均衡理论与福利经济学

本章基本内容框架

$$\left\{\begin{array}{l}\text{局部均衡与一般均衡}\\\text{瓦尔拉斯一般均衡理论}\\\text{帕累托最优状态}\left\{\begin{array}{l}\text{交换的帕累托最优条件}:MRS_{XY}^{A}=MRS_{XY}^{B}\\\text{生产的帕累托最优条件}:MRTS_{LK}^{C}=MRTS_{LK}^{D}\\\text{交换和生产的帕累托最优条件}:MRS_{XY}^{A}=MRS_{XY}^{B}=MR\end{array}\right.\\\text{社会福利函数与阿罗不可能性定理}\end{array}\right.$$

重点、难点讲解及典型例题

一、局部均衡和一般均衡

局部均衡是在假定其他市场条件不变的情况下，孤立地考察单个市场或部分市场的供求与价格之间的关系或均衡状态，而不考虑它们之间的相互联系和影响。一般均衡是指在承认供求与市场上各种商品价格和供求关系存在相互联系和相互影响条件下，所有市场上各种商品的价格与供求的关系或均衡状态。

局部均衡与一般均衡的共性在于都是研究市场上供求与价格的关系，并且局部均衡是构成一般均衡的基础。两者也有明显区别：局部均衡是孤立地考虑市场均衡，在假定市场是一个单个的独立的市场条件下，分析供求对价格的影响，一般均衡是建立在市场之间是有联系和影响条件下的所有市场均衡；前者较为简单，后者分析起来较为复杂；局部均衡研究个体，一般均衡研究整体。

【例题1·单项选择题】　局部均衡分析是对（　　）的分析。

A. 一个部门的变化对其他部门的影响

B. 一个市场出现的情况，忽视其他市场

C. 经济中所有的相互作用和相互依存关系

D. 与供给相独立的需求的变化

【答案】　B

【解析】　经济学中的部门是按行为主体划分的，分为消费者、生产者、政府、国外，此种划分方法不符合题意，A选项错误。当研究经济中所有的相互作用和相互依存关系时，属于一般均衡，C选项错误。均衡来自需求和供给双方面，无论是局部均衡还是一般均衡，D选项错误。局部均衡研究的是某一个市场的情况，故B选项正确。

【例题2·单项选择题】 一般均衡理论试图说明的是(   )的均衡。
A. 单个产品或单个要素市场　　　　　　B. 劳动市场
C. 产品市场和货币市场　　　　　　　　D. 所有产品市场和要素市场
【答案】 D
【解析】 局部均衡分析研究的是单个(产品或要素)市场,一般均衡分析的是将所有相互联系的各个市场看成一个整体来加以研究,故 D 选项正确。

二、瓦尔拉斯一般均衡理论

瓦尔拉斯一般均衡理论是 1874 年法国经济学家瓦尔拉斯在他的《纯粹经济学要义》中创立的。他认为,整个经济体系处于均衡状态时,所有消费品和生产要素的价格将有一个确定的均衡值,它们的产出和供给,将有一个确定的均衡量,他还认为在"完全竞争"的均衡条件下,出售一切生产要素的总收入和出售一切消费品的总收入必将相等。该理论的实质是说明资本主义经济可以处于稳定的均衡状态,在资本主义经济中,消费者可以获得最大效用,企业家可以获得最大利润,生产要素的所有者可以得到最大报酬。

瓦尔拉斯的一般均衡价格决定思想,是通过数学公式阐述的。他假定社会上有 n 种资源生产 m 种商品,社会上每个人都持有一定数量的资源或生产要素,即他的分析以既定的收入分配方式为前提,在这样的经济社会中,消费者力图取得最大效用,企业家力图获得最大利润,资源所有者力图获取最多的报酬。通过对方程求解,瓦尔拉斯证明了在市场上存在着一系列的市场价格和交易数量(这些价格和数量即均衡价格和数量),能使每个消费者、企业家和资源所有者达到各自的目的,从而社会可以和谐而稳定地存在下去。瓦尔拉斯还认为,方程所决定的均衡是稳定的均衡,即一旦经济制度处于非均衡状态时,市场的力量会自动地使经济制度调整到一个新的均衡状态。

【例题3·单项选择题】 一般均衡论的证明要依赖的假设是(   )。
A. 完全竞争市场的假设　　　　　　　　B. 回避规模收益递增的假设
C. 拍卖人假设　　　　　　　　　　　　D. 以上都是
【答案】 D
【解析】 一般均衡理论认为,在完全竞争市场前提下,当不存在规模收益递增,并存在拍卖人假设下,整个经济体系处于均衡状态时,所有消费品和生产要素的价格将有一个确定的均衡值,所以,要达到这一状态,以上要求都需满足,故 D 选项正确。

三、帕累托最优状态

帕累托改进是指资源分配的一种理想状态,假定固有的一群人和可分配的资源,从一种分配状态到另一种状态的变化中,在没有使任何人境况变坏的前提下,使至少一个人变得更好。帕累托最优状态就是不可能再有更多的帕累托改进的余地;换句话说,帕累托改进是达到帕累托最优的路径和方法。一般来说,达到帕累托最优时,会同时满足 3 个条件:交换的帕累托最优条件、生产的帕累托最优条件、交换和生产的帕累托最优条件。

在交换方面,任何一对商品之间的边际替代率对任何使用这两种商品的个人来说都相等,即 $MRS_{XY}^{A}=MRS_{XY}^{B}$,此时该社会达到了产品分配的帕累托最优状态,从而实现了交换的效率,此时也就实现了交换的一般均衡,即实现了交换的帕累托最优条件。

在生产方面,任何一对生产要素之间的边际技术替代率在用这两种投入要素生产的所有商品的生产中都相等,即 $MRTS_{LK}^{C}=MRTS_{LK}^{D}$,此时该社会达到了帕累托最优状态,从而实现了生产的效率,也就实现了生产的一般均衡,即实现了生产的帕累托最优条件。

在生产与交换两者之间,任何一对商品间的生产的边际转换率等于消费这两种商品的每个个人的边际替代率,即 $MRS_{XY}^{A}=MRS_{XY}^{B}=MRT_{XY}$。只要 MRT 与 MRS 不等,重新配置资源都会使消费者受益,只有 $MRS_{XY}=MRT_{XY}$ 时,才能使生产满足消费者的需要,又使资源达到有效的配置,即实现生产和交换的帕累托最优条件。

【例题4·单项选择题】 如果产品在消费者之间的任何重新分配都会至少降低一个消费者的满足水平,这种状态是(　　)。

A. 效率不高的　　　　　　　　B. 帕累托最优
C. 不合理的分配　　　　　　　D. 比较合理的分配

【答案】 B

【解析】 根据帕累托最优状态的定义,如果对于某种既定的资源配置状态,所有的帕累托改进均不存在,即在该状态上,任意改变都不可能使至少有一个人的状态变好而又不使任何人的状态变坏,这种状态称为帕累托最优,故 B 选项正确。

【例题5·单项选择题】 在生产上符合帕累托最优状态的条件是(　　)。

A. 边际收益等于边际成本
B. 边际收益等于要素边际成本
C. 任何两种要素间的边际技术替代率对任何两个要素都相等
D. 边际收益等于商品价格

【答案】 C

【解析】 在生产方面,任何一对生产要素之间的边际技术替代率在用这两种投入要素生产的所有商品的生产中都相等,即 $MRTS_{LK}^{C}=MRTS_{LK}^{D}$,此时该社会达到了帕累托最优状态,故 C 选项正确。

【例题6·单项选择题】 经济中生产的所有商品都必须以有效率的方式在个人之间加以分配,这样的要求称为(　　)的效率。

A. 生产　　　　　　　　　　　B. 分配
C. 产品组合　　　　　　　　　D. 交换

【答案】 D

【解析】 在交换方面,任何一对商品之间的边际替代率对任何使用这两种商品的个人来说都相等,即 $MRS_{XY}^{A}=MRS_{XY}^{B}$,也就是所有商品都以有效率的方式在个人之间加以分配,此时该社会达到了产品分配的帕累托最优状态,从而实现了交换的效率,故 D 选项正确。

四、社会福利函数与阿罗不可能性定理

社会福利函数是福利经济学研究的一个重要内容,它试图指出社会所追求的目标应该是什么,应该考虑哪些因素:是某些人的利益或效用,还是所有人的利益或效用。当人们之间的利益或效用相冲突时,应该如何处理这些不同的利益或效用。人们需要知道在效用可能性曲线上每一点所代表的社会福利的相对大小,或者更一般地说,需要知道效用可能性区域或整个效用空间中每一点所代表的社会福利的相对大小,这就是所谓的社会福利函数。

如果确实存在上述所谓社会福利函数,则可以在无穷多的帕累托最优状态中进一步确定那些使社会福利最大化的状态,如果真做到了这一点,则资源配置问题便可以看成是彻底解决了。但社会福利函数究竟存不存在呢?换句话说,能不能从不同个人的偏好当中合理地形成所谓的社会偏好呢?可惜的是,阿罗在1951年相当宽松的条件下证明了这是不可能的,这就是有名的"阿罗不可能性定理"。

阿罗认为,任何一个合理的社会福利函数起码必须满足如下要求:其定义域不受限制,即它适用于所有可能的个人偏好类型;非独裁,即社会偏好不以一个人或少数人的偏好来决定;帕累托原则,即如果所有人都偏好a甚于b,则社会偏好a甚于b;无关变化的独立性,即只要所有个人对a的偏好甚于b不变(不管a与c的偏好如何变化),则社会对a与b的偏好就不变。阿罗证明了:满足上述四个条件且具有传递性偏好次序的社会福利函数不存在。

【例题7·单项选择题】 伯格森、萨缪尔森等人提出的社会福利函数理论,试图解决的问题是(　　)。

A. 帕累托最优状态
B. 在社会福利函数下,确定哪一点社会福利为最大
C. 厂商的供给和需求相等
D. 如何实现最大利润的均衡

【答案】 B

【解析】 社会福利函数是福利经济学研究的一个重要内容,它试图寻找在社会福利函数下,什么样的情况下,社会福利为最大,故B选项正确。

【例题8·单项选择题】 阿罗的不可能定理是说(　　)。

A. 总供给与总需求相一致是不可能的
B. 总收益与总成本相一致是不可能的
C. 社会利益不可能是个人利益的总和
D. 在任何情况下,从个人偏好次序达到合乎理性的社会偏好次序是不可能的

【答案】 D

【解析】 阿罗认为,任何一个合理的社会福利函数起码必须满足其定义域不受限制、非独裁、帕累托原则、无关变化的独立性,他最终证明满足上述四个条件且具有传递性偏好次序的社会福利函数不存在,即从个人偏好次序达到合乎理性的社会偏好次序是不可能的,故D选项正确。

思考与练习

一、单项选择题

1. 研究市场之间的相互作用的分析被称为(　　)分析。
   A. 局部均衡　　　　　　　　　B. 相互作用均衡
   C. 不均衡　　　　　　　　　　D. 一般均衡
2. 局部均衡分析适合于估计(　　)变化的影响,但不适合于估计(　　)变化的影响。
   A. 香烟税,公司所得税　　　　B. 香烟税,酒类税
   C. 公司所得税,香烟税　　　　D. 公司所得税,酒类税

3. 在一般均衡模型中,之所以产品的供给取决于工资和利息率,是因为( )。
   A. 这些投入的价格影响成本
   B. 家庭的收入受工资和利息率变化的影响
   C. 家庭能用闲暇或将来的消费来换取现有的产品
   D. 对资本的需求取决于工资率
4. "人们的收入差距是大一点好还是小一点好"属于( )所要研究的问题。
   A. 实证经济学　　　　　　　　B. 规范经济学
   C. 宏观经济学　　　　　　　　D. 微观经济学
5. 边际转换率是( )的斜率。
   A. 消费契约曲线　　　　　　　B. 效用可能性曲线
   C. 社会福利曲线　　　　　　　D. 生产可能性曲线
6. 在埃奇沃思盒状图上,生产的契约曲线上的任何一点都表示( )。
   A. 负收益　　　　　　　　　　B. 正收益
   C. 生产的帕累托最优条件得到满足　　D. 生产者的福利分配相等
7. 一个社会要达到最高的经济效率,得到最大的经济福利,进入帕累托最优状态,必须( )。
   A. 满足交换的边际条件:$MRS_{XY}^A = MRS_{XY}^B$
   B. 满足生产的边际条件:$MRTS_{LK}^C = MRTS_{LK}^D$
   C. 满足替代的边际条件:$MRS_{XY} = MRT_{XY}$
   D. 同时满足上述三个条件
8. 《纯粹经济学要义》是( )的著作。
   A. 马歇尔　　　B. 凯恩斯　　　C. 瓦尔拉斯　　　D. 帕累托
9. 如果资源配置是帕累托有效的,那么( )。
   A. 收入分配公平
   B. 存在一种重新配置资源的途径,能使每个人的境况变好
   C. 存在一种重新配置资源的途径,使一些人的境况变好而不使其他人变坏
   D. 不存在一种重新配置资源的途径,使一些人的境况变好而不使其他人变坏
10. 被西方经济学界推崇为"福利经济学之父"的是( )。
    A. 霍布森　　　B. 庇古　　　C. 帕累托　　　D. 埃奇沃思

二、判断题

1. 局部均衡分析方法忽略了市场之间的相互影响,影响我们真正理解市场经济。( )
2. 如果两种产品之间的边际转换率,对所有消费这两种产品的消费者来说,并不等于它们之间的边际替代率,则至少其中一种产品不是有效地生产。( )
3. 现代经济学所说的最有经济效率的状态,一般就是指帕累托最优状态。( )
4. 从埃奇沃思盒状图中某一初始禀赋开始,如果通过讨价还价达到的自由交易契约是符合帕累托最适度状态所要求的,那么该交换契约可以位于契约曲线的任何地方。( )
5. 生产的效率条件是指生产的商品组合符合人们的偏好。( )
6. 如果资源配置是帕累托最优状态,则存在一种重新配置资源的途径,使一些人的境况

变好而不使其他人变坏。（　）

7. 在交换的契约曲线上,点的位置越高,表示效率越高。（　）

8. 为了达到帕累托最优状态,任何使用两种投入要素的两个厂商,即使它们生产的产品很不相同,也必须使该两要素之间的边际技术替代率相等。（　）

9. 只有商品的边际转换率与边际替代率相等时,商品的生产结构才是最有效率的。（　）

10. 福利经济学第一定理即任何竞争性市场均衡都是有效率的。（　）

三、名词解释

1. 局部均衡
2. 一般均衡
3. 帕累托改进
4. 帕累托最优
5. 交换的帕累托最优条件
6. 生产的帕累托最优条件
7. 交换和生产的帕累托最优条件
8. 阿罗不可能定理

四、计算题

1. 某经济用劳动和资本两种投入生产食物和衣服两种产品。在目前的配置条件下,劳动和资本在食物生产的边际技术替代率($MRTS$)为 4,而在衣服生产中 $MRTS$ 为 3。该经济在生产中的资源配置是否有效？请解释。如果不是,如何调节配置才能改善效率？

2. 如果决定两个人的效用可能性曲线的公式是 $U_A+2U_B=100$。求：

(1) 若要使社会福利最大化,当社会福利函数是 $W(U_A, U_B)=\text{Max}(U_A, U_B)$,社会福利最大时的 U_A 和 U_B 分别是多少？

(2) 若把社会福利函数定义为 $W(U_A, U_B)=\text{Min}(U_A, U_B)$,当社会福利函数最大时,$U_A$ 和 U_B 分别是多少？

五、问答题

1. 试述一般均衡论的发展。
2. 试评论瓦尔拉斯的拍卖者假定。
3. 试述社会福利函数的基本内容。
4. 为什么完全竞争可以实现帕累托最优所需要具备的三个条件？
5. 什么是边际产品转换率？当它与消费者对这两种产品的边际替代率不等时,市场将怎样调整？

第九章　市场失灵与微观经济政策

 本章基本内容框架

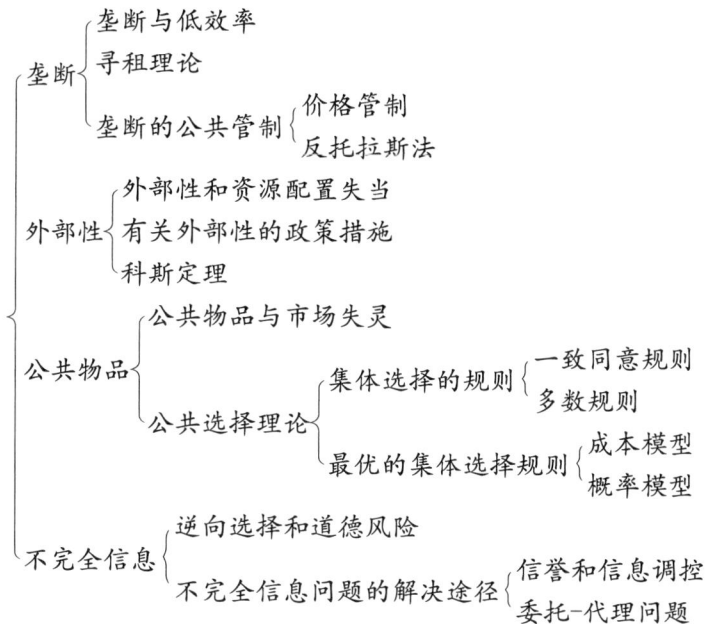

 重点、难点讲解及典型例题

一、市场失灵

现实的市场机制在很多场合不能导致资源的有效配置，即资源配置不能实现帕累托最优状态，这种情况称为市场失灵。

【例题1·单项选择题】 微观意义下的市场失灵现象有（　　）。

A. 失业

B. 通货膨胀

C. 国际收支不平衡

D. 垄断

【答案】 D

【解析】 微观意义下的市场失灵强调的是不能实现资源的有效配置，主要包括垄断、外部影响、公共物品及不完全信息。

二、垄断

1. 垄断与低效率

垄断厂商利润最大化的原则是边际收益等于边际成本,垄断厂商往往获得超额利润,垄断厂商的产量低于完全竞争市场上的产量,这就使资源配置未能达到帕累托最优状态,经济均衡处于低效率之中。

【例题 2·判断题】 垄断会使效率下降,因此任何垄断都是要不得的。　　　　（　）

【答案】 错误

【解析】 有些行业产业规模效益非常明显,维持适当垄断可以降低单位成本,可以通过政府管制来进行再分配。

2. 寻租

从社会的角度来看,垄断除了会导致低效率,还可能造成更大的经济损失。为了获得和维持垄断地位从而获得超额利润,厂商常常付出一种代价。例如,向政府官员行贿等,这种行为是一种纯粹的浪费,它不是用于生产,没有创造出任何有益的产出,完全是一种非生产性的寻租活动,一般称其为"寻租",即为获得和维持垄断地位而付出的代价。

3. 公共管制

公共管制一般是指政府对垄断的干预,即并非由垄断企业自行确定产品的价格和产量,而是由政府管制价格,包括采用边际成本定价法、平均成本定价法、双重定价法以及资本回报率管制等。

【例题 3·判断题】 价格管制就是政府对所有商品的价格都要进行控制。　　　　（　）

【答案】 错误

【解析】 政府只是对垄断者产品的价格进行控制。

4. 反托拉斯法

政府对垄断的更加强烈的反应是制定反垄断法或反托拉斯法。

反托拉斯法规定,限制贸易的协议或共谋、垄断或企图垄断市场、兼并、排他性规定、价格歧视、不正当的竞争或欺诈行为等都是违法的,对违法者可以由法院提出警告、罚款、改组公司直至判刑。

三、外部影响

1. 外部影响及其分类

外部性又称外部影响、外部效果、外部经济性,是指某经济行为所产生的私人成本和私人利益与该行为所产生的社会成本和社会利益不相等。

外部性有外部经济和外部不经济之分:经济行为所产生的私人利益小于社会利益,被称为外部经济(正外部性);经济行为所产生的私人成本小于社会成本,被称为外部不经济(负外部性)。具体又可以分为:生产的外部经济、消费的外部经济、生产的外部不经济和消费的外部不经济。

【例题 4·单项选择题】 某一项经济活动存在外部不经济是指该活动的（　　）。

A. 私人成本大于社会成本　　　　B. 私人成本小于社会成本
C. 私人利益大于社会利益　　　　D. 私人利益小于社会利益

【答案】 B

【解析】 经济行为所产生的私人利益小于社会利益,被称为外部经济(正外部性);经济行为所产生的私人成本小于社会成本,被称为外部不经济(负外部性)。

【例题5·单项选择题】 当有正外部性时,市场失灵之所以存在的原因是(　　)。

A. 社会边际利益大于私人边际利益
B. 社会边际利益小于私人边际利益
C. 社会边际成本大于私人边际成本
D. 社会边际成本小于私人边际成本

【答案】 A

【解析】 某项经济活动如果给予这项活动无关的主体带来好处就是正外部性。此时一项经济活动所带来的私人边际成本与社会边际成本相等,但社会边际利益大于私人边际利益,市场调节从私人来看资源配置,但从社会来看并不是最优配置,是市场失灵。

2. 外部影响与资源配置失当

外部性的存在造成完全竞争条件下的资源配置偏离帕累托最优状态:外部经济情况下,私人利益小于社会利益,私人活动水平低于社会所要求的最优水平;外部不经济状况下,私人成本小于社会成本,私人活动水平高于社会所要求的最优水平。

【例题6·单项选择题】 在完全竞争条件下,某一项经济活动存在外部不经济时,其产量(　　)帕累托最优产量。

A. 大于　　　　　　　　　　B. 小于
C. 等于　　　　　　　　　　D. 以上三种情况皆有可能

【答案】 A

【解析】 经济行为所产生的私人成本小于社会成本,被称为外部不经济。从而社会的边际成本曲线位于私人成本曲线上方,竞争厂商为了追求利润最大化,其产量定在价格等于其边际成本处,但使社会利益达到最大的产量应当使社会的边际收益等于社会的边际成本。因此,生产的外部不经济造成产品生产过多,超过了帕累托最优所要求的水平。

3. 政策措施

解决外部性的途径通常有:

(1) 使用税收和津贴。对于外部不经济的行为进行征税或罚款,对外部经济的行为予以津贴或奖励。

(2) 使用企业合并的方法。不同的企业合并,可以使外部性内部化。

(3) 使用规定财产权的办法。明确财产权规定并加以充分保障,可以解决一些因财产权不明确造成的外部性问题。

4. 科斯定理

只要财产权是明确的,并且其交易成本为零或者很小,则无论在开始时将财产权赋予谁,市场均衡的最终结果都是有效率的。

四、公共物品

1. 公共物品

通常将不具备消费的竞争性的商品称为公共物品,任何人增加对这些商品的消费都不会减少其他人的消费水平。某些公共物品同时不具备排他性,即无法排除一些人"不支付便消费",则称为纯公共物品。公共物品的这种在使用上的非竞争性和非排他性的特点,很容易产生免费搭车(又称"搭便车")问题。

【例题7·单项选择题】 可以"搭便车"的通常多被看作是公共物品,是指( )。

A. 有些人能够免费使用公共交通工具

B. 有些人能够以低于正常成本的价格使用公共交通

C. 无法防止不愿意付费的人消费这些物品

D. 由于公共物品的供给大于需求,从而把价格压低,直到实际上免费供应为止

【答案】 C

【解析】 公共物品的非竞争性和非排他性决定了消费者不用购买就可以消费公共物品,这种行为称为"搭便车"。公共物品可以搭便车,从而使公共物品没有交易,没有市场价格,生产者不愿意生产或生产远远不足,这就是资源配置失败。

2. 调节机制

公共物品生产的解决办法是,公共物品由政府或公共部门安排生产并根据社会福利原则来分配公共物品,或者将一些"准公共物品"的生产通过制度创新、明确财产权等方式引入市场机制进行资源配置。

公共物品生产的调节机制通常有:

(1) 成本-收益分析。成本-收益分析是对某公共投资带来的收益的限制给予估计,然后同它预期所需要的支出成本相比较,根据评估结果判断该项目是否值得生产;

(2) 公共选择理论。公共选择理论是用经济学的方法来分析、研究政府对供给品的决策,特别注重研究那些与政府行为有关的集体选择问题。

第一,集体选择的规则。集体选择,就是所有的参加者依据一定的规则通过相互协商来确定一个集体行动方案的过程。① 一致同意规则。一致同意规则是指一项集体行动方案只有在所有参加者都认可的情况下才能够实施。这里的"认可"意味着赞成或者至少不反对。在一致同意规则下,每一个参加者都对将要达成的集体决策拥有否决权。② 多数规则。多数规则是指一项集体行动方案必须得到所有参加者中的多数认可才能够实施。

第二,最优的集体决策规则。对于按照何种规则进行集体选择才能保证得到的结果是最优效率的,公共选择理论中共有两个主要的理论模型:成本模型和概率模型。

五、不完全信息

1. 不完全信息的定义

完全竞争模型的一个重要前提假定是完全信息,即市场的供需双方对于所交换的商品具有充分的信息。而在现实经济中,信息常常是很不完全的,信息不完全不仅指那种绝对意义上的不完全,即由于认知能力的限制,人们不可能知道在任何时候、任何地方发生的或将要发生的任何情况,而且是相对意义上的不完全,即市场经济本身不能够生产出足够的信息并有效地配置它们。

通常,我们将不完全信息定义为信息是不完全和不对称的。这种信息的不完全和不对称会导致资源配置不当,减弱经济效率,并且还会产生道德风险和逆向选择问题。

【例题8·单项选择题】 卖主比买主知道更多的关于商品的信息,这种情况被称为( )。

A. 道德危险 B. "搭便车"
C. 信息不对称 D. 逆向选择

【答案】 C

【解析】 "搭便车"是指由公共物品的非竞争性和非排他性引起的消费者不用购买就可以消费的行为。信息不对称是指交易双方拥有的信息数量和质量不同,这种情况的存在引发了广泛的道德危险和逆向选择,这不利于市场交易。

2. 道德风险

道德风险是指交易双方在鉴定交易合约后,信息占有居于优势的一方为了最大化自己的收益而损害另一方,同时不承担后果的一种行为。道德风险的存在不仅使处于信息劣势的一方蒙受损失,而且会破坏原有的市场均衡,导致资源配置的低效率。

【例题 9·单项选择题】 道德风险意味着(　　)。
A. 买保险的人是厌恶风险的
B. 保险公司可以准确地预测风险
C. 投保人掩盖自己的疾病,欺骗保险公司
D. 为防被欺骗,保险公司对投保人收取较高的保费

【答案】 C

【解析】 道德风险就是在信息不对称的情况下,拥有信息多的一方以自己的信息优势来侵犯拥有信息少的另一方,实现自己利益的可能性。保险业的存在首先在于人们是厌恶风险的,通过保险可以分摊风险。但在保险市场上,由于保险公司和投保人的信息不对称,保险公司不了解投保人的真实身体状况,投保人就会掩盖自己的疾病而欺骗保险公司,这就是道德风险。在 D 的情况下,有病的人才去投保,健康的人则不投保,从而就形成了逆向选择。

3. 逆向选择

逆向选择是指在鉴定交易合约之前,进行交易的一方拥有另一方所不知道的信息,并且该信息有可能影响另一方的利益,这样,信息少的一方与信息多的一方交易时,信息少的一方往往对交易对手作出逆向选择。逆向选择可导致资源配置效率的损失。

4. 不完全信息的解决途径

解决信息不完全的办法通常有:

(1) 需要政府在信息方面进行调控或者管理。

(2) 通过某些制度设计使行为人约束自己的行为。例如,委托-代理问题中的激励机制设计。

由于信息的不完全性,委托人往往不知道代理人要采取什么行动或者即使知道代理人采取某种行动,也不能观察和测度代理人从事这一行动时的努力程度,同时两者之间存在的利益分割关系,通常会使代理人不完全按照委托人的意图行事,这在经济学上被称为委托-代理问题。

一旦企业出现委托-代理问题,其后果不仅使企业所有者的利润受损,也使社会资源配置的效率受损,因为在不发生委托-代理问题的情况下,社会将生产出较高质量的产品。

由委托-代理问题而导致的效率损失不可能通过政府的干预解决,而需要通过设计有效的激励措施加以解决。解决委托-代理问题最有效的办法是实施一种最优合约。最优合约是委托人花费最低限度的成本而使代理人采取有效率的行动实现委托人目标的合约。

思考与练习

一、单项选择题

1. 化工产品的生产,会排放对环境有很大影响的污染物。对这类产品来说( )。
   A. 边际社会成本曲线在需求曲线的右方
   B. 边际社会成本曲线在供给曲线的左方
   C. 边际社会成本曲线在需求曲线的左方
   D. 边际社会成本曲线在供给曲线的右方

根据下面给出的条件,完成以下第2、第3两题。

某种产品的生产,如果边际收益 $MR=100-Q$,边际私人成本 $MPC=3Q$,单位产品的边际外部收益 $MER=20$(元)。

2. 追求最大利润的厂商会选择的产量水平是( )。
   A. 20   B. 25   C. 30   D. 35

3. 从社会的角度看,最优产出水平是( )。
   A. 20   B. 25   C. 30   D. 35

4. 对于外部性的政策干预,下列说法中,错误的是( )。
   A. 对于具有正外部性的经济活动,政府可以采用补贴、贴息、免税、减税等优惠政策,使其产量提高到有效率的水平
   B. 对于具有负外部性的经济活动,政府可以采用征税、加税、罚款等政策,使其产量降低到有效率的水平
   C. 科斯定理认为,外部性是因为产权界定不明确造成的,只要能够界定并保护产权,在交易费用为零的情况下,市场完全可以自己解决外部性问题,不用政策干预
   D. 科斯定理认为,当交易费用为零的时候,产权的初始界定对最终结果没有影响

5. 污染排放的最优水平应该是( )。
   A. 零
   B. 在边际外部收益为零时达到
   C. 在边际治理成本为零时达到
   D. 在边际外部成本和边际治理成本相等时达到

6. 如果政府实行可转让的排放许可证制度,那么下列说法中,正确的是( )。
   A. 减少排污的边际成本最低的企业将是减少排污最多的企业
   B. 减少排污的边际成本最高的企业将是减少排污最多的企业
   C. 边际社会成本最低的企业将是减少排污最多的企业
   D. 边际社会成本最高的企业将是减少排污最多的企业

7. 政府实行可转让的排放许可证制度,共有 n 家可能排污的企业,允许总排污量为 X,政府应该( )。
   A. 对每家企业设定不同的收费标准,使每家企业都选择排污量为 $\dfrac{X}{n}$

B. 对每家企业设定不同的收费标准,使 $\frac{X}{n}$ 为平均排污量

C. 对每家企业设定相同的收费标准,使每家企业都选择排污量为 $\frac{X}{n}$

D. 发放总排污量为 X 的许可证

8. 公共物品的特征有( )。
   A. 竞争性和排他性　　　　　　　B. 竞争性和非排他性
   C. 非竞争性和排他性　　　　　　D. 非竞争性和非排他性

9. 公共物品的需求曲线是( )。
   A. 个体需求曲线的横向加总
   B. 个体需求曲线的纵向加总
   C. 有时是个体需求曲线的横向加总,有时是纵向加总
   D. 以上均不正确

10. 由政府生产、经营公共物品,往往缺乏效率,这是因为( )。
    A. 政府在生产和经营公共物品时,没有私人部门与之竞争,处于垄断地位,容易造成效率低下
    B. 政府部门生产经营公共物品属于非营利性,缺乏利润动机的刺激,因而难以实现高效率
    C. 政府部门生产经营公共物品的支出来自预算,不同的部门为了各自的利益,往往强调本部门的重要性,尽量扩大预算比例,造成某些部门的过度供给,也损害效率
    D. 以上均是

二、判断题

1. 一般来说,不管是具有负生产外部性还是负消费外部性的产品,我们都可以通过对生产者征税的办法来提高市场效率。( )
2. 同样一种经济活动,既可能产生正的外部性,也可能产生负的外部性。( )
3. 科斯定理告诉我们,只要产权明晰,市场交易就可以使资源配置达到帕累托最优。( )
4. 污染是生产者对市场激励的理性反应。( )
5. 温室效应是市场失灵的一种表现。( )
6. 由于公共物品存在"搭便车"现象,所以,只能由政府从事生产。( )
7. 一个购买了保险的人不再担心自己的财产安全,其行为属于逆向(不利)选择。( )

三、名词解释

1. 市场失灵
2. 公共物品
3. "搭便车"现象
4. 外部性
5. 科斯定理

6. 逆向选择

7. 道德风险

四、计算题

1. 设一个公共牧场的成本是 $C = 5x^2 + 2\,000$，x 是牧场上养牛的头数，每头牛的价格是 $P = 800$（元）。

(1) 求牧场净收益最大时养牛数。

(2) 若该牧场有 5 户牧民，牧场成本由他们平均分摊，这时牧场上将会有多少养牛数？从中会引起什么问题？

2. 设一产品的市场需求函数为 $Q = 500 - 5P$，成本函数为 $C = 20Q$。试问：

(1) 若该产品为垄断厂商生产，利润最大时的产量、价格和利润各是多少？

(2) 要达到帕累托最优，产量和价格应为多少？

(3) 社会纯福利在垄断性生产时损失了多少？

五、问答题

1. 什么是市场失灵？市场失灵的原因有哪些？

2. 为什么有的经济学者认为，垄断也可能促进经济效率？

3. 垄断是如何造成市场失灵的？

4. 外部性的存在是如何干扰市场对资源的配置的？

5. 如何看"科斯定理"？它在市场经济中总是适用的吗？

6. 公共物品为什么不能靠市场来提供？

7. 能否认为，公共产品由于不存在市场交换价格可以任意定价？

8. 试述保险市场上逆向选择与道德风险的区别。其中的一种能在另一种不存在的情况下存在吗？

9. 市场机制能够解决信息不完全和不对称问题吗？

第十章 国民收入核算理论

本章基本内容框架

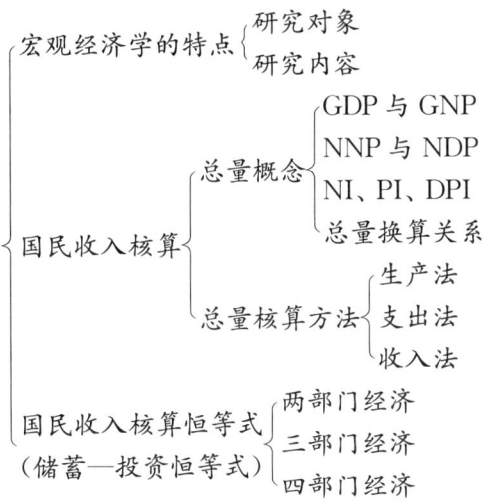

重点、难点讲解及典型例题

一、宏观经济学的特点

宏观经济学是相对于微观经济学而言的,它以国民经济总体作为考察和研究的对象,研究经济生活中有关总量的决定与变动,解释社会经济运行中的宏观整体问题,故又称总体经济学、总量经济学。

宏观经济学的中心和基础是总供给-总需求模型。具体来说,宏观经济学主要包括总需求理论、总供给理论、失业与通货膨胀理论、经济周期与经济增长理论、开放经济理论、宏观经济政策等内容。

现代意义上的宏观经济学是在 20 世纪 30 年代才得以形成和发展起来的。宏观经济学诞生的标志是凯恩斯于 1936 年出版的《就业、利息与货币通论》。宏观经济学在第二次世界大战后逐步走向成熟并得到广泛应用。20 世纪 60 年代后的"滞胀"问题使凯恩斯主义的统治地位受到严重挑战,并形成了货币主义、供给学派、理性预期学派对立争论的局面。20 世纪 90 年代,新凯恩斯主义的形成又使国家干预的思想占据主流。宏观经济学是当代发展最为迅猛、应用最为广泛、具有十分重要地位的经济学科。

【例题 1·单项选择题】 宏观经济学研究的内容包括(　　)。

A. 失业率上升一个百分点会使 GDP 增加多少

B. 研究为什么从事农业和渔业的人的工资要比其他工人的工资低

C. 降低工资会对单个厂商产生什么样的影响

D. 分析对企业征收的环境特别税对整个环境污染程度的影响

【答案】 A

【解析】 BCD选项分别以行业和企业为研究的对象，属于微观经济学研究的范畴，不是宏观经济学研究的内容。因此本题选A项。

二、国内生产总值与国民生产总值

1. 国内生产总值

国内生产总值(即GDP)是指一个经济社会(通常指一国或一地区)在一定时期内运用生产要素所生产的全部最终产品(物品和劳务)的市场价值，是一个经济社会在一定时期内新创造的全部价值。

GDP是一个"市场价值"的概念，这使不同时期的GDP不能够直接比较，也使如地下经济、家务劳动、自给自足生产等不通过市场的活动很难在其中得到反映。GDP核算"一定时期内生产的最终产品"的市场价值，是一个纯净的流量指标，且该指标并不反映所有产品的实现情况，只有最终产品的价值计入GDP，中间产品的价值是不能计入GDP的。GDP核算的地域范围是"一国或一地区"，是国土原则。现实中，人们经常把GDP作为指导和反映现代经济活动的最重要指标。

【例题2·单项选择题】 以下选项中，属于存量的是( )。

A. 人均国内生产总值 B. 资本存量
C. 国民生产总值 D. 实际国内生产总值

【答案】 B

【解析】 存量是指一定时点上存在的变量的数值，其数值大小与时间维度无关，资本存量是指社会在某一时点上的资本总量，是存量。流量是指一定时期内发生的变量的数值，其数值大小与时间维度相关，ACD选项均为流量。因此本题选B项。

【例题3·多项选择题】 下列选项中，( )计入当年GDP。

A. 购买一辆旧车 B. 购买股票4年
C. 蛋糕厂购入5吨面粉 D. 银行从企业获得的贷款利息
E. 购买旧车时支付中介费1 000元 F. 农民自己生产用于消费的粮食

【答案】 DE

【解析】 A选项答案中旧车已计入生产年份的GDP，现在购买是财富转移，所以不计入当年的GDP。B选项答案中购买股票、债券等有价证券对个人而言是一种"投资"，但它不是经济学意义上的投资活动。在这些资金未进入生产之前，它也只是财富转移，因此不计入GDP。C选项答案中蛋糕厂购入的面粉为中间产品，中间产品的价值不计入GDP。D选项答案中企业贷款利息来源于企业的利润，是企业生产的最终产品价值的一部分，计入GDP。E选项答案中中介费是新生产的劳务费用，应计入当年的GDP。F选项答案中农民自己生产用于消费的粮食是农民的非市场活动，故不计入GDP。因此本题选DE项。

2. 国民生产总值

国民生产总值(即GNP)是指一国国民所拥有的全部生产要素在一定时期内所生产的最

终产品的市场价值,它是以国籍作为统计标准,属于国民概念。

GNP 和 GDP 核算的范围有一定的区别,两者的换算关系为:

$$GDP = GNP - 本国国民的国外收入 + 外国国民在本国的收入$$

【例题 4·单项选择题】 某国的 GNP 大于 GDP,说明该国居民从外国获得的收入与外国居民从该国获得的收入相比的关系。（　　）

A. 大于　　　　B. 小于　　　　C. 等于　　　　D. 无法判断

【答案】 A

【解析】 根据公式:GNP＝GDP＋本国居民从外国得到的收入—外国从该国获得的收入,当 GNP 大于 GDP 时,说明该国居民从外国获得的收入与外国居民从该国获得的收入相比的关系;反之,亦然。因此本题选 A 项。

3. 名义 GDP 和实际 GDP

名义 GDP 是指用生产物品和劳务的当年价格计算的全部最终产品的市场价值。实际 GDP 是指用某 1 年作为基期的价格计算的全部最终产品的市场价值。实际 GDP＝名义 GDP÷GDP 价格指数,GDP 价格指数表明从基期到当期的价格变动情况,即通货膨胀情况。

【例题 5·单项选择题】 今年的名义 GDP 增加了,说明（　　）。

A. 今年的物价上涨了　　　　　　B. 今年的物价和产出都增加了
C. 今年的产出增加了　　　　　　D. 无法判断

【答案】 D

【解析】 名义 GDP 是指用生产物品和劳务的当年价格计算的全部最终产品的市场价值,今年的物价上涨或产出增加都会使今年的名义 GDP 增加,所以本题选 D。

三、GDP 的核算方法

生产法核算 GDP 可以通过核算各行业所有企业在一定时期内生产的全部最终产品的市场价值或企业在各个生产环节的价值增值总和来求得,这种方法称为生产法、增值法。

支出法是在流通环节,通过加总各部门在最终产品上的总支出来得到 GDP 的数值,是从家庭、企业、政府和国外部门购买最终产品支出的角度看,社会在一定时期创造了多少最终产品价值。其基本公式为:$GDP = C + I + G + (X - M)$,其中:$C$ 为家庭部门的消费支出,包括耐用品支出、非耐用品支出和劳务支出,但个人的住宅支出不属于 C;I 为企业部门的投资支出,包括固定资产投资和存货投资;G 为政府部门购买支出;X 和 M 分别为出口和进口,$X - M$ 为国外部门的净支出。

收入法是从分配的环节核算 GDP 的,是从家庭向企业出售生产要素获得收入的角度看,社会在一定时期创造了多少最终产品价值。其基本公式为:

$$GDP = 工资 + 租金 + 利息 + 利润 + 间接税 + 企业转移支付 + 折旧$$

其中,前四项为名义要素收入,后两项不是名义要素收入,是要素收入的转化形式。利润（即税前利润）又包括企业所得税、社会保险税、股息或红利、公司未分配利润等。

【例题 6·单项选择题】 按支出法,应计入私人国内总投资的项目是（　　）。

A. 个人购买的小汽车　　　　　　B. 个人购买的冰箱
C. 个人购买的住房　　　　　　　D. 个人的住房租金

【答案】 C

【解析】 按支出法计算国内生产总值时,计入私人国内总投资的包括:厂房、设备、居民住房、企业存货净变动额。ABD 选项均应计入个人消费支出项目。因此本题选 C 项。

【例题 7·单项选择题】 用支出法计算国内生产总值时,(　　)。

A. 将人们取得的收入加总

B. 将提供物质产品与劳务的各个部门的产值加总

C. 将各生产要素在生产中所得到的各种收入加总

D. 将购买各种最终产品所支出的货币价值加总

【答案】 D

【解析】 支出法、收入法和生产法是计算国内生产总值的三种主要方法。支出法从产品的使用出发,把 1 年内购买各项最终产品的支出加总,计算出该年内生产出的最终产品的市场价值。即把购买各种最终产品所支出的货币加在一起,得出社会最终产品的流动量的货币价值的总和。因此本题选 D 项。

【例题 8·单项选择题】 下列项目中,(　　)不是要素收入。

A. 总统薪水　　　　　　　　　　　B. 股息

C. 公司对灾区的捐赠　　　　　　　D. 银行存款者取得的利息

【答案】 C

【解析】 工资、租金、利息和利润为四大要素收入,其中,总统薪水属于工资要素收入,股息属于利润要素收入,银行存款者取得的利息属于利息要素收入,而公司对灾区的捐赠是转移支付,不计入 GDP。因此本题选 C 项。

四、宏观经济中的经济总量及其相互关系

1. 宏观经济中的经济总量

(1) 国内生产总值(GDP),是一个国家领土内在一定时期内所生产的全部最终产品和劳务的市场价值。

(2) 国内生产净值(NDP),是一国一定时期的国内生产总值减去生产过程中所消耗掉的资本(折旧费)所得出的净增长值。即:NDP=GDP－折旧费。

(3) 国民生产总值(GNP),是一国国民在一定时期所生产出来的最终产品和劳务按当年市场价格所计算出来的总和。

(4) 国民生产净值(NNP),是一国一定时期的国民生产总值减去生产过程中所消耗掉的资本(折旧费)所得出的净增长值。即:NNP=GNP－折旧费。

(5) 国民收入(NI),是一国在一定时期各种生产要素所得实际报酬的总和。即:NI=NNP－企业间接税－企业的转移支付=工资+租金+利息+利润。

(6) 个人收入(PI),是一国在一定时期所有家庭所得到的实际收入的总和。PI=NI－公司未分配利润－企业所得税－社会保险税+政府给个人的转移支付。

(7) 个人可支配收入(DPI),是一国在 1 年内家庭的全部实际收入扣除个人应缴纳的各种税收所剩余的部分。即:DPI=PI－个人所得税。

【例题 9·单项选择题】 国民生产总值与国民生产净值之间的差别在于(　　)。

A. 直接税　　　　B. 折旧　　　　C. 间接税　　　　D. 净出口

【答案】 B

【解析】 国民生产总值减去折旧等于国民生产净值。

2. 简约关系

(1) 折旧。
(2) 间接税、公司转移支付。
(3) 公司未分配利润，企业所得税，社会保险税。
(4) 政府对企业补贴(转移支付)。
(5) 个人所得税。
(6) 政府对个人的转移支付。
(7) 储蓄。
(8) 消费。

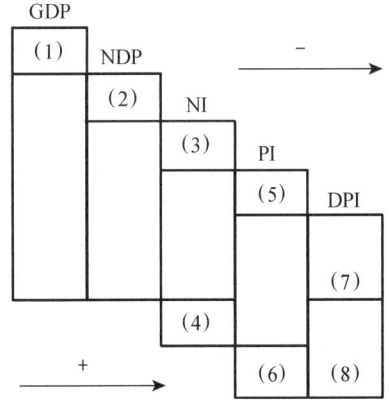

图 10-1 简约关系

注：在图 10-1 的上方是"－"的关系，下方是"＋"的关系。

【例题 10·单项选择题】 在统计中，社会保险税增加对（ ）有影响。

A. GNP B. NDP
C. NI D. PI

【答案】 D

【解析】 由 PI＝NI－公司未分配利润－企业所得税－社会保险税＋政府给个人的转移支付，可得社会保险税的增加，减少了 PI，因此本题选 D。

五、储蓄-投资恒等式

在只有家庭和企业的两部门经济中，由于总需求＝$C+I$，总供给＝$C+S$，当宏观经济总体均衡时有总需求＝总供给，即 $C+I=C+S$，可得 $I=S$，投资＝储蓄恒等式。

三部门经济中包括家庭、企业和政府，总需求＝$C+I+G$，总供给＝$C+S+T$（这里 T 指政府净税收）。因此，当宏观经济总体均衡时，总需求＝总供给，有 $C+I+G=C+S+T$，即 $I=S+(T-G)$。这里 S 为个人储蓄，$T-G$ 可看作政府收入减去支出后的政府储蓄，因此亦然可得投资＝储蓄恒等式。

在四部门经济中，总需求＝$C+I+G+(X-M)$，总供给＝$C+S+T+Kr$（这里 T 指政府净税收，Kr 为本国居民对外国人的转移支付）。因此，当宏观经济总体均衡时，总需求＝总供给，有 $C+I+G+(X-M)=C+S+T+Kr$，即 $I=S+(T-G)+(M-X+Kr)$。在此，S 为个人储蓄，$T-G$ 为政府储蓄，$M-X+Kr$ 为外国对本国的储蓄。因此亦然可得投资＝储蓄恒等式。

可见，无论从多少部门的经济看，储蓄-投资恒等式总能成立。

【例题 11·单项选择题】 正确的统计恒等式为（ ）。

A. 投资＝储蓄 B. 投资＝消费
C. 总支出－投资＝总收入－储蓄 D. 储蓄＝消费

【答案】 A

【解析】 无论是两部门经济还是三部门、四部门经济，当宏观经济总体均衡时，总需求＝总支出＝总收入＝总供给，推导出投资＝储蓄恒等式，因此本题选 A。

思考与练习

一、单项选择题

1. 下列四种产品中应该记入当年国内生产总值的是( )。
   A. 当年生产的一辆汽车
   B. 去年生产而今年销售出去的汽车
   C. 某人去年收购而在今年转售给他人的汽车
   D. 一台报废的汽车

2. 下列选项中,( )计入 GDP。
   A. 购买一辆用过的旧自行车
   B. 购买普通股票
   C. 汽车制造厂买进 10 吨钢板
   D. 银行向某企业收取一笔贷款利息

3. 政府购买支出是指( )。
   A. 政府购买各种产品和劳务的支出   B. 政府购买各种产品的支出
   C. 政府购买各种劳务的支出   D. 政府的转移支付

4. 国内生产总值中的最终产品是( )。
   A. 有形的产品
   B. 无形的产品
   C. 既包括有形的产品,也包括无形的产品
   D. 自产的可用的农产品

5. 已知个人可支配收入为 1 800 美元,个人所得税为 300 美元,利息支付总额为 100 美元,个人储蓄为 500 美元,个人消费为 1 200 美元,则个人收入为( )美元
   A. 2 000   B. 2 200   C. 2 100   D. 2 300

6. 国民收入核算中,最重要的是核算( )。
   A. 国民收入   B. 国内生产总值
   C. 国民生产净值   D. 个人可支配收入

7. 国内生产净值与国民收入的差是( )。
   A. 间接税   B. 直接税
   C. 折旧   D. 公司未分配利润

8. 下列各项中,可被计入 GDP 的是( )。
   A. 家庭主妇的家务劳动
   B. 拍卖毕加索画稿的收入
   C. 晚上帮邻居照看孩子的收入
   D. 从政府那里获得的困难补助收入

9. 下列项目中,不属于流量的是( )。
   A. 净出口   B. 折旧   C. 转移支付   D. 国家债务

10. 社会保障支出属于( )。

A. 政府购买支出 B. 转移支付
C. 税收 D. 消费

11. 对政府雇员支付的报酬属于（　　）。
A. 政府购买支出 B. 转移支付
C. 税收 D. 消费

12. 下列项目中，不属于国民收入部分的是（　　）。
A. 租金收入 B. 福利支付
C. 工资 D. 利息

13. 一国某年的名义 GDP 为 1 500 亿美元，当年的实际 GDP 为 1 200 亿美元，则 GDP 折算指数等于（　　）。
A. 125% B. 150% C. 100% D. 180%

14. 下列产品中，不属于中间产品的是（　　）。
A. 某造船厂购进的钢材 B. 某造船厂购进的厂房
C. 某面包店购进的面粉 D. 某服装厂购进的棉布

15. 如果钢铁、油漆、绝缘材料以及所有用来制造一个电烤炉的原料价值在计算 GDP 时都包括进去了，那么这种衡量方法（　　）。
A. 因各种原料都进入市场交易，所以是正确的
B. 因为重复记账导致过高衡量
C. 因为重复记账导致过低衡量
D. 由于各种原料起初都是生产者存货的一部分故没有影响

16. 经济学上的投资是指（　　）。
A. 企业增加一笔存货 B. 建造一座住宅
C. 企业购买一台计算机 D. 以上都是

17. 下列项目中，应计入 GDP 的是（　　）。
A. 购买一辆用过的卡车 B. 购买普通股票
C. 政府转移支付 D. 购买一幢当年生产的房屋

18. 下列说法中，不正确的是（　　）。
A. 一旦个人收入确定以后，只有个人所得税的变动才会影响个人可支配收入
B. 间接税不计入 NI
C. 间接税不计入 NNP
D. 居民购买股票的行为在经济学意义上不算投资

19. 已知某国的资本品存量在年初为 10 000 亿美元，它在本年度生产了 2 500 亿美元的资本品，资本消耗折旧是 2 000 亿美元，则该国在本年度的总投资和净投资分别是（　　）。
A. 2 500 亿美元和 500 亿美元 B. 12 500 亿美元和 10 500 亿美元
C. 2 500 亿美元和 2 000 亿美元 D. 7 500 亿美元和 8 000 亿美元

20. 四部门经济总需求与总供给正确的恒等式关系式是（　　）。
A. $C+S+T=C+I+G$ B. $C+T+M=C+T+G$
C. $I+G+X=C+S+T$ D. $I+G+X=S+T+M$

二、判断题

1. 国内生产总值中的最终产品是指有形的物质产品。（   ）
2. 今年建成并出售的房屋价值和去年建成而在今年出售的房屋价值都应计入今年的国内生产总值。（   ）
3. 用作钢铁厂炼钢用的煤和居民烧火用的煤都应计入国内生产总值。（   ）
4. 同样的服装在生产中作为工作服穿就是中间产品而在日常生活中穿就是最终产品。（   ）
5. 某人出售一幅旧油画所得到的收入，应该计入当年的国内生产总值。（   ）
6. 如果农民种植的粮食用于自己消费，则这种粮食的价值就无法计入国内生产总值。（   ）
7. 国内生产总值减去折旧就是国内生产净值。（   ）
8. 一栋建筑物的销售额应计入国内生产总值中去。（   ）
9. 销售一栋建筑物的房地产经纪商的佣金应加到国内生产总值中去。（   ）
10. 作为衡量一国生活水平的指标，名义国内生产总值是可获得的最好统计数据。（   ）

三、名词解释

1. 国民生产总值
2. 国内生产总值
3. 名义国内生产总值
4. 实际国内生产总值
5. 国内生产总值折算系数
6. 最终产品

四、计算题

1. 假定一国有下列国民收入统计资料：(单位：万美元)

国民生产总值：4 800　　　总投资：800　　　净投资：300
消费：3 000　　　政府购买：960　　　政府预算盈余：30

试计算：(1) 国民生产净值。
(2) 净出口。
(3) 政府税收减去转移支付后的收入。
(4) 个人可支配收入。
(5) 个人储蓄。

2. 假设国内生产总值是 5 000，个人可支配收入是 4 100，政府预算赤字是 200，消费是 3 800，贸易赤字是 100(单位：万元)。

试计算：(1) 储蓄 S。
(2) 投资。
(3) 政府支出。

3. 某经济社会在某时期发生了以下活动：

(1) 一银矿公司支付7.5万美元工资给矿工开采了50万磅银卖给一银器制造商,售价10万美元。

(2) 银器制造商支付5万美元工资给工人造一批项链卖给消费者,售价40万美元。

试计算:(1) 用最终产品生产法计算GDP;

(2) 每个生产阶段生产了多少价值?用增值法计算GDP;

(3) 在生产活动中赚得的工资、利润共计分别为多少?用收入法计算GDP。

4. 根据下表的资料:(1)按收入法计算GDP;(2)按支出法计算GDP;(3)算政府预算盈余;(4)计算储蓄额。

表 10-1　　　　　　　　　　　　　　资料　　　　　　　　　　　　　单位:亿元

项目	收入	项目	收入
工资	100	投资支出	60
利息	10	出口额	60
租金	30	进口额	70
利润	20	所得税	30
消费支出	90	政府转移支付	5
政府购买	30	间接税	10

5. 假定某经济有A、B、C三厂商,A厂商年产5 000,卖给B、C和消费者,其中B买200,C买2 000,其余2 800卖给消费者。B年产500,直接卖给消费者。C年产6 000,其中3 000由A购买,其余由消费者购买。

试计算:(1) 假定投入再生产都用光,计算价值增加。

(2) 计算GDP为多少?

(3) 如果只有C有500折旧,计算国民收入。

6. 设一经济社会生产三种产品:房子、猪肉和青菜。它们在2020年和2024年的产量和价格分别如表10-2所示。

表 10-2　　　　　　　　　三种产品的产量和价格　　　　　　　金额单位:美元

	2020年		2024年	
	产量	价格	产量	价格
房子(平方米)	100	1 000	110	1 050
猪肉(千克)	200	4	200	6
青菜(千克)	500	0.2	450	0.3

试计算:(1) 2020年和2024年的名义国内生产总值。

(2) 如果以2020年作为基期,则2020年和2024年的实际国内生产总值为多少?

(3) 以2020年作为基期,计算2020年和2024年的GDP折算系数。

(4) 计算这段时间的通胀率。

7. 现有如表10-3所示资料。

表 10-3 本题资料 单位：

生产阶段	产品价值	中间产品成本	增值
小麦	100	—	
面粉	120		
面包			30

试计算：(1) 把空格填上。
(2) 最终产品面包的价值是多少？
(3) 如果不区分中间产品与最终产品，按各个阶段的产值计算，总产值为多少？
(4) 在各个阶段上增值共为多少？
(5) 中间产品成本为多少？

五、简答题

1. 在统计中，社会保险税增加对 GDP、NDP、NI、PI 和 DPI 这五个总量中哪个总量有直接影响？为什么？
2. 如果甲、乙两国合并成一个国家，对 GDP 总和会有什么影响（假定两国产出不变）？
3. 储蓄投资恒等式为什么并不意味着计划储蓄总等于计划投资？
4. 说明在证券市场买债券和股票不能看作是经济学意义上的投资活动。
5. 为什么从公司债券得到的利息计入 GNP，而人们从政府得到的公债利息不计入 GNP？
6. 评价 GDP 指标衡量宏观经济的优势及不足。

第十一章 简单国民收入决定理论

本章基本内容框架

$$\text{均衡产出}\begin{cases}\text{最简单的经济关系}\\\text{均衡产出的概念}\\\text{投资等于储蓄}\end{cases}$$

$$\text{凯恩斯的消费理论}\begin{cases}\text{消费函数}\\\text{储蓄函数}\\\text{消费函数和储蓄函数的关系}\end{cases}$$

$$\text{关于消费函数的其他理论}\begin{cases}\text{相对收入消费理论}\\\text{生命周期消费理论}\\\text{永久收入消费理论}\end{cases}$$

$$\text{两部门经济中国民收入的决定及变动}\begin{cases}\text{使用消费函数决定收入}\\\text{使用储蓄函数决定收入}\\\text{投资乘数}\end{cases}$$

$$\text{三部门经济的收入决定及各种乘数}\begin{cases}\text{三部门经济的收入决定}\\\text{三部门经济中的乘数}\end{cases}$$

$$\text{四部门经济中国民收入的决定}\begin{cases}\text{四部门经济中的收入决定}\\\text{四部门经济中的乘数}\end{cases}$$

重点、难点讲解及典型例题

一、凯恩斯的消费理论

1. 消费函数

凯恩斯理论假定,在影响消费的各种因素中,收入是消费的唯一决定因素,收入的变化决定消费的变化。随着收入的增加,消费也会增加,但是消费的增加不及收入增加。收入和消费两个经济变量之间的这种关系可以用消费函数解释。如果以 c 代表消费,y 代表收入,则 $c=c(y)$,表示消费是收入的函数。用公式表示为:$c=\alpha+\beta y$,α 为自发消费部分,β 为边际消费倾向。

2. 平均消费倾向 APC

平均消费倾向是凯恩斯消费理论中非常重要的指标,是指消费与收入的比率,表示人们的收入有多大比例用于消费。$APC=c\div y$。特点为:①平均消费倾向是消费曲线上任一点与原点连线的斜率;②APC 可能大于1、等于1和小于1;③随收入增加,APC 递减。

3. 边际消费倾向 MPC

边际消费倾向是凯恩斯消费理论中另一非常重要的指标,表示增加的一单位收入中用于增加消费部分的比率,即消费增量与收入增量的比率。$MPC = \frac{\Delta c}{\Delta y} = \frac{dc}{dy}$。特点为:①边际消费倾向是消费曲线上任一点的斜率;②$0 < MPC < 1$;③随收入增加,MPC 递减,即存在 MPC 递减规律。MPC 递减规律告诉我们,富人的 MPC 低于穷人,所以当把富人的一部分钱转移给穷人时,可以提高整体消费水平,有利于经济增长和社会福利水平的提高。

4. 储蓄函数

储蓄函数用来描述储蓄与收入之间的依存关系。一般说来,在其他条件不变的情况下,储蓄随收入的变化呈同方向变化,即:收入增加,储蓄也增加;收入减少,储蓄也减少,但两者之间并不按同一比例变动。如果以 s 代表储蓄,y 代表收入,则储蓄函数的公式为 $s = f(y)$。

西方经济学家认为,储蓄函数不是单独存在的,而是依赖于消费函数,储蓄函数可以由消费函数推导出来,其计算公式为 $s = -\alpha + (1-\beta)y$,其中,$0 < 1-\beta < 1$。

5. 平均储蓄倾向 APS

平均储蓄倾向一般用储蓄与收入的比率描述,即人们的收入有多大比例用于储蓄。$APC = s \div y$。特点为:①平均储蓄倾向是储蓄曲线上任一点与原点连线的斜率;②APS 可能大于 0、等于 0 或小于 0;③随着收入增加,APS 递增;④$APC + APS = 1$。

6. 边际储蓄倾向 MPS

边际储蓄倾向是指储蓄增量与收入增量的比率。$MPS = \frac{\Delta s}{\Delta y} = \frac{ds}{dy}$。特点为:①MPS 是储蓄曲线上任一点的斜率,随着收入增加而递增;②$0 < MPS < 1$;③$MPC + MPS = 1$。

【例题 1·单项选择题】 从短期来说,当居民的可支配收入等于零时,消费支出可能( )。

A. 大于零 B. 等于零
C. 小于零 D. 以上几种情况都可能

【答案】 D

【解析】 居民的可支配收入的多少,并不能直接决定消费支出的多少,从短期来看,当居民的可支配收入等于零时,消费支出也可能大于零、等于零或小于零。从长期来看,当居民的可支配收入等于零时,消费支出也大于零。因此本题选 D 项。

【例题 2·单项选择题】 消费函数与储蓄函数的关系中,错误的是( )。

A. 消费函数和储蓄函数之和等于总收入
B. 平均消费倾向 APC 与平均储蓄倾向 APS 之和恒等于 1
C. 边际消费倾向 MPC 和边际储蓄倾向 MPS 之和恒等于 1
D. 消费函数和储蓄函数中一个已确定时,另一个还不能随之确定

【答案】 D

【解析】 消费和储蓄的关系主要体现在 $y = c + s$,$\Delta y = \Delta c + \Delta s$,$APC + APS = 1$,$MPC + MPS = 1$。并且储蓄函数可以由消费函数推得到,当消费函数确定,储蓄函数也就随之确定下来;反之,亦然。因此本题选 D 项。

【例题 3 · 单项选择题】 如果平均储蓄倾向为负,那么( )。
A. 平均消费倾向等于 1
B. 平均消费倾向大于 1
C. 平均消费倾向和边际储蓄倾向之和小于 1
D. 平均消费倾向小于 1

【答案】 B

【解析】 平均消费倾向与平均储蓄倾向之和等于 1,当平均储蓄倾向为负时,平均消费倾向必然大于 1,因此本题选 B 项。

二、两部门经济中国民收入的决定及投资乘数

在两部门经济中,均衡国民收入决定既可以由消费函数决定,也可以由储蓄函数决定,两者的结论是一致的,都是 $y = \dfrac{\alpha + i}{1 - \beta}$。

投资乘数指收入的变化与带来这种变化的投资支出的变化的比率。

$$k_i = \frac{\Delta y}{\Delta i} = \frac{\mathrm{d}y}{\mathrm{d}i} = \frac{1}{1-\beta} = \frac{1}{1-MPC} = \frac{1}{MPS}$$

可见,投资乘数大小和边际消费倾向有关,边际消费倾向越大,或边际储蓄倾向越小,则投资乘数就越大。

【例题 4 · 判断题】 如果边际消费倾向为 0.75(税收为定量税),那么投资乘数为 4。
( )

【答案】 正确

【解析】 $k_i = \dfrac{1}{1-MPC} = \dfrac{1}{1-0.75} = 4$。

【例题 5 · 单项选择题】 在以下几种情况下,投资乘数最大的是( )。
A. 边际消费倾向为 0.6
B. 边际储蓄倾向为 0.4
C. 边际消费倾向为 0.75
D. 边际储蓄倾向为 0.2

【答案】 D

【解析】 因为 $k_i = \dfrac{1}{1-MPC} = \dfrac{1}{MPS}$,当边际消费倾向越大,边际储蓄倾向越小时,投资乘数越大。本题中边际消费倾向最大的是答案 D 项,为 0.8(或边际储蓄倾向最小的是答案 D,为 0.2)。因此本题选 D 项。

三、三部门经济中国民收入的决定及乘数

在三部门经济中,若用 t 表示定量税,则均衡收入的决定公式是 $y = \dfrac{\alpha + i + g + \beta tr - \beta t}{1-\beta}$。相应地,在定量税情况下,三部门经济中各种乘数分别为政府购买支出乘数 $k_i = k_g = \dfrac{1}{1-\beta}$,税收乘数 $k_t = \dfrac{-\beta}{1-\beta}$,政府转移支付乘数 $k_{tr} = \dfrac{\beta}{1-\beta}$,平衡预算乘数 $k_b = 1$。若用为比例税,用 t 表示边际税率,税收为 $t_0 + ty$,则均衡收入的决定公式是 $y = \dfrac{\alpha + i + g + \beta tr - \beta t_0}{1-\beta(1-t)}$。相应地,在比

例税情况下,三部门经济中各种乘数分别为政府购买支出乘数 $k_i = k_g = \dfrac{1}{1-\beta(1-t)}$,税收乘数 $k_t = \dfrac{-\beta}{1-\beta(1-t)}$,政府转移支付乘数 $k_{tr} = \dfrac{\beta}{1-\beta(1-t)}$。

【例题 6·判断题】 政府购买增加,储蓄增加。 ( )

【答案】 正确

【解析】 政府购买增加会拉动国民收入的增加,所以最终会导致个人储蓄的增加。

【例题 7·单项选择题】 政府购买乘数 k_g,政府转移支付乘数 k_{tr},税收乘数 k_t 的关系是( )。

A. $k_g > k_{tr} > k_t$
B. $k_{tr} > k_g > k_t$
C. $k_g > k_t > k_{tr}$
D. $k_t > k_{tr} > k_g$

【答案】 A

【解析】 三部门经济中各种乘数分别为政府购买支出乘数 $k_g = \dfrac{1}{1-\beta}$,税收乘数 $k_t = \dfrac{-\beta}{1-\beta}$,政府转移支付乘数 $k_{tr} = \dfrac{\beta}{1-\beta}$,当 $0<\beta<1$ 时, $\dfrac{1}{1-\beta} > \dfrac{\beta}{1-\beta} > \dfrac{-\beta}{1-\beta}$。因此本题选 A 项。

【例题 8·单项选择题】 下列经济政策中,将导致收入水平有最大变化的是( )。

A. 政府增加购买 50 亿元商品和劳务
B. 政府购买增加 50 亿元,同时增加税收 50 亿元
C. 税收减少 50 亿元
D. 政府支出增加 50 亿元,其中 30 亿元由增加的税收支付

【答案】 A

【解析】 三部门经济中政府购买乘数是正值,当政府购买增加时,国民收入随之增加,税收乘数是负值,当税收增加时,国民收入会下降;反之,亦然。且政府购买乘数的绝对值大于税收乘数,意味着两者发生相同的变动时,政府购买对国民收入的影响大于税收,而当两者同时增加或减少时,对国民收入的影响力会相互抵消。因此本题选 A 项。

【例题 9·单项选择题】 如果政府支出乘数为 8,在其他条件不变时(税收为定量税),税收乘数为( )。

A. -6
B. -8
C. -7
D. -5

【答案】 C

【解析】 在三部门经济定量税情况下,政府支出乘数为 $k_g = \dfrac{1}{1-\beta} = 8$,解得: $\beta = \dfrac{7}{8}$,税收乘数 $k_t = \dfrac{-\beta}{1-\beta}$,把 $\beta = \dfrac{7}{8}$ 代入,解得 $k_t = -7$。因此本题选 C 项。

四、四部门经济中国民收入的决定及乘数

在四部门经济中,在定量税情况下,出口 x 为常数,进口 m 为变量,和收入 y 相关,函数为 $M = m_0 + \gamma y$,其中 m_0 为自发进口,γ 为边际进口倾向。则均衡收入的决定公式是 $y = \dfrac{1}{1-\beta+\gamma}(\alpha + i + g + \beta tr - \beta t + x - m_0)$。四部门经济中各种乘数分别为政府购买支出乘数

$k_i = k_g = \dfrac{1}{1-\beta+\gamma}$，税收乘数 $k_t = \dfrac{-\beta}{1-\beta+\gamma}$，政府转移支付乘数 $k_{tr} = \dfrac{\beta}{1-\beta+\gamma}$，对外贸易乘数是 $k_x = \dfrac{\Delta y}{\Delta x} = \dfrac{\mathrm{d}y}{\mathrm{d}x} = \dfrac{1}{1-\beta+\gamma}$。

【例题10·单项选择题】 边际进口倾向上升则（　　）。
A. 对乘数的影响和 MPC 一样　　　　B. 对乘数没有影响
C. 使乘数变大　　　　　　　　　　　D. 使乘数变小
【答案】 D
【解析】 在四部门经济中，边际进口倾向 γ 在各乘数的分母上，当边际进口倾向 γ 上升时，乘数会变小。因此本题选D项。

思考与练习

一、单项选择题

1. 根据凯恩斯的消费观点，下列说法不正确的是（　　）。
   A. 人们的消费随着收入的增加而增加
   B. 人们的储蓄随着收入的增加而增加
   C. 储蓄的增量比收入的增量大
   D. 消费的增量不如收入的增量大

2. 一般情况下，随着收入增加，边际消费倾向呈现（　　）的趋势。
   A. 递增　　　　B. 不变　　　　C. 递减　　　　D. 不一定

3. 引致消费取决于（　　）。
   A. 自发消费　　　　　　　　　B. 边际储蓄倾向
   C. 收入和边际消费倾向　　　　D. 投资

4. 根据简单的国民收入决定模型，引起国民收入减少的原因是（　　）。
   A. 消费减少　　B. 储蓄减少　　C. 消费增加　　D. 投资增加

5. 在两部门经济中，均衡发生在（　　）的时候。
   A. 实际储蓄等于实际投资　　　　B. 计划储蓄等于计划投资
   C. 实际消费与实际投资之和为产出值　　D. 总支出等于企业部门的收入

6. 假定其他条件不变，税收增加将引起GDP（　　）。
   A. 增加，但消费水平下降
   B. 增加，同时消费水平提高
   C. 减少，同时消费水平下降
   D. 减少，但消费水平上升

7. 边际消费倾向和边际储蓄倾向之间的关系是（　　）。
   A. 它们的和等于0
   B. 它们的指和等于1
   C. 它们之间的比率表示平均消费倾向
   D. 它们之间的比率表示平均储蓄倾向

8. 如果消费函数为一条向右上方倾斜的直线,则边际消费倾向(　　),平均消费倾向(　　)。

　　A. 递减　递减　　　　　　　　　　B. 不变　不变

　　C. 递减　不变　　　　　　　　　　D. 不变　递减

9. 如果消费函数为 $C = 100 + 0.6Y$,那么政府支出乘数是(　　)。

　　A. 0.8　　　　B. 2.5　　　　C. 4　　　　D. 5

10. 如果消费函数为 $C = 100 + 0.6Y$,那么税收乘数是(　　)。

　　A. 2.5　　　　B. 1.5　　　　C. -2.5　　　　D. -1.5

11. 在两部门经济中,若 $MPC = 0.8$,则投资需求增加 100 万(美元),会使国民收入增加(　　)万(美元)。

　　A. 125　　　　B. 150　　　　C. 250　　　　D. 500

12. 在两部门经济中,当投资增加 100 万元时,国民收入增加了 1 000 万元,那么此时的边际消费倾向为(　　)。

　　A. 100%　　　　B. 10%　　　　C. 90%　　　　D. 20%

13. 下列各项中,不会使均衡国民收入增加的情况是(　　)。

　　A. 税收减少　　　　　　　　　　B. 投资增加

　　C. 政府购买增加　　　　　　　　D. 税收增加

14. 消费函数的斜率取决于(　　)。

　　A. 平均消费倾向

　　B. 与可支配收入无关的消费的总量

　　C. 边际消费倾向

　　D. 由于收入变化而引起的投资总量

15. 假定其他条件不变,厂商投资增加将引起国民收入增加,(　　)。

　　A. 消费水平不变　　　　　　　　B. 消费水平提高

　　C. 消费水平下降　　　　　　　　D. 储蓄水平下降

16. 政府支出乘数(　　)。

　　A. 等于投资乘数　　　　　　　　B. 等于投资乘数的相反数

　　C. 比投资乘数小　　　　　　　　D. 等于转移支付乘数

17. 产品市场三部门经济中的投资乘数(　　)四部门经济中的投资乘数。

　　A. 等于　　　　　　　　　　　　B. 大于

　　C. 小于　　　　　　　　　　　　D. 既可以大于也可以小于

18. 某家庭在收入为 0 时,消费支出为 2 000 元,后来收入升至 6 000 元,消费支出亦升至 6 000 元,则该家庭的边际消费倾向是(　　)。

　　A. $\frac{3}{4}$　　　　B. $\frac{2}{3}$　　　　C. $\frac{1}{3}$　　　　D. 1

19. 三部门经济中,已知边际消费倾向 $MPC = 0.8$,则投资乘数、政府购买支出乘数、政府税收乘数、政府转移支付乘数分别是(　　)。

　　A. 5,4,-4,5　　　　　　　　　B. 5,5,-4,4

　　C. 4,4,-5,5　　　　　　　　　D. 4,5,-4,5

20. 经济已实现了充分就业的均衡,此时政府欲增加 100 亿美元的购买支出。为保持价格稳定,政府可以(　　)。
   A. 增税小于 100 亿美元　　　　B. 增税大于 100 亿美元
   C. 增税 100 亿美元　　　　　　D. 减少 100 亿美元的转移支出

二、判断题

1. 自发消费随收入的变动而变动,它取决于收入和边际消费倾向。(　　)
2. 如果边际消费倾向为 0.75,那么储蓄函数比消费函数陡峭。(　　)
3. 如果边际消费倾向为 0.75,平衡预算上升 100,那么实际收入上升 75。(　　)
4. 如果边际消费倾向为 0.75,税收上升 100,那么实际收入下降 300。(　　)
5. 若消费函数为 $c=0.85y$,则边际消费倾向是新增 1 美元收入中消费 85 美分。(　　)
6. 边际储蓄倾向越大,政府购买变动对国内生产总值的影响就越大。(　　)
7. 随着收入的增加,边际消费倾向 MPC 递减,而平均消费倾向 APC 递增。(　　)
8. 边际储蓄倾向大于边际消费倾向。(　　)
9. 边际消费倾向和平均消费倾向总是大于 0 小于 1。(　　)
10. 政府购买的变化直接影响总需求,但税收和转移支付则是通过它们对私人消费和投资的影响间接影响总需求。(　　)

三、名词解释

1. 均衡产出
2. 投资乘数
3. 直接税
4. 间接税
5. 政府购买
6. 政府转移支付

四、计算题

1. 假设某经济社会的消费函数为 $c=100+0.8y$,投资为 50(单位:10 亿美元)。
   (1) 求均衡收入、消费和储蓄。
   (2) 如果当时实际产出(即收入)为 800,试求企业非意愿存货积累。
   (3) 若投资增至 100,试求增加的收入。
   (4) 若消费函数变为 $c=100+0.9y$,投资仍为 50,收入和储蓄各为多少?投资增至 100 时收入增加多少?
   (5) 消费函数变动后,乘数有何变化?
2. 假定某国消费函数为 $c=100+0.8y_d$,投资为 $i=50$,政府购买 $g=200$,政府转移支付 $tr=62.5$,税收 $t=250$(单位:10 亿美元)。
   试计算:(1) 均衡的国民收入。
   (2) 投资乘数、政府购买乘数、税收乘数和转移支付乘数。

(3) 假定该社会达到充分就业的国民收入为 1 200,试问:增加政府购买、减少税收、以同一数额增加政府购买和税收(预算平衡)实现充分就业,各需要多少数额?

3. 假设某经济社会的消费函数为 $c = 100 + 0.8y_d$,意愿投资 $i = 50$,政府购买性支出 $g = 200$,政府转移支付 $tr = 62.5$(单位:10亿美元),税率 $t = 0.25$,

试计算:(1) 均衡收入。

(2) 投资乘数、政府支出乘数、税收乘数和转移支付乘数。

(3) 假定该社会达到充分就业所需要的国民收入为 1 200,试问用增加政府购买、用减少税收实现充分就业,各需要多少数额?

4. 设消费 $c = 100 + 0.8y_d$,净税收 $t = 50$,投资 $i = 100$,政府购买 $g = 60$,出口 $x = 80$,进口 $m = m_0 + ry = 20 + 0.05y$(单位:10亿美元)。

试计算:(1) 均衡收入以及净出口余额;

(2) 求对外贸易乘数 k_x、投资乘数 k_i、政府购买乘数 k_g、税收乘数 k_t 和转移支付乘数 k_{tr}。

五、问答题

1. 什么是凯恩斯定律?凯恩斯定律提出的社会经济背景是什么?

2. 能否说边际消费倾向和平均消费倾向都总是大于0而小于1?

3. 为什么一些西方经济学家认为,将一部分国民收入从富者转给贫者将提高总收入水平?

4. 假定有两位老太太都有购房行为,其中一位老太太说,我积攒了一辈子钱,昨天总算买了一套房,住了一夜就来到天堂;另一位老太太说,我也很辛苦,住了一辈子的房,直到昨天才还清买房的贷款,今天就来到天堂。如果真有这样两位老太太,你认为哪位老太太聪明些?为什么?

5. 税收、政府购买和转移支付这三者对总支出的影响方式有何区别?

第十二章 产品市场和货币市场的一般均衡

本章基本内容框架

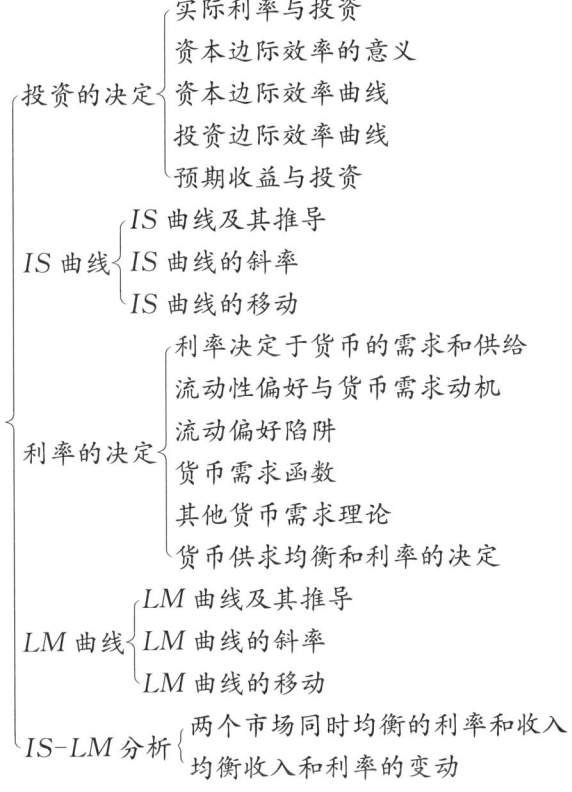

重点、难点讲解及典型例题

一、投资的决定

凯恩斯认为,投资是实际利率的减函数,即投资随着实际利率的下降而增加,随着实际利率的上升而减少。投资函数表示为 $I = e - dr$,其中 e 是自主投资,d 是投资对利率的敏感系数,e 越大,表明投资对利率的变动越敏感。

资本边际效率(MEC)是一种贴现率,这种贴现率正好使一项资本品的使用期内各预期收益的现值之和等于这项资本品的供给价格。MEC 的计算公式为 $R = \dfrac{R_1}{1+r} + \dfrac{R_2}{(1+r)^2} +$

$\dfrac{R_3}{(1+r)^3} + \cdots\cdots + \dfrac{R_n}{(1+r)^n}$,其中 R 为资本品的供给价格,R_1,R_2,……,R_n 为不同年份的预期收益,r 代表资本边际效率。MEC 表明一个投资项目的收益应按何种比例增长才能达到预期的收益,因此,它代表了一个投资项目的预期利润率。

凯恩斯认为,企业的投资水平决定于资本边际效率与市场利息率的对比,当 $MEC > r$ 时,投资,当 $MEC < r$ 时,不投资。随着投资的增加,资本边际效率呈递减规律,由于货币流动偏好的作用,利息率的下降是有限度的,由于资本边际效率的递减和利息率下降受阻,投资需求不足。

资本边际效率曲线是一条向右下倾斜的直线,反映了投资和利率之间存在反方向变动关系。但西方一些经济学家认为,MEC 曲线不能准确代表企业的投资需求曲线,因为当利率下降时,随着企业投资量的增加,资本品的价格会上涨,相同的预期收益情况下,MEC 计算公式中 r 必然会缩小,这样,由于 R 的上升而被缩小了的 r 的数值称为投资边际效率(MEI)。由于 $MEI < MEC$,所以 MEI 曲线比 MEC 曲线要陡峭,西方学者认为,MEI 曲线更能精确地表示投资和利率之间的关系,投资需求曲线就是 MEI 曲线。

【例题 1·单项选择题】 如果经济中所有可能的投资项目的预期利润率都给定,则( )。

A. 实际利息率上升会降低投资额

B. 实际利息率下降会降低投资额

C. 实际利息率的变动对投资额没有影响

D. 实际利息率上升会增加投资额

【答案】 A

【解析】 凯恩斯认为,投资是实际利率的减函数,即投资随着实际利率的下降而增加,随着实际利率的上升而减少。因此本题选 A 项。

【例题 2·单项选择题】 能精确代表企业投资需求曲线的是( )。

A. 资本边际效率曲线   B. 投资边际效率曲线

C. 企业的 MR 曲线   D. VMP 曲线

【答案】 B

【解析】 MEI 是在 MEC 的基础上考虑了资本品的价格会上涨的实际情况,所以 MEI 曲线比 MEC 曲线更能精确地表示投资和利率之间的反向变动关系。因此本题选 B 项。

二、IS 曲线

IS 曲线是指在产品市场达到均衡时,收入和利率的各种组合的点的轨迹,其中 I 表示投资,S 表示储蓄。在两部门经济中,IS 曲线的数学表达式为 $I(r) = S(y)$,表明 IS 曲线上的每一个点都是产品市场的均衡点。IS 曲线的斜率为负,表明 IS 曲线是一条向右下方倾斜的曲线,反映了在产品市场上收入 y 和利率 r 之间的反向变动关系。

IS 曲线的斜率为 $-\dfrac{1-\beta}{d}$,所以 IS 曲线的陡峭程度取决于 d 和 β 的大小,当 d 和 β 变大时,IS 曲线会越平缓,当 d 和 β 变小时,IS 曲线会越陡峭。在三部门经济中,IS 曲线的斜率为

$-\frac{1-\beta(1-t)}{d}$，IS 曲线的陡峭程度除了取决于 d 和 β 的大小，还取决于边际税率 t 的大小，边际税率 t 越大，IS 曲线越陡峭。

在两部门经济中，IS 曲线的平移主要取决于 α 和 e，即自发消费和自发投资，当 α 和 e 变大，IS 曲线右移，α 和 e 变小，IS 曲线左移。在三部门经济中，IS 曲线的平移除了取决于 α 和 e，还受政府购买、政府转移支付和政府税收的影响，当政府购买和政府转移支付增加及政府税收下降时，IS 曲线右移；反之，左移。在四部门经济中，IS 曲线的平移还受净出口 NX 的影响，净出口增加，IS 曲线右移；反之，左移。

一般来说，在产品市场上，位于 IS 曲线右上方的收入和利率的组合，都是投资小于储蓄的非均衡组合；位于 IS 曲线左下方的收入和利率的组合，都是投资大于储蓄的非均衡组合，只有位于 IS 曲线上的收入和利率的组合，才是投资等于储蓄的均衡组合。

【例题3·单项选择题】 IS 曲线描述的是（　　）。
A. 产品市场达到均衡时，国民收入与利息率之间的关系
B. 货币市场达到均衡时，国民收入与利息率之间的关系
C. 货币市场达到均衡时，国民收入与价格之间的关系
D. 产品市场达到均衡时，国民收入与价格之间的关系
【答案】 A
【解析】 IS 曲线是指在产品市场达到均衡时，收入和利率的各种组合的点的轨迹。因此本题选 A 项。

【例题4·单项选择题】 自发投资支出增加 10 亿美元，会使 IS（　　）。
A. 右移 10 亿美元　　　　　　　　B. 左移 10 亿美元
C. 右移支出乘数乘以 10 亿美元　　D. 左移支出乘数乘以 10 亿美元
【答案】 C
【解析】 由乘数效应，国民收入增加等于投资支出的增量乘以支出乘数，这也正是 IS 曲线右移距离。因此本题选 C 项。

【例题5·单项选择题】 假定其他因素既定不变，投资对利率变动的反应程度提高时，IS 曲线将（　　）。
A. 平行向右移动　　　　　　　　B. 平行向左移动
C. 变得更加陡峭　　　　　　　　D. 变得更加平坦
【答案】 D
【解析】 投资对利率变动的反应程度提高时，d 变大，IS 曲线的斜率绝对值变小，IS 曲线变得更加平坦。因此本题选 D 项。

三、利率的决定

凯恩斯认为，利率不是由储蓄与投资决定的，而是由货币的供给量和货币的需求量所决定的。货币供给是由中央银行及商业银行控制的外生变量大小和利率无关。而货币需求又称为流动性偏好，人们需求货币决定于交易动机、谨慎动机和投机动机。交易动机和谨慎动机与人们的收入 y 正相关，收入越高，交易动机和谨慎动机的货币需求量越大，函数表达式为 $L_1 = L_1(y)$；投机动机的货币需求和利率 r 负相关，利率越高，投机动机持有货币量越小，函数表达

式为 $L_2=L_2(r)$。并由此得到货币需求函数 $L=L_1(y)+L_2(r)=ky-hr$，其中 k 表示交易动机和谨慎动机对收入的敏感系数，h 表示投机动机对利率的敏感系数。

货币需求曲线 L 是向右下方倾斜的曲线，反映了货币需求 L 和利率 r 之间的反向变动关系。货币供给曲线是一条垂线，和利率变动无关。货币需求曲线和货币供给曲线的交点是货币市场的均衡点，决定了均衡利率。当货币需求曲线或货币供给曲线变动时，均衡点会随之变动，均衡利率也会随之变动。货币需求变动，利率随之呈同方向变动；货币供给变动，利率随之呈反方向变动；只有当货币供求相等时，利率才不再变动。

【例题6·单项选择题】 假定货币供给量和价格水平不变，货币需求为收入和利率的函数，则收入增加时货币需求（　　），利率（　　）。

A. 增加　上升　　　　　　　　　　B. 增加　下降
C. 减少　上升　　　　　　　　　　D. 减少　下降

【答案】 A

【解析】 货币需求随收入的增加而增加，货币需求增加又引起利率随之呈同方向变动，即利率上升。因此本题选 A 项。

【例题7·单项选择题】 假定其他因素既定不变，在非凯恩斯陷阱中，货币供给增加时，（　　）。

A. 利率将上升　　　　　　　　　　B. 利率将下降
C. 利率不变　　　　　　　　　　　D. 利率可能下降也可能上升

【答案】 B

【解析】 在非凯恩斯陷阱中，货币供给的变动会引起利率随之呈反方向变动。当货币供给增加时，利率将下降。因此本题选 B 项。

【例题8·单项选择题】 下列说法中，错误的是（　　）。

A. 随着利息率的下降，人们对货币的需求增大
B. 货币的投机需求曲线是一条向右下方倾斜的曲线
C. 随着利息率不断下降，货币投机需求最终趋向于零
D. 投机需求曲线越来越平缓

【答案】 C

【解析】 利率下降，投机动机的货币需求越大，货币总需求越大，因此答案 A 选项正确；货币需求曲线 L 是一条向右下方倾斜的曲线，反映了货币需求和利率的反向变动关系，因此答案 B 选项正确；货币投机需求和利率呈反方向变动，利率不断下降，货币投机需求会越来越多，直到所有的财富都以货币的形式持有，即凯恩斯流动性陷阱，因此答案 C 选项错误；投机货币需求曲线向右下方倾斜，且越来越平缓，因此答案 D 选项正确。因此本题选 C 项。

四、LM 曲线

LM 曲线是指在货币市场达到均衡时，收入和利率的各种组合的点的轨迹，其中 L 表示货币需求，M 表示货币供给。LM 曲线的数学表达式为 $m=ky-hr$，这一公式可表示为满足货币市场的均衡条件下的收入 y 与利率 r 的关系，表明 LM 曲线上的每一个点都是货币市场的均衡点。LM 曲线的斜率为正，表明 LM 曲线是一条向右上方倾斜的曲线，反映了在货币市场上收入 y 和利率 r 之间的同向变动关系。

LM曲线的斜率为$\frac{k}{h}$,所以LM曲线的陡峭程度取决于k和h的大小,当k越大时,LM曲线会越陡峭,当h越大时,LM曲线会越平缓。

LM曲线的平移主要取决于m,而$m=\frac{M}{P}$,所以LM曲线的平移受名义货币供给M和物价P的影响,当M增加、P下降时,LM曲线右移;反之,左移。

在货币市场上,位于LM曲线右下方的收入和利率的组合,都是货币需求大于货币供给的非均衡组合;位于LM曲线左上方的收入和利率的组合,都是货币需求小于货币供给的非均衡组合,只有位于LM曲线上的收入和利率的组合,才是货币需求等于货币供给的均衡组合。

【例题9·单项选择题】 LM曲线描述的是( )。
A. 产品市场均衡时,国民收入与利息率之间的关系
B. 货币市场均衡时,国民收入与利息率之间的关系
C. 货币市场均衡时,国民收入与价格之间的关系
D. 产品市场均衡时,国民收入与价格之间的关系
【答案】 B
【解析】 LM曲线表示在货币市场中,货币供给等于货币需求时,收入与利率的各种组合的点的轨迹。因此本题选B项。

【例题10·单项选择题】 假定货币需求为$L=ky-hr$,货币供给增加10亿美元而其他条件不变,则会使LM( )。
A. 右移10亿美元
B. 右移k乘以10亿美元(即$k×10$)
C. 右移10亿美元除以k(即$10÷k$)
D. 右移k除以10亿美元(即$k÷10$)
【答案】 C
【解析】 将LM方程$\frac{M}{P}=ky-hr$变形,得$y=\frac{M}{kP}+\frac{h}{k}r$,当$M$增加10亿美元,则LM右移距离为$\frac{10}{k}$亿美元($P=1$)。因此本题选C项。

【例题11·单项选择题】 在LM曲线不变的情况下,自发总需求的增加会引起( )。
A. 国民收入增加,利率上升　　　B. 国民收入增加,利率下降
C. 国民收入减少,利率上升　　　D. 国民收入减少,利率下降
【答案】 A
【解析】 自发总需求的增加,导致IS曲线右移,在LM不变的条件下,y、r都上升。因此本题选A项。

五、IS-LM分析

IS-LM模型是宏观经济分析的一个重要工具,是描述产品市场和货币之间相互联系的理论结构。在产品市场上,国民收入决定于消费C、投资I、政府支出G和净出口$(X-M)$加合起来的总支出或者说总需求水平,而总需求尤其是投资需求要受到利率r的影响,利率则由货币

市场供求情况决定,就是说,货币市场要影响产品市场。而产品市场上所决定的国民收入又会影响货币需求,从而影响利率,这又是产品市场对货币市场的影响。可见,产品市场和货币市场是相互联系的,相互作用的,而收入和利率也只有在这种相互联系,相互作用中才能决定。

当 IS 曲线和 LM 曲线相交时,唯一的交点代表了产品市场和货币市场同时均衡的状态,决定了均衡收入和均衡利率。当 IS 曲线或 LM 曲线变动时,均衡收入和均衡利率也就随之变动。

具体变动情况见表 12-1。

表 12-1　　　　　IS、LM 及均衡收入和均衡利率的变动情况

IS 曲线	LM 曲线	均衡收入	均衡利率
右移	不变	增加	上升
左移	不变	减少	下降
不变	右移	增加	下降
不变	左移	减少	下降
右移	右移	增加	不确定
右移	左移	不确定	上升
左移	右移	不确定	下降
左移	左移	减少	不确定

产品市场和货币市场同时失衡有四种情况:一是 IS 曲线右上方和 LM 曲线的左上方区域,$I<S,L<M$。二是 IS 曲线右上方和 LM 曲线的右下方区域,$I<S,L>M$。三是 IS 曲线左下方和 LM 曲线的右下方区域,$I>S,L>M$。四是 IS 曲线左下方和 LM 曲线的左上方区域,$I>S,L<M$。

【例题 12·单项选择题】　根据 IS-LM 模型,(　　)。

A. 自发总需求增加,使国民收入减少,利率上升

B. 自发总需求增加,使国民收入增加,利率上升

C. 货币量增加,使国民收入增加,利率上升

D. 货币量增加,使国民收入减少,利率下降

【答案】　B

【解析】　自发总需求增加时,IS 曲线右移,LM 曲线不变,均衡国民收入增加,利率上升。货币量增加时,IS 不变,LM 右移,均衡国民收入增加,利率下降。因此本题选 B 项。

【例题 13·单项选择题】　利率和收入的组合点出现在 IS 曲线右上方,LM 曲线的左上方的区域中,则表示(　　)。

A. 投资小于储蓄且货币需求小于货币供给

B. 投资小于储蓄且货币供给小于货币需求

C. 投资大于储蓄且货币需求小于货币供给

D. 投资大于储蓄且货币需求大于货币供给

【答案】　A

【解析】　由题意,利率和收入的组合点处于 $I<S,L<M$ 区域,可知投资小于储蓄,货币需求小于货币供给。因此本题选 A 项。

第十二章 产品市场和货币市场的一般均衡

思考与练习

一、单项选择题

1. 投资决定的条件是（　　）。
   A. $MEC > r$　　　　　　　　B. $MEC < r$
   C. $MEC = r$　　　　　　　　D. 不能确定

2. 下面关于 MEC 和 MEI 的表述中，错误的是（　　）。
   A. MEC 和 MEI 都反映了投资和利率的反向变动关系
   B. MEC 比 MEI 更加精确
   C. MEI 比 MEC 陡峭
   D. 投资需求曲线是指 MEI 曲线

3. 按照凯恩斯的观点，人们需要货币是出于（　　）。
   A. 交易动机　　　　　　　　B. 谨慎动机
   C. 投机动机　　　　　　　　D. 以上都对

4. 假定其他因素既定不变，在凯恩斯陷阱中，货币供给增加时（　　）。
   A. 利率将上升　　　　　　　B. 利率不变
   C. 利率将下降　　　　　　　D. 利率可能下降也可能上升

5. 按照凯恩斯的货币理论，如果 r 上升，货币需求将（　　）。
   A. 不变　　　B. 下降　　　C. 上升　　　D. 均不对

6. 如果净税收增加 10 亿美元，会使 IS（　　）。
   A. 右移税收乘数乘以 10 亿美元　　B. 左移税收乘数乘以 10 亿美元
   C. 右移支出乘数乘以 10 亿美元　　D. 左移支出乘数乘以 10 亿美元

7. 一般而言，位于 IS 曲线右上方的收入和利率的组合都属于（　　）。
   A. 投资小于储蓄的非均衡组合
   B. 投资大于储蓄的非均衡组合
   C. 投资等于储蓄的非均衡组合
   D. 货币供给大于货币需求的非均衡组合

8. 在 IS 曲线不变的情况下，货币量减少会引起（　　）。
   A. 国民收入增加，利率下降　　B. 国民收入增加，利率上升
   C. 国民收入减少，利率上升　　D. 国民收入减少，利率下降

9. IS 曲线为 $Y = 500 - 2\,000r$，下列等式中，利率和收入水平的组合不在 IS 曲线上的是（　　）。
   A. $r = 0.02, Y = 450$　　　　B. $r = 0.05, Y = 400$
   C. $r = 0.07, Y = 360$　　　　D. $r = 0.10, Y = 300$

10. 在 IS 曲线上存在储蓄和投资均衡的收入和利率的组合点有（　　）。
    A. 一个　　　　　　　　　　B. 无数个
    C. 一个或无数个　　　　　　D. 一个或无数个都不可能

11. 净税收和政府购买性支出的等量增加，使 IS 曲线（　　）。

A. 不变

B. 向右平移 $K_b \Delta G$ 单位

C. 向左平移 $K_b \Delta G$ 单位（这里 K_b 指平衡预算乘数）

D. 向右平移 K_b 单位

12. 如用 k_t 表示税收乘数，则自发税收增加 ΔT 会使 IS 曲线（   ）。

    A. 左移 $k_t \Delta t$

    B. 左移 $k_g \Delta t$（k_g 为政府支出乘数）

    C. 右移 $k_t \Delta t$

    D. 右移 Δt

13. 一般来说，位于 LM 曲线左方的收入和利率的组合，都是（   ）。

    A. 货币需求大于货币供给的非均衡组合

    B. 货币需求小于货币供给的非均衡组合

    C. 产品需求小于产品供给的非均衡组合

    D. 产品需求大于产品供给的非均衡组合

14. 如果货币市场均衡方程为 $r = \dfrac{k}{h}Y - \dfrac{M}{hP}$，则引致 LM 曲线变得平坦是由于（   ）。

    A. k 变小，h 变大　　　　　　　B. k 和 h 同比例变大

    C. k 变大，h 变小　　　　　　　D. k 和 h 同比例变小

15. 投资对利率敏感程度越大，则（   ）。

    A. 投资需求曲线越平缓，IS 曲线越陡峭

    B. 投资需求曲线越陡峭，IS 曲线越陡峭

    C. 投资需求曲线越平缓，IS 曲线越平缓

    D. 投资需求曲线越陡峭，IS 曲线越平缓

16. 货币市场和产品市场同时均衡出现于（   ）。

    A. 各种收入水平和利率上

    B. 一种收入水平和利率上

    C. 各种收入水平和一定利率水平上

    D. 一种收入水平和各种利率水平上

17. 按照凯恩斯货币理论，货币供给增加将（   ）。

    A. 提高利率，从而增加投资　　　　B. 提高利率，从而减少投资

    B. 降低利率，从而减少投资　　　　D. 降低利率，从而增加投资

18. 如果政府增税的同时中央银行减少货币供给，则一定会导致（   ）。

    A. 均衡的收入水平下降　　　　　　B. 均衡的收入水平上升

    C. 利率上升　　　　　　　　　　　D. 利率下降

19. 当利率降得很低时，人们购买债券的风险将会（   ）。

    A. 变得很小　　　B. 不发生变化　　C. 变得很大　　　D. 以上都对

20. 下列（   ）会导致 LM 曲线左移。

    A. 扩大政府购买　　　　　　　　　B. 增加货币供给量

    C. 提高利率　　　　　　　　　　　D. 减少货币供给量

二、判断题

1. 如果人们的消费意愿增加，IS 曲线将右移。（　　）
2. 增加政府税收和减少政府支出都将使 IS 曲线左移。（　　）
3. 根据凯恩斯宏观经济学理论，投资和储蓄分别是由货币市场的利率和产品市场的国民收入决定的。（　　）
4. 凯恩斯的投机动机只是在债券价格预期上涨时才适用。（　　）
5. 在 IS 曲线上方的国民收入和利率组合没有达到产品市场均衡，而且投资需求大于储蓄。（　　）
6. 当利率极高时，人们的流动性偏好无穷大。（　　）
7. 如果 LM 曲线是完全垂直的，那么财政政策在增加就业方面是无效的。（　　）
8. 在 LM 曲线上的任何一点，利率与实际国民生产总值的结合都实现了货币需求等于货币供给。（　　）
9. 若货币供给减少或利率上升，则 LM 曲线向右移动。（　　）
10. IS 曲线不变，LM 曲线右移会使利率下降，收入增加。（　　）

三、名词解释

1. 资本边际效率
2. 投资边际效率
3. 流动性偏好
4. 交易动机
5. 谨慎动机
6. 投机动机
7. 凯恩斯陷阱

四、计算题

1. 假定货币供给量用 M 表示，价格水平用 P 表示，货币需求用 $L=ky-hr$ 表示。
   (1) 求 LM 曲线的代数表达式，找出 LM 等式的斜率的表达式。
   (2) 找出 $k=0.20, h=10$；$k=0.20, h=20$；$k=0.10, h=10$ 时 LM 的斜率的值。
   (3) 当 k 变小时，LM 斜率如何变化？当 h 增加时，LM 斜率如何变化？
   (4) $k=0.20, h=0$，LM 曲线形状如何？

2. 假设一个只有家庭和企业的二部门经济中，消费 $c=100+0.8y$，投资 $i=150-6r$，货币供给 $m=150$，货币需求 $L=0.2y-4r$（单位都是亿美元）。
   (1) 求 IS 曲线和 LM 曲线。
   (2) 求商品市场和货币市场同时均衡时的利率和收入。

3. 假定：①消费函数为 $c=50+0.8y$，投资函数为 $i=100(美元)-5r$；②消费函数为 $c=50+0.8y$，投资函数为 $i=100(美元)-10r$；③消费函数为 $c=50+0.75y$，投资函数为 $i=100(美元)-10r$。
   (1) 求①②③的 IS 曲线。
   (2) 比较①和②，说明投资对利率更敏感时，IS 曲线的斜率的绝对值发生什么变化？

(3) 比较②和③,说明边际消费倾向变动时,IS 曲线斜率的绝对值发生什么变化?

4. 假定某经济中有:$c=100+0.75y_d$,$i=125-6r$,$g=50$,$t=20+0.2y$,$tr=0$。

(1) 推导 IS 方程。

(2) 计算 IS 曲线斜率。

(3) 当 $r=15\%$ 时,y 是多少?

5. 假定某经济中消费函数为 $c=0.8(1-t)y$,税率 $t=0.25$,投资函数为 $i=900-50r$,政府购买 $g=800$,货币需求为 $l=0.25y-62.5r$,实际货币供给为 $\dfrac{M}{P}=500$。

试求:(1) IS 曲线。

(2) LM 曲线。

(3) 产品市场和货币市场同时均衡时的利率和收入。

6. 假定经济是由四部门构成,消费函数为 $c=300+0.8y_d$,投资函数为 $i=200-1\,500r$,净出口 $NX=100-0.04y-500r$,货币需求为 $l=0.5y-2\,000r$,其政府支出为 $g=200$,税率 $t=0.2$,名义货币供给为 $m=550$,价格水平为 $p=1$。

试求:(1) IS 曲线。

(2) LM 曲线。

(3) 产品市场和货币市场同时均衡时的利率和收入。

五、简答题

1. IS 曲线向右下倾斜的假定条件是什么?
2. LM 曲线右上倾斜的假定条件是什么?
3. 为什么利率和收入的组合点位于 IS 曲线右上方时,反映产品市场上供过于求的情况?
4. 什么是 LM 曲线的三个区域?其经济含义是什么?
5. 简述货币市场的均衡条件。
6. 简述凯恩斯的货币需求理论。
7. 试述凯恩斯理论的基本框架。

第十三章 宏观经济政策

本章基本内容框架

```
                    ┌ 充分就业
          经济政策目标┤ 物价稳定
                    │ 经济增长
                    └ 国际收支平衡

                    ┌ 财政政策含义
                    │ 财政政策分类
                    │ 财政政策工具
                    │ 财政政策模型
                    │
          财政政策  ┤                              ┌ 税收的自动变化
                    │ 财政对经济的调控┬自动调控—自动稳定器┤ 转移支付制度
                    │                │                  └ 农产品价格维持制度
                    │                └主动调控——斟酌使用的财政政策
                    │
                    └ 财政政策的效果┬ 效果分析
                                   └ 凯恩斯主义极端情况

                    ┌ 货币政策含义
                    │ 货币政策分类
                    │                ┌ 再贴现率
          货币政策  ┤ 货币政策工具    ┤ 公开市场业务
                    │                └ 法定存款准备金率
                    │
                    └ 货币政策效果┬ 效果分析
                                 └ 古典主义极端情况

                              ┌ 扩张财政政策＋扩张货币政策
          财政政策和货币政策的搭配┤ 扩张财政政策＋紧缩货币政策
                              │ 紧缩财政政策＋扩张货币政策
                              └ 紧缩财政政策＋紧缩货币政策
```

重点、难点讲解及典型例题

一、经济政策目标

经济政策是国家和政府为了增进社会经济福利而制定的解决经济问题的指导原则和措

施。它是政府为了达到一定的经济目的而对经济活动有意识的干预。宏观经济政策的目标有四个,即充分就业、物价稳定、经济增长和国际收支平衡。充分就业是指一切生产要素都有机会以自己愿意的报酬参加生产的状态。凯恩斯认为,如果非自愿性失业已经消除,经济仅限于摩擦性失业和自愿失业的话,就是实现了充分就业。物价稳定是指价格总水平的稳定,在当前,主要表现为控制通货膨胀。经济增长是指在一个特定时期内经济社会所生产的人均产量的持续增长,通常用实际 GDP 的增长率来衡量。国际收支平衡是指一国的国际收与支大体相当,没有大的顺差和逆差。各目标之间既有统一性又有矛盾性,一国在制定经济政策时应进行权衡和协调,作整体性的宏观战略考虑和安排。

【例题 1·单项选择题】 下列选项中,(　　)不是宏观经济政策的四项主要目标之一。
A. 政府预算盈余　　　　　　　　B. 充分就业
C. 价格稳定　　　　　　　　　　D. 经济持续增长和国际收支平衡
【答案】 A
【解析】 宏观经济政策的目标是充分就业、物价稳定、经济增长和国际收支平衡,政府预算盈余不是经济政策目标。因此本题选 A 项。

【例题 2·判断题】 充分就业就是 100％的就业。　　　　　　　　　　　(　　)
【答案】 错误
【解析】 虽然不同的经济学家从不同的角度对充分就业问题进行阐述和分析,但共识就是充分就业并不是 100％的就业,是允许存在一定失业现象的。

二、财政政策

财政政策是指政府变动税收和支出影响总需求,进而影响就业和国民收入的政策。财政政策分为扩张性财政政策:减税增支,IS 曲线向右方移动,总需求增加,适用于经济萧条时期;紧缩性财政政策:增税减支,IS 曲线向左方移动,总需求减少,适用于经济过热时期。

自动稳定器是指经济系统本身存在一种能够减轻各种干扰对国民收入冲击的机制,能够在经济繁荣时期自动抑制膨胀,在经济衰退时期自动减轻萧条,无须政府采取任何行动。财政政策的自动稳定器功能主要通过政府税收的自动变化、转移支付的自动变化、农产品价格维持制度得以发挥作用。

财政制度自动稳定器作用是有限的,政府应当审时度势,主动采取一些财政措施,即变动财政收入和支出,使总需求接近物价稳定的充分就业水平,这就是斟酌使用的财政政策(或权衡性的财政政策)。经济萧条时,政府要采取扩张性财政政策,降低税率、增加政府购买和转移支付,目的是刺激总需求,以降低失业率;经济过热时政府要采取紧缩性财政政策,提高税率、减少政府购买和转移支付,目的是抑制总需求,以遏制通货膨胀。斟酌使用的财政政策的实质是"逆经济风向行事"。

根据权衡性财政政策,政府财政政策的目标是物价稳定和充分就业而不是为了财政预算平衡。当实现这一目标时,预算可以是盈余,也可以是赤字,这样的财政为功能财政。功能财政思想是在对预算平衡财政思想否定的基础上形成的。

财政政策效果的大小因 IS、LM 曲线斜率的大小而有差别。IS 曲线越陡峭、LM 曲线越平缓,"挤出效应"越小,财政政策的效果越大。凯恩斯主义的极端情况具有完全的财政效果,货币政策无效。

【例题3·单项选择题】 实行紧缩性财政政策会产生（　　）。

A. 预算赤字 B. 预算盈余
C. 物价上涨 D. 失业减少

【答案】 B

【解析】 紧缩性财政政策的措施是增税减支，政府收入增加开支减少，预算盈余。因此本题选B项。

【例题4·单项选择题】 扩张性财政政策对经济的影响是（　　）。

A. 缓和了经济萧条但增加了政府债务
B. 缓和了经济萧条也减轻政府债务
C. 加剧了通货膨胀但减轻了政府债务
D. 缓和了通货膨胀但增加政府债务

【答案】 A

【解析】 扩张性财政政策措施是减税增支，总需求增加，刺激经济增长，缓和了经济萧条。但政府的财政收入减少，开支增加，政府债务增加。因此本题选A项。

【例题5·单项选择题】 政府购买增加将使IS曲线右移，若要均衡收入变动接近IS曲线移动量，则必须（　　）。

A. LM曲线平缓、IS曲线陡峭 B. LM曲线陡峭、IS曲线也陡峭
C. LM曲线平缓、IS曲线也平缓 D. LM曲线陡峭、IS曲线平缓

【答案】 A

【解析】 政府购买增加将使IS曲线右移，均衡收入变动量越接近IS曲线移动量则说明财政政策效果越大。IS越陡、LM越平，财政效果越大。因此本题选A项。

【例题6·判断题】 凯恩斯主义极端具有完全的财政效果。（　　）

【答案】 正确

【解析】 凯恩斯主义的极端情况是IS线垂直、LM线水平，当政府实行一项财政政策时，IS线右移，但利率不变，没产生"挤出效应"，IS的右移量和实际均衡收入的变动量一致，具有完全的财政效果。

三、货币政策

货币政策是指中央银行通过银行体系变动货币供给量来调节总需求，进而影响就业和国民经济的宏观经济政策。货币政策分为扩张性货币政策：增加货币供给量，LM曲线向右方移动，总需求增加，适用于经济萧条时期；紧缩性货币政策，货币供给量减少，LM曲线向左方移动，总需求减少，适用于经济高涨时期。

货币政策传统的三大工具包括再贴现率、公开市场业务和法定存款准备金率。再贴现率是中央银行对商业银行或其他金融机构的放款利率。经济萧条时，降低再贴现率，增加货币供给量，增加总需求，刺激经济增长；经济过热时，提高再贴现率，减少货币供给量，减少总需求，抑制经济高涨。公开市场业务是中央银行在金融市场上公开买卖政府债券以控制货币供给和利率的政策行为。经济萧条时，买入政府债券，发放货币，增加货币供给量，增加总需求，刺激经济增长；经济过热时，卖出政府债券，回笼货币，减少货币供给量，减少总需求，抑制经济高涨。法定存款准备金率是商业银行吸收的存款要按照一定比率存放一部分在中央银行作为存

款准备金。经济萧条时,降低法定存款准备金率,增加货币供给量,增加总需求,刺激经济增长;经济过热时,提高法定存款准备金率,减少货币供给量,减少总需求,抑制经济高涨。

货币政策效果的大小因 IS、LM 曲线斜率的大小而有差别。IS 曲线越陡峭、LM 曲线越平缓,货币政策的效果越小。古典主义的极端情况具有完全的货币效果,财政政策无效。

【例题 7·单项选择题】 中央银行在公开市场卖出政府债券的目的是(   )。
A. 筹集资金以帮助政府弥补赤字
B. 减少商业银行在中央银行的存款
C. 减少流通中的基础货币
D. 获取差价利益

【答案】 C

【解析】 中央银行在公开市场卖出政府债券,回笼货币,减少流通中的基础货币,从而成倍减少货币供给量,实行紧缩的货币政策,对经济的高涨进行调控。因此本题选 C 项。

【例题 8·单项选择题】 当一国经济过热时,中央银行应当(   )。
A. 降低再贴现率
B. 降低准备金率
C. 在公开市场上出售债券
D. 要求商业银行更多提供优惠利率贷款

【答案】 C

【解析】 降低再贴现率、降低准备金率和商业银行提供更多优惠利率贷款都属于宽松的货币政策,货币供给量会增加,属于调控经济萧条、刺激经济增长的货币措施,对于过热的经济会起到火上浇油的反作用;而在公开市场上出售债券,回笼货币,货币供给量减少,属于紧缩的货币政策,对于抑制经济过热起作用。因此本题选 C 项。

【例题 9·单项选择题】 货币供给增加将使 LM 曲线右移,若要均衡收入的变动接近 LM 曲线的移动量,则必须(   )。
A. LM 曲线、IS 曲线均陡峭
B. LM 曲线、IS 曲线均平缓
C. LM 曲线陡峭、而 IS 曲线平缓
D. LM 曲线平缓、而 IS 曲线陡峭

【答案】 C

【解析】 货币供给增加将使 LM 曲线右移,均衡收入变动量越接近 LM 曲线移动量则说明货币政策效果越大。IS 越平、LM 越陡,货币政策效果越大。因此本题选 C 项。

【例题 10·单项选择题】 货币供给的变动对均衡收入有更大影响的是(   )。
A. 私人部门的支出对利率变动较敏感
B. 私人部门的支出对利率变动不敏感
C. 支出乘数较小
D. 货币需求对利率更敏感

【答案】 A

【解析】 货币供给的变动如果对均衡收入有更大影响,意味着货币政策效果要大。IS 越平、LM 越陡,货币政策效果越大。B 选项:当私人部门的支出对利率变动不敏感时,d 小,IS 陡,货币政策效果小;C 选项:支出乘数较小,k_i 小,IS 陡,货币政策效果小;D 选项:货币需求对利率更敏感时,h 大,LM 平,货币政策效果小。只有 A 选项中 d 大,IS 平,货币政策效果大。因此本题选 A 项。

四、财政政策和货币政策的搭配

财政政策和货币政策作为宏观经济调控的两大政策,在实际经济调控时,往往是相互配

合,共同作用。财政政策和货币政策的搭配有四种搭配方法,搭配不同,产生的经济效应也不同。四种搭配的政策效应见表13-1。政府和中央银行可以根据具体情况和不同的调控目标,选择不同的政策组合。

表 13-1　　　　　　　　　财政政策和货币政策混合使用的政策效应

政策混合	国民收入	利率
扩张性财政政策和扩张性货币政策	增加	不确定
扩张性财政政策和紧缩性货币政策	不确定	上升
紧缩性财政政策和扩张性货币政策	不确定	下降
紧缩性财政政策和紧缩性货币政策	减少	不确定

【例题11·单项选择题】　经济处于通胀但不严重的形势下,应采用(　　)政策来应对。

A. 扩张性的财政政策和紧缩性的货币政策

B. 扩张性的财政政策和扩张性的货币政策

C. 紧缩性的财政政策和扩张性的货币政策

D. 紧缩性的财政政策和紧缩性的货币政策

【答案】　C

【解析】　经济处于通胀但不严重的形势下,用紧缩性的财政政策压缩总需求,又用扩张性的货币政策降低利率,以避免财政过度紧缩而引起衰退。因此本题选C项。

【例题12·单项选择题】　假定IS曲线和LM曲线的交点所表示的均衡的国民收入还低于充分就业的国民收入,根据IS-LM模型,如果不让利息率上升,政府应该(　　)。

A. 增加投资

B. 在增加投资的同时增加货币供给

C. 减少货币供给量

D. 在减少投资的同时减少货币供给

【答案】　B

【解析】　IS曲线和LM曲线的交点所表示的均衡是指实际的经济均衡,此时的国民收入为实际国民收入,如果其还低于充分就业的国民收入,说明实际国民收入还需要进一步增加,政府可以通过增加投资来刺激经济增长,提高国民收入,但根据IS-LM模型,如果只是投资一个因素增加,则IS右移,LM不变,国民收入增加的同时利率也会上升,如果不让利息率上升,可以同时增加货币供给量,让LM也右移。因此本题选B项。

思考与练习

一、单项选择题

1. 政府收入中最主要的部分是(　　)。

A. 税收　　　　　B. 举债　　　　　C. 发行国库券　　　　　D. 公债

2. 要实施扩张性的财政政策,可采取的措施是(　　)。

A. 提高税率　　　　　　　　　　　　B. 减少政府购买

C. 增加政府购买　　　　　　　　　D. 减少财政转移支付

3. 要实施扩张性的货币政策,中央银行可采取的措施是(　　)。

A. 卖出国债　　　　　　　　　　　B. 提高准备金率

C. 降低再贴现率　　　　　　　　　D. 提高再贴现率

4. 目前中央银行控制货币供给的最重要工具是(　　)。

A. 控制法定准备金率　　　　　　　B. 调节再贴现率

C. 公开市场业务　　　　　　　　　D. 道义劝告

5. 下列项目中,不是中央银行职能的是(　　)。

A. 发行货币　　　　　　　　　　　B. 向银行提供贷款

C. 向企业提供贷款　　　　　　　　D. 主持全国各银行的清算

6. 下列项目中,不属于自动稳定器的是(　　)。

A. 政府购买　　　　　　　　　　　B. 税收

C. 政府转移支付　　　　　　　　　D. 农产品价格维持制度

7. 公开市场业务是指(　　)。

A. 商业银行的信贷活动

B. 商业银行在公开市场上买进或卖出政府债券

C. 中央银行增加或减少对商业银行的贷款

D. 中央银行在金融市场上买进或卖出政府债券

8. 紧缩性货币政策的运用会导致(　　)。

A. 减少货币供给量,降低利率　　　B. 增加货币供给量,提高利率

C. 减少货币供给量,提高利率　　　D. 增加货币供给量,降低利率

9. 挤出效应越接近100%,财政政策(　　)。

A. 使支出乘数的作用受到微弱的限制　B. 使支出乘数的作用不受影响

C. 越有效　　　　　　　　　　　　D. 越无效

10. 在下列情况下,中央银行应该停止实行收缩货币的政策是(　　)。

A. 国民收入处于均衡状态　　　　　B. 经济出现衰退的迹象

C. 经济出现过热的迹象　　　　　　D. 利率已下降到较低的水平

11. 如果银行想把存款中的10%作为准备金,居民户和企业想把存款中的20%作为通货持有,那么,货币乘数就是(　　)。

A. 2.8　　　　　B. 3　　　　　C. 4　　　　　D. 10

12. 下列情况中,(　　)"挤出效应"可能很大。

A. 货币需求对利率敏感,私人部门支出对利率不敏感

B. 货币需求对利率敏感,私人部门支出对利率也敏感

C. 货币需求对利率不敏感,私人部门支出对利率不敏感

D. 货币需求对利率不敏感,私人部门支出对利率敏感

13. "挤出效应"发生于(　　)时。

A. 货币供给减少使利率提高,挤出了对利率敏感的私人部门支出

B. 私人部门增税,减少了私人部门的可支配收入和支出

C. 政府支出的增加,提高了利率,挤出了对利率敏感的私人部门支出

D. 政府支出减少,引起消费支出下降

14. 在古典区域内,(　　)。
   A. 无"挤出效应"　　　　　　　　B. 财政政策完全有效
   C. 货币政策无效　　　　　　　　D. 财政政策无效

15. 下列情况中,(　　)增加货币供给不会影响均衡收入。
   A. LM 陡峭而 IS 平缓　　　　　B. LM 垂直而 IS 陡峭
   C. LM 平缓而 IS 垂直　　　　　D. LM 和 IS 一样平缓

16. 当处于古典主义的极端时,有(　　)。
   A. $d = \infty, h = 0$　　　　　　B. $d = 0, h = \infty$
   C. $d = 0, h = 0$　　　　　　　　D. $d = \infty, h = \infty$

17. 若同时使用紧缩性财政政策和紧缩性货币政策,其造成经济后果可能是(　　)。
   A. 利率上升,产出变化不确定　　　B. 利率下降,产出变化不确定
   C. 产出减少,利率变化不确定　　　D. 产出增加,利率变化不确定

18. 下列叙述中,(　　)是正确的。
   A. "自动稳定器"只能部分地抵消经济波动
   B. "自动稳定器"用于减缓通货膨胀,但无法缓解失业
   C. "自动稳定器"可以被用来完全抵消任何经济波动
   D. "自动稳定器"会使对经济波动的调整过度

19. 政府的财政收入政策通过以下因素中的(　　)对国民收入产生影响。
   A. 政府转移支出　　　　　　　　B. 政府购买
   C. 消费支出　　　　　　　　　　D. 出口

20. 如果中央银行采取扩张的货币政策,应在公开市场上(　　)。
   A. 买入债券以使利率上升　　　　B. 卖出债券以使利率下跌
   C. 买入债券以使利率下跌　　　　D. 卖出债券以使利率上升

二、判断题

1. 政府制定财政预算时应牢记以下原则:岁出要等于岁入,花钱要谨慎。　　　　(　　)

2. 中医学有"热者寒之,寒者热之"的治疗原则,利用财政政策和货币政策进行总需求管理亦需如此。　　(　　)

3. 扩张性财政政策会增加预算赤字或减少预算盈余,紧缩性财政政策会增加预算盈余或减少预算赤字。因此,可以根据预算盈余或预算赤字的变化来判断财政政策的方向。(　　)

4. 一个银行家说道:"我的银行的账面始终是平衡的。我仅仅把存款人带给我的储蓄存款转交给投资者。银行家怎能够创造货币?"　　　　(　　)

5. 紧缩的货币政策将会使利率提高,对利率敏感的私人部门支出会减少,于是,"挤出效应"就出现了。　　　　(　　)

6. 中央银行买进债券将使利率下降,投资增加,从而提高国民收入,改善萧条的经济状况。　　　　(　　)

7. 在经济萧条时,为取得年度预算的平衡,政府必须降低税率。　　　　(　　)

8. 因为货币政策比财政政策执行起来快,所以不存在作用的时滞问题。　　　　(　　)

9. 一国通货膨胀缺口可以通过增加政府支出和减少税收来加以解决。　　　　（　　）

10. 失业保险制度对国民收入水平变动起自动稳定的作用。　　　　　　　　（　　）

三、名词解释

1. 财政政策
2. 货币政策
3. 挤出效应
4. 公开市场业务
5. 基础货币
6. 法定存款准备金率
7. 再贴现率
8. 货币乘数

四、计算题

1. 假定某国政府当前预算赤字为 75 亿美元，边际消费倾向 $\beta=0.8$，边际税率 $t=0.25$，如果政府为降低通货膨胀率要减少支出 200 亿美元，试问支出的这种变化最终能否消灭赤字？

2. 假定现金存款比率 $r_c=0.38$，准备金率（包括法定的和超额的）$r=0.18$，试问货币创造乘数为多少？若增加基础货币 100 亿美元，货币供给变动多少？

3. 假设货币需求为 $L=0.2y$，货币供给量为 200，$c=90+0.8y_d$，$t=50$，$i=140-5r$，$g=50$。（单位：亿美元）

（1）导出 IS 和 LM 方程。

（2）求均衡收入、利率和投资。

（3）若其他情况不变，g 增加 20 亿美元，均衡收入、利率和投资各为多少？

（4）是否存在"挤出效应"？

（5）用草图表示上述情况。

4. 假设货币需求为 $L=0.2y-10r$，货币供给为 200，$c=60+0.8y_d$，$t=100$，$i=150$，$g=100$。（单位：亿美元）

（1）求 IS 和 LM 方程。

（2）求均衡收入、利率和投资。

（3）政府支出从 100 亿美元增加到 120 亿美元时，均衡收入，利率和投资有何变化？

（4）是否存在"挤出效应"？

（5）用草图表示上述情况。

5. 假设一经济中有如下关系：$c=100+0.8y_d$，$i=50$，$g=200$，$tr=62.5$，$t=0.25$。（单位：亿美元）

（1）求均衡收入。

（2）求预算盈余 BS。

（3）若投资增加到 $i=100$ 时，预算盈余有何变化？为什么会发生这一变化？

（4）若充分就业收入 $y^*=1\,200$，当投资分别为 50 和 100 时，充分就业预算盈余 BS^* 为多少？

(5) 若 $i=50$，政府购买 $g=250$，而充分就业收入仍为 1 200，试问充分就业预算盈余为多少？

(6) 用本题为例说明为什么要用 BS^* 而不用 BS 去衡量财政政策的方向？

五、画图分析题

1. 假定经济起初处于充分就业状态，现在政府要改变总需求构成，增加私人投资而减少消费支出，但不改变总需求水平，试问应当实行一种什么样的混合政策？并用 $IS\text{-}LM$ 图形表示这一政策建议。

2. 假定政府要削减税收，试用 $IS\text{-}LM$ 模型表示以下两种情况下减税的影响，并说明两种情况下减税的经济后果有什么区别。

(1) 用适应性货币政策保持利率不变。

(2) 货币供给量不变。

3. 假定政府考虑用这种紧缩政策：一是取消投资津贴，二是增加所得税，用 $IS\text{-}LM$ 曲线和投资需求曲线表示这两种政策对收入、利率和投资的影响。

六、问答题

1. 自动稳定器的含义及作用机理。

2. 试述平衡预算的财政思想和凯恩斯功能财政的思想的区别。

3. 试述货币政策的三大工具及对经济的调控。

4. 什么是斟酌使用的财政政策和货币政策？

5. 2020 年以来，我国经济受各种因素的影响，下行压力很大，经济形势严峻，请你用所学习的经济理论分析我国目前的宏观经济政策及其对经济的调控作用。

第十四章 AD-AS 模型

本章基本内容框架

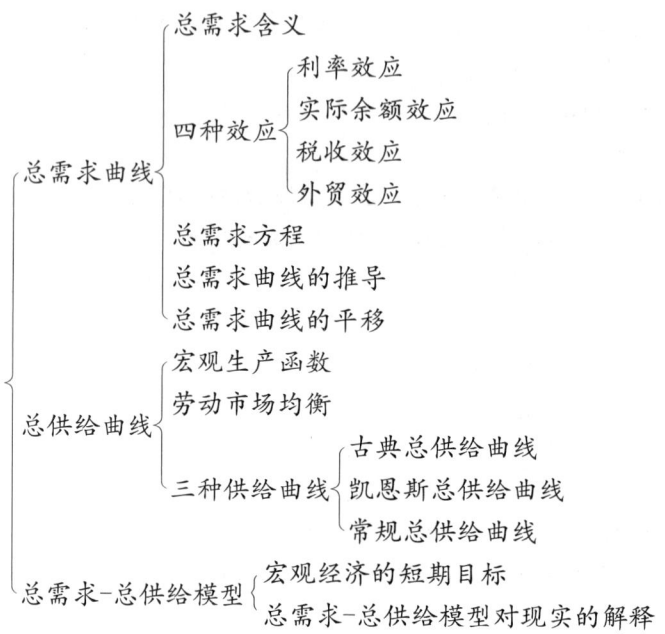

重点、难点讲解及典型例题

一、总需求曲线

总需求 AD 是经济社会对产品和劳务的需求总量,由四部分需求构成,包括消费需求、投资需求、政府购买需求和国外需求。

总需求函数反映产品市场和货币市场同时达到均衡时,国民收入(y)与价格水平(p)之间的关系,即 $y=f(p)$。当价格 p 变动时,通过利率效应、实际余额效应、税收效应和外贸效应的分析可知,国民收入 y 随着价格 p 的变动呈反方向变动,表现在价格水平为纵轴、国民收入为横轴的坐标系中,AD 曲线右下倾斜,斜率为负。

总需求方程的求解可以通过求解 IS 方程、LM 方程,然后联立成方程组,但由于物价 p 是变量,方程组为三元一次方程组,无法具体求解各未知量,却可以通过消除未知数 r 的方式得到 y 和 p 之间的函数关系式,即 AD 方程。

总需求曲线的平移受很多因素的影响,比如收入水平、消费偏好、经济政策、人们对未来的预期等,本章主要研究国家宏观经济政策对 AD 曲线平移的影响。其一般性结论为:扩张性的财政政策和货币政策会使 AD 曲线右移,紧缩性的财政政策和货币政策会使 AD 曲线左移。

【例题 1·单项选择题】 总需求曲线向右下方倾斜是由于( )。
A. 价格水平上升时,投资会减少
B. 价格水平上升时,消费会减少
C. 价格水平上升时,净出口会减少
D. 以上几个因素都有

【答案】 D

【解析】 总需求曲线向右下方倾斜的原因是因为价格水平变动时,国民收入呈反方向变动。当价格水平上升时,通过利率效应,利率上升,投资减少,国民收入减少;当价格水平上升时,通过实际余额效应和税收效应,人们的可支配收入下降,消费会减少,国民收入减少;当价格水平上升时,通过外贸效应,净出口会减少,国民收入减少;因此本题选 D 项。

【例题 2·单项选择题】 总需求曲线是( )。
A. 当其他条件不变,政府支出减少时会右移
B. 当其他条件不变,价格水平上升时会左移
C. 当其他条件不变,税收减少时会左移
D. 当其他条件不变,名义货币供给增加时会右移

【答案】 D

【解析】 扩张性的财政政策和货币政策会使 AD 曲线右移,紧缩性的财政政策和货币政策会使 AD 曲线左移。政府支出减少,紧缩性财政政策,AD 曲线左移,因此答案 A 错误;价格水平上升,自变量自身的变动,AD 曲线不变,是线上的点在变动,因此答案 B 错误;税收减少,扩张性财政政策,AD 曲线右移,因此答案 C 错误;名义货币供给增加,扩张性货币政策,AD 曲线右移,因此本题选 D 项。

二、总供给曲线

总供给是指经济社会的总产量(或国民收入),即经济社会投入的基本资源所生产的产量总和。影响总供给的因素很多,包括价格水平(决定因素)、生产要素、自然灾害、技术水平、国家政策等。

总供给函数反映劳动市场均衡时,总产出(y)与价格水平(p)之间的关系,即 $y=f(p)$。从总供给的角度,y 和 p 之间的关系分析基于宏观生产函数和劳动市场均衡理论。宏观生产函数是指整个国民经济的生产函数,表示总量投入和总产出之间的关系,其公式为 $y=f(N,K)$。在短期,资本存量和技术水平不变,产出量 y 主要取决于劳动 N 的投入量,即 $y=f(N)$,该函数反映总产量随总就业量的变化而变化,并且总产量 y 随着 N 的增加按递减的比率增加,当 N 达到充分就业时,总产量 y 达到潜在的国民收入 y^*。劳动市场(完全竞争条件下)存在劳动需求和劳动供给的竞争,劳动需求和实际工资呈反比,劳动供给和实际工资呈正比,当劳动市场均衡时,决定了均衡的劳动量 N 和实际工资 $\frac{w}{p}$。总之,当价格 p 发生变动时,实际工资 $\frac{w}{p}$ 会随之变动,实际工资的变动会影响劳动的需求和供给,从而会影响劳动市场的均衡劳动量 N,劳动量 N 的改变会通过生产函数影响总产量 y,所以价格 p 的变动就通过劳动市场和生产函数对总产量 y 产生了影响。

按照货币工资 w 和价格水平 p 进行调整所要求的时间的长短,宏观经济学将总产出 y 和

价格水平 p 之间的关系分为三种,即古典总供给曲线、凯恩斯总供给曲线和常规总供给曲线。古典总供给曲线又称长期总供给曲线。西方古典学派的观点认为,在长期,价格与货币工资具有完全的伸缩性。劳动力的供求状况会改变货币工资,进而使劳动力的供求平衡始终得以保持。因此,长期内实际工资和均衡就业量都不变,处于充分就业状态。因此,古典经济学家认为,总供给曲线是一条位于经济的潜在产量或充分就业水平上的垂直线。凯恩斯总供给曲线又称短期总供给曲线,凯恩斯认为,货币工资均具有刚性,在短期内工资和价格没有足够的时间进行调整,产量和国民收入增加时,价格和工资不会发生变化。因此,凯恩斯的总供给曲线是一条水平线,但达到充分就业以后,总供给曲线成为一条垂线。古典总供给曲线认为货币工资(w)和价格水平(p)具有完全的伸缩性,能够立即进行调整;凯恩斯总供给曲线认为货币工资(w)和价格水平(p)具有刚性,完全不能进行调整。通常情况下,常规总供给曲线位于两个极端之间,是一条右上倾斜的曲线,反映总产量 y 和价格 p 之间的同向变动关系。

【例题3·单项选择题】 总供给通常是指( )。

A. 所有生产厂商所能生产的最大产出

B. 所有消费者愿意购买的购买量之和

C. 所有生产厂商愿意并且能够提供的总产出量

D. 政府能够让生产者提供的产品数

【答案】 C

【解析】 供给的含义是指厂商在各种价格水平条件下愿意且能够提供的产品数量,则总供给就是所有厂商愿意并且能够提供的总产出量。因此本题选 C 项。

【例题4·单项选择题】 假定经济实现充分就业,总供给曲线是垂直线,减税将( )。

A. 提高价格水平和实际产出

B. 提高价格水平但不影响实际产出

C. 提高实际产出但不影响价格水平

D. 对价格水平和产出均无影响

【答案】 B

【解析】 当经济实现充分就业,总供给曲线是垂直线时,减税的扩张性的财政政策使 AD 曲线右移,均衡点垂直向上移动,实际产出始终维持充分就业状态下潜在的国民收入不变,但价格水平却上升了。因此本题选 B 项。

【例题5·单项选择题】 下列经济现象可以使总供给曲线向右移动的是( )。

A. 政府支出增加   B. 净出口减少

C. 投入劳动力减少   D. 采用先进生产技术

【答案】 D

【解析】 政府支出增加,总需求曲线右移;净出口减少,总需求曲线左移;投入劳动力减少,劳动供不应求,劳动价格即工资上涨,厂商生产成本增加,总供给曲线左移;采用先进生产技术,生产效率提高,其他条件不变情况下,产量增加,供给加大,总供给曲线右移。因此本题选 D 项。

【例题6·多项选择题】 长期总供给曲线表示( )。

A. 经济中的资源并没有得到充分利用

B. 经济中已实现了充分就业

C. 经济中产量水平处于潜在产量水平上
D. 价格不变时,总供给可以无限增加
E. 价格上升时,总供给增加

【答案】 BC

【解析】 长期总供给曲线又称古典总供给曲线,在古典学派认为价格和工资具有完全伸缩性的条件下,货币工资和价格的及时调整使劳动力市场总是处于充分就业均衡状态,经济中的资源得到充分利用,产量水平总是处于潜在产量水平上,总供给曲线是一条垂线。无论价格怎么变化,总供给都不变。因此本题选 BC 项。

三、AD-AS 模型

AD-AS 模型是后凯恩斯主流派-新古典综合派用于分析国民收入决定的一个工具,这个模型是在凯恩斯的收入-支出模型和希克斯-汉森的 IS-LM 模型的基础之上,进一步将总需求和总供给结合起来解释国民收入的决定及相关经济现象,是对前两个模型仅强调总需求方面的片面性进行的补充和修正。

AD-AS 模型将总需求与总供给结合在一起放在一个坐标图上,用于解释当产品市场、货币市场和劳动市场三个市场同时均衡条件下国民收入和价格水平的决定,考察价格变化的原因以及社会经济如何实现总需求与总供给的均衡。我们可以根据 AD 和 AS 的方程求解均衡点的坐标,得到均衡的国民收入和价格,也可以根据 AD 曲线和 AS 曲线的平移、均衡点的变动来解释现实经济中出现的经济萧条、高涨和滞涨经济现象。当其他条件不变,总需求减少,AD 曲线左移时,国民收入 y 和价格 p 均低于充分就业状态,经济社会处于萧条状态;当其他条件不变,总需求增加,AD 曲线右移时,国民收入 y 和价格 p 均高于充分就业状态,并且主要表现为价格 p 上涨很快,经济社会处于高涨状态;当其他条件不变,总供给减少,AS 曲线左移时,国民收入 y 低于充分就业状态,但价格 p 却高于充分就业状态,经济社会处于滞涨状态。

【例题 7·多项选择题】 如果总需求和总供给都增加,但总供给增加更多,那么( )。

A. 价格水平上升
B. 价格水平下降
C. 产出水平上升
D. 产出水平下降

【答案】 BC

【解析】 如果总需求和总供给都增加,则 AD 曲线右上移动,AS 曲线右下移动,产出水平肯定上升,但价格水平是升还是降,就要取决于 AD 曲线和 AS 曲线哪条线移动得多,如果总供给增加得更多,则价格水平下降,如果总需求增加得更多,则价格水平上升。因此本题选 BC 项。

【例题 8·单项选择题】 当总需求曲线交于总供给曲线向右上方区域时称为( )。

A. 充分就业均衡
B. 低于充分就业均衡
C. 通货膨胀
D. 滞胀

【答案】 C

【解析】 总需求曲线和总供给曲线相交的均衡状态如果是非经济目标均衡状态,则会出现萧条、高涨和滞涨的经济现象,当总需求和总供给曲线相交于总供给曲线的右上方区域时,代表经济的高涨,即通货膨胀;当总需求和总供给曲线相交于总供给曲线的左下方区域时,代表经济的萧条;当总需求和总供给曲线相交于总需求曲线的左上方区域时,代表经济的滞涨;

因此本题选 C 项。

【例题 9·单项选择题】 当其他条件不变时,货币供应量的增加会使(　　)。

A. IS 曲线向右移动　　　　　　B. LM 曲线向左移动

C. AS 曲线向右移动　　　　　　D. AD 曲线向右移动

【答案】 D

【解析】 当其他条件不变时,货币供应量的增加,LM 曲线向右移动,由于是扩张性的货币政策,AD 曲线也向右移动,对 IS 曲线和 AS 曲线没有影响,所以本题选 D 项。

思考与练习

一、单项选择题

1. 总需求是(　　)。

   A. 对所有产品和服务的需求加上进口需求

   B. 对所有商品和服务的需求

   C. 对所有最终产品和服务的需求

   D. 家庭和政府对产品和服务的需求总和

2. 下列选项中,(　　)不属于总需求。

   A. 税收　　　　B. 政府支出　　　　C. 净出口　　　　D. 投资

3. 总需求曲线是(　　)。

   A. 一条向右下方倾斜的曲线

   B. 一条垂直线

   C. 一条向上倾斜的曲线

   D. 通常是向右下方倾斜的一条曲线,但也可能是一条垂直线

4. 在宏观经济学中,将价格水平变动引起利率呈同方向变动,进而使投资和产出水平呈反方向变动的情况称为(　　)。

   A. 实际余额效应　　　　　　　　B. 投资效应

   C. 产出效应　　　　　　　　　　D. 利率效应

5. 假定经济实现充分就业,总供给曲线是垂直线,若政府支出增加,则(　　)。

   A. 利率水平上升,实际货币供给减少

   B. 利率水平上升,实际货币供给增加

   C. 利率水平上升,不影响实际货币供给

   D. 对利率水平和实际货币供给均无影响

6. 得出短期总供给曲线的条件假设是(　　)。

   A. 假定价格是不变的

   B. 假定生产函数是不变的

   C. 假定收入是不变的

   D. 假定生产要素的价格特别是货币工资是不变的

7. 当总供给曲线为正斜率,单位原材料的实际成本增加时,总供给曲线会移向(　　)。

   A. 右方,价格水平下降,实际产出增加

B. 左方,价格水平下降,实际产出增加
C. 右方,价格水平上升,实际产出减少
D. 左方,价格水平上升,实际产出减少

8. 技术进步会引起( )。
   A. 短期总供给曲线和长期总供给曲线都向右方移动
   B. 短期总供给曲线和长期总供给曲线都向左方移动
   C. 短期总供给曲线向右方移动,但长期总供给曲线不变
   D. 长期总供给曲线向右方移动,但短期总供给曲线不变

9. 总供给曲线对经济的调节过程是至关重要的,因为它连接了( )。
   A. 货币需求与劳动力市场
   B. 利率与商品市场
   C. 商品市场与劳动力市场
   D. 宏观经济需求与价格水平

10. 若中央银行提高利率,则 AD-AS 模型的变动情况应是( )。
    A. AS 曲线向左移动   B. AS 曲线向右移动
    C. AD 曲线向左移动   D. AD 曲线向右移动

11. 下列经济现象中,可以使总供给曲线向左移动的是( )。
    A. 政府支出增加   B. 净出口减少
    C. 投入劳动力减少   D. 采用先进生产技术

12. 下述因素中,( )不会引起总供给曲线移动。
    A. 劳动生产率提高   B. 进口原油价格下降
    C. 降低企业税   D. 价格水平上升

13. 如果个人所得税和公司所得税降低,则( )。
    A. 会使总需求曲线向右移   B. 会使消费和投资支出增加
    C. 会增加实际产出   D. 以上都会

14. 在下列情况中,( )可以肯定会发生通货膨胀。
    A. 总供给和总需求都增加   B. 总供给和总需求都减少
    C. 总供给减少,而总需求增加 D. 总供给增加,而总需求减少

15. 古典总供给曲线存在的条件是( )。
    A. 产出水平由充分就业水平决定
    B. 劳动力市场的均衡不受劳动力需求曲线移动的影响
    C. 劳动力市场的均衡不受劳动力供给曲线移动的影响
    D. 劳动力需求和劳动力供给立即对价格水平的变化作出调整

16. 无论在凯恩斯或者古典供给条件下,财政扩张都会使( )。
    A. 总产量上升   B. 利率上升   C. 价格上升   D. 均有可能

17. 假设没有预期到石油输出国组织提高石油价格,这种不利的供给冲击将引起( )。
    A. 物价水平上升,实际国民收入总值增加
    B. 物价水平上升,实际国民收入总值减少
    C. 物价水平下降,实际国民收入总值增加

D. 物价水平下降,实际国民收入总值减少

18. 在短期总供给曲线区域,决定价格的力量是(　　)。
A. 需求　　　　B. 供给　　　　C. 工资　　　　D. 技术

19. 在长期总供给曲线区域,决定价格的力量是(　　)。
A. 需求　　　　B. 供给　　　　C. 工资　　　　D. 技术

20. 以下关于 AD-AS 模型的表述中,正确的是(　　)。
A. 凯恩斯 AD-AS 模型的供给曲线呈水平形状
B. 凯恩斯 AD-AS 模型中,总产量的水平主要由总需求决定
C. 古典 AD-AS 模型的总供给曲线呈垂直形状
D. 以上三种表述都正确

二、判断题

1. 股票市场价格上升导致财富的增加会引起经济沿着现存的总需求曲线移动。（　　）
2. 总供给曲线的垂直部分又可以称作非充分就业部分。（　　）
3. 失业和通货膨胀可以并存。（　　）
4. 在其他条件不变,生产力的提高会使总供给曲线向右移。（　　）
5. 凯恩斯认为工资是富有弹性的。（　　）
6. 劳动力市场要么实现充分就业,要么没有达到充分就业的状态,因此不可能存在大于充分就业的状态。（　　）
7. 在长期总供给水平,生产要素得到了充分利用,因此经济中不存在失业。（　　）
8. 价格水平下降时,AD 曲线会右移。（　　）
9. 扩张性总需求政策的价格效应最大,表明总供给曲线是长期总供给曲线。（　　）
10. 扩张性总需求政策的产出效应最大,表明总供给曲线是水平的。（　　）

三、名词解释

1. 总需求
2. 总供给
3. 滞胀
4. 利率效应
5. 实际余额效应

四、计算题

1. 设 AS 曲线方程为 $y_s = 500$,AD 曲线方程为 $y_d = 600 - 50P$。
(1) 求供求均衡点。
(2) 如果 AD 上升 10%,求新的供求均衡点。

2. 假定某经济存在以下关系：$c = 1400 + 0.8y_d$, $t = 0.25y$, $i = 200 - 50r$, $g = 200$, $\dfrac{M_d}{P} = 0.4Y - 100r$, $M_s = 900$。求：
(1) 总需求函数。

(2) $P=1$ 时的收入和利率。

3. 设某一两部门的经济由下述关系描述：消费函数为 $c=100+0.8y$，投资函数为 $i=150-6r$，货币需求函数为 $L=0.2y-4r$，设 P 为价格水平，货币供给为 $M=150$。(单位：亿美元)

试求：(1) 总需求函数。

(2) 若 $P=1$，均衡的收入和利率各为多少？

(3) 若该经济中的总供给函数为 $AS=800+150P$，求均衡的收入和价格水平。

4. 某经济中，$c=600+0.8y$，$i=400-50r$，$g=200$，$L=250+0.5y-125r$，$M_s=1\,250$，$P=1$。

试求：(1) IS 方程和 LM 方程。

(2) 均衡收入和均衡利率。

(3) 假设充分就业收入为 5 000，若政府欲采用扩张性货币政策实现充分就业，需要增加多少货币供给？

(4) 当价格水平可以变动时，推导出总需求函数。

(5) 假定总供给函数为 $y=2\,375+125p$，根据第(4)项求出的总需求函数，求均衡价格水平和均衡收入。

五、画图分析题

1. 利用 AD-AS 模型画图分析下列情况下宏观均衡的变动及对经济的影响。

(1) 政府减税并提高公务人员的工资。

(2) 欧佩克(石油输出国组织)为避免油价下跌影响成员国的收益采用"限产促价"的办法。

(3) 央行收紧银根。

(4) 先进技术在生产领域的广泛应用。

2. 用总需求和总供给曲线的互动，说明宏观经济中的萧条、高涨(或过热)和滞胀的状态。

六、问答题

1. 说明总需求曲线为什么向右下方倾斜？

2. 为什么进行宏观调控的财政政策和货币政策一般被称为需求管理的政策？

3. 为什么总供给曲线可以被分为古典、凯恩斯和常规这三种类型？

4. 导致总需求曲线和总供给曲线变动的因素主要有哪些？

5. 用 AD-AS 模型解释西方国家 20 世纪 70 年代的滞胀和美国 20 世纪 90 年代的新经济。

第十五章 失业与通货膨胀

 本章基本内容框架

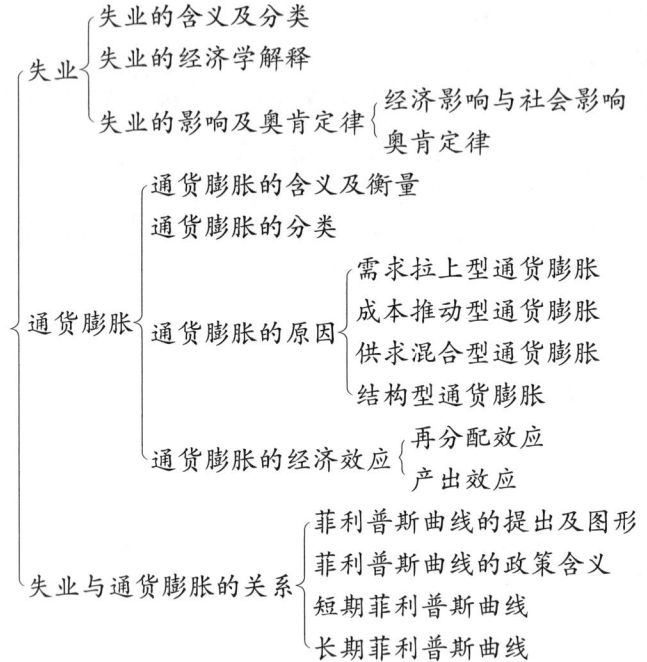

 重点、难点讲解及典型例题

一、失业的分类及失业率

1. 失业的含义及分类

失业是各国经济中面临的普遍问题。失业（unemployment）是指有劳动能力、愿意接受现行工资水平但仍然找不到工作的现象。

从整个经济来看，通常把一定年龄阶段的具有劳动能力的人口称作劳动人口（即劳动力），其中一部分处于工作状态的，称为就业者，一部分处于寻找工作而尚未找到的称为失业者。而失业率就是劳动力中没有工作而又在寻找工作的人所占的比例，即失业人口占劳动人口的比重。

失业有很多种类，根据主观愿意就业与否，即自愿失业与非自愿失业。

自愿失业是指工人所要求的实际工资超过其边际生产率，或者说不愿意接受现行的工资条件和收入水平而未被雇佣而造成的失业。由于这种失业是劳动人口主观不愿意就业造成的,所以被称为自愿失业,无法通过经济手段和政策来消除,因此不是经济学所研究的范围。

非自愿失业是指有劳动能力、愿意接受现行工资水平但仍然找不到工作的现象。这种失业是由于客观原因所造成的,因而可以通过经济手段和政策来消除。经济学中的所讲的失业是指非自愿失业。

宏观经济学通常将失业分为三种类型:即摩擦性失业、结构性失业及周期性失业。

摩擦性失业指生产过程中难以避免的、由于转换职业等原因而造成的短期、局部失业。这种失业的性质是过渡性的或短期性的。它通常起源于劳动的供给方,因此被看作是一种求职性失业。像人们换工作或找新的工作便属于这类。

结构性失业是指劳动力的供给和需求不匹配所造成的失业,其特点是既有失业,也有职位空缺,失业者或者没有合适的技能,或者居住地点不当,因此无法填补现有的职位空缺。结构性失业在性质上是长期的,而且通常起源于劳动力的需求方。结构性失业是由经济变化导致的,这些经济变化引起特定市场和区域中的特定类型劳动力的需求相对低于其供给。

周期性失业是指经济周期中的衰退或萧条时,因社会总需求下降而造成的失业。这种失业通常是由整个经济的支出和产出下降造成的。

2. 自然失业率

自然失业率是指经济社会在正常情况下的失业率,它是劳动力市场供求均衡时的失业率,这里的稳定状态指:既不会出现通货紧缩,又不会出现通货膨胀。简单说自然失业率为充分就业条件下的失业率,也是经济处于潜在产出水平时的失业率。

【例题1·计算题】 设某经济某一时期有1.9亿成年人,其中1.2亿人有工作,0.1亿人在寻找工作,0.45亿人没工作但也没在找工作。

试求:(1) 劳动力人数。

(2) 劳动力参与率。

(3) 失业率。

【答案】 解:(1) 劳动力人数=1.2+0.1=1.3(亿人)

(2) 劳动力参与率=1.3÷1.9×100%=68.4%

(3) 失业率=0.1÷1.3×100%=7.69%

【解析】 就业人数加失业人数为劳动力数,故劳动力人数为1.3亿。劳动力占可工作年龄人口数的百分比为劳动力参与率,故劳动力参与率为68.4%(1.3÷1.9×100%)。失业率为失业人数占劳动力人数的比例,故失业率为7.69%(0.1÷1.3×100%)。

【例题2·单项选择题】 某人由于彩电行业不景气而失去工作,这种失业属于( )。

A. 摩擦性失业   B. 结构性失业
C. 周期性失业   D. 永久性失业

【答案】 B

【解析】 结构性失业在性质上是长期的,而且通常起源于劳动力的需求方。而且结构性失业是由经济变化导致的,这些经济变化引起特定市场和区域中的特定类型劳动力的需求相对低于其供给。本题中提到彩电行业不景气,必然会减少该行业劳动力的需求,从而使劳动力需求低于劳动力供给,因此属于结构性失业,所以选项B正确。

【例题3·单项选择题】 充分就业的含义是( )。

A. 人人都有工作,没有失业者
B. 消灭了周期性失业的就业状态
C. 消灭了摩擦性失业的就业状态
D. 消灭了自愿失业的就业状态

【答案】 B

【解析】 失业是经济中必须解决的重要问题,而实现充分就业成为经济政策的目标。但是充分就业并非是人人都找到工作,并非是失业率为零的状态。因为现实中总会存在自愿失业和摩擦性失业这些现象。所以充分就业包括摩擦性失业和自愿失业存在的就业状态,往往允许存在一定的失业率。因此本题只有选项 B 正确。

【例题 4·多项选择题】 下列关于自然失业率的说法中,不正确的是(   )。
A. 自然失业率包括结构性失业和摩擦性失业的失业率
B. 自然失业率是历史上最低限度水平的失业率
C. 自然失业率是充分就业状态下的失业率
D. 自然失业率一定大于周期性失业率

【答案】 BD

【解析】 自然失业率是不存在货币干扰因素下的失业率,也是充分就业时的失业率,失业率并不等于零,它同时包括存在结构性失业和摩擦性失业时的失业率。因此不正确说法为选项 BD。

二、失业的影响及奥肯定律

1. 失业的影响

失业会产生诸多影响,一般可以将其分为两种:社会影响和经济影响。

失业的社会影响虽然难以估计和衡量,但它最易为人们感受到。失业威胁着作为社会单位和经济单位的家庭的稳定。没有收入或收入遭受损失,户主就不能起到应有的作用。家庭的要求和需要得不到满足,家庭关系将因此而受到损害。高失业率通常与吸毒、高离婚率及高犯罪率联系在一起。西方有关的心理学研究表明,解雇造成的创伤不亚于亲友的去世或学业上的失败。此外,家庭之外的人际关系也受到失业的严重影响。一个失业者在就业的人员当中失去了自尊和影响力,面临着被同事拒绝的可能性,并且可能要失去自尊和自信。最终,失业者在情感上受到严重打击。

失业的经济影响可以用机会成本的概念来理解。当失业率上升时,经济中本可由失业工人生产出来的产品和劳务就损失了。衰退期间的损失,就好像是将众多的汽车、房屋、衣物和其他物品都销毁掉了。从产出核算的角度看,失业者的收入总损失等于生产的损失,因此,丧失的产量是计量周期性失业损失的主要尺度,因为它表明经济处于非充分就业状态。

2. 奥肯定律

20 世纪 60 年代,美国经济学家阿瑟·奥肯根据美国的数据,提出了经济周期中失业变动与产出变动的经验关系,被称为奥肯定律。

奥肯定律的内容是:失业率每高于自然失业率一个百分点,实际 GDP 将低于潜在 GDP 两个百分点。换一种方式说,相对于潜在 GDP,实际 GDP 每下降两个百分点,实际失业率就会比自然失业率上升一个百分点。

西方学者认为,奥肯定律揭示了产品市场与劳动市场之间极为重要的关系,它描述了实际GDP的短期变动与失业率变动的联系。根据这个定律,可以通过失业率的变动推测或估计GDP的变动,也可以通过GDP的变动预测失业率的变动。例如,实际失业率为8%,高于6%的自然失业率2个百分点,则实际GDP就将比潜在GDP低4%左右。

奥肯定律可以用公式表示为:$\frac{y-y_f}{y_f} = \alpha(u-u^*)$。其中,$y$为实际产出,$y_f$为潜在产出,$u$为实际失业率,$u^*$为自然失业率,$\alpha$为大于零的参数。

【例题5·单项选择题】 关于失业及其与经济增长之间的关系的说法中,不正确的是( )。

A. 失业变动与产出变动的经验关系,被称为奥肯定律
B. 失业会给社会稳定及经济增长带来冲击和产出上的损失
C. 奥肯定律表明实际GDP必须保持与潜在GDP同样快的增长,以防止失业率的上升
D. 奥肯定律是失业率每低于自然失业率1%,则实际GDP将高于潜在GDP的2%

【答案】 D

【解析】 奥肯定律是指失业率每高于自然失业率一个百分点,实际GDP将低于潜在GDP两个百分点。即相对于潜在GDP,实际GDP每下降两个百分点,实际失业率就会比自然失业率上升一个百分点。它表明了失业与经济增长之间的关系,同时说明失业给社会稳定及经济增长都带来了冲击。因此选项ABC说法都对,选项D不正确。

三、通货膨胀率

通货膨胀是指经济社会一定时期价格总水平持续地和显著地上涨。价格总水平是指所有商品和劳务交易价格总额的加权平均数,这个加权平均数就是价格指数,衡量通货膨胀的价格指数一般包含消费价格指数、生产者价格指数、批发物价指数、GDP平减指数等。

而通货膨胀率被定义为从一个时期到另一个时期价格水平变动的百分比。用公式表示为:$\pi_t = \frac{P_t - P_{t-1}}{P_{t-1}}$。式中,$\pi_t$为$t$时期的通货膨胀率,$P_t$和$P_{t-1}$分别为$t$时期和$t-1$时期的价格水平。

若用消费价格指数来衡量价格水平,则通货膨胀率就是不同时期的消费价格指数变动的百分比。假定一个经济的消费价格指数,从去年的100增加到今年的127,那么这一时期的通货膨胀率就为:$\frac{127-100}{100} \times 100\% = 27\%$。

【例题6·计算题】 若价格水平在2020年为107.9,2021年为111.5,2022年为114.5,试问2021年和2022年通货膨胀率各是多少?如果人们以前两年通货膨胀率的平均值作为第三年通货膨胀的预期值,计算2023年的预期通货膨胀率。如果2023年的利率为6%,计算该年的实际利率?

【答案】 解:(1)2021年的通货膨胀率为π_{2021}。

$\pi_{2021} = (P_{2021} - P_{2020}) \div P_{2020} \times 100\% = (111.5 - 107.9) \div 107.9 \times 100\% = 3.34\%$

$\pi_{2022} = (114.5 - 111.5) \div 111.5 \times 100\% = 2.69\%$

(2) 如果预期通货膨胀率 π_t^e 为前两年的平均值,即:

$$\pi_{2023}^e = (\pi_{t-1} + \pi_{t-2}) \div 2 = (\pi_{2022} + \pi_{2021}) \div 2 = (3.34\% + 2.69\%) \div 2 = 3.015\%$$

(3) 实际利率$_{2023}$ = 名义利率$_{2023}$ - π_{2023}^e = 6% - 3.015% = 2.985%

【解析】 由于通货膨胀率计算公式为:$\pi_t = \dfrac{P_t - P_{t-1}}{P_{t-1}}$,所以 2021 年及 2022 年的通货膨胀率套入公式计算即得上面的结果。另外,由于实际利率=名义利率-通货膨胀率。所以根据计算出的 2023 年的通货膨胀率及名义利率,计算出上述结果。

四、通货膨胀的原因

关于通货膨胀的原因,西方经济学家给出了种种解释,可分为三个方面:第一个方面为货币数量论的解释,强调货币在通货膨胀过程中的重要性,认为货币供给量过多是引起通货膨胀的根本原因;第二个方面是用总需求与总供给来解释,包括从需求的角度和供给的角度,从而形成了需求拉动型通货膨胀和成本推动型通货膨胀。第三个方面是从经济结构因素变动的角度来说明通货膨胀的原因,从而形成了结构型通货膨胀。

需求拉动型通货膨胀是指总需求超过总供给所引起的一般价格水平持续显著上涨现象。这种通胀被称为"过多的货币追求过少的商品"。

成本推动型通货膨胀又称为供给通货膨胀,是指在没有超额需求的情况下,由于供给方面成本的提高而引起的一般价格水平持续显著地上涨。而这里的成本主要分为工资上涨、利润推动及原材料成本上升等。

结构型通货膨胀是指没有需求拉动和成本推动的情况下,只是由于经济结构因素的变动而引起的一般价格水平持续和显著地上涨。

【例题 7·单项选择题】 在成本推动型通货膨胀下,若扩张总需求,则价格水平(　　)。

A. 提高　　　　　　　　　　　　B. 下降
C. 不变　　　　　　　　　　　　D. 不确定

【答案】 A

【解析】 成本推动型通货膨胀是指在没有超额需求的情况下,由于供给方面成本的提高而引起的一般价格水平持续显著地上涨。此时,成本的上升会引起供给减少。如果总需求增加,同时供给减少,则会使价格水平提高,因此,A 选项正确。

【例题 8·多项选择题】 按通货膨胀产生的原因,可将通货膨胀分为(　　)。

A. 需求拉动型通货膨胀　　　　　B. 成本推动型通货膨胀
C. 结构型通货膨胀　　　　　　　D. 公开型通货膨胀

【答案】 ABC

【解析】 公开型通货膨胀指完全通过一般物价水平上涨形式反映出来的通货膨胀,是与隐蔽性通货膨胀相对应的,两者是以经济运行的市场化程度进行分类的,不是按照通货膨胀产生的原因分类,本题正确答案为选项 ABC。

五、通货膨胀的经济效应

通货膨胀的经济效应是指通货膨胀对经济增长的影响,具体可以从以下几方面进行分析。

1. 通货膨胀的再分配效应

首先,通货膨胀不利于靠固定收入维持生活的人,将降低固定收入阶层的实际收入水平。对于固定收入阶层来说,其收入是固定的货币数额,落后于上升的物价水平。其实际收入因通货膨胀而减少,而且由于他们的货币收入没有变化,他们的生活水平必然相应降低。

其次,通货膨胀不利于储蓄者。随着价格水平上涨,存款的实际价值或购买力就会降低。而那些保险金、养老金及其他固定价值的证券财产等,它们本来是作为防患于未然和养老的,在通货膨胀时,实际价值也会下降。

最后,通货膨胀靠牺牲债权人的利益而使债务人获利。只要通货膨胀率大于名义利率,实际利率就为负值。

2. 通货膨胀的产出效应

在短期内,能否刺激经济增长取决于经济系统中是否存在一定量的可以利用的闲置资源。在长期中,经济系统中的生产能力通常是不断提高的,当生产能力得到扩大时,总需求也会相应地扩张,带动实际产出水平的提高和通货膨胀率的提高。

西方经济学界认为,国民经济的产出水平实际上是随着价格水平的变化而变化的。主要可能出现三种情况:①随着通货膨胀的出现,产出增加,收入增加;②成本推动通货膨胀会使收入或产量减少,从而引起失业;③超级通货膨胀导致经济崩溃。

【例题9·单项选择题】 通货膨胀的收入再分配效应是指(   )。

A. 收入结构变化　　　　　　　　B. 收入普遍上升
C. 收入普遍下降　　　　　　　　D. 债权人收入上升

【答案】 A

【解析】 在通货膨胀下,不同阶层和群体的收入会发生不同的变化。由于通货膨胀的存在,收入有可能下降但也可能上升。收入再分配效应指的是收入结构发生变化,所以本题正确答案为选项 A。

【例题10·多项选择题】 由于通货膨胀风险增加,人们预期(   )。

A. 银行会提高贷款利率
B. 银行对购房者提供浮动利率贷款
C. 人们更多愿意投资不动产
D. 人们更愿意持有现金

【答案】 ABC

【解析】 由于存在通货膨胀,如不提高利率,实际利率下降,同时会对债权人不利。若要维持自己的利益,银行会提高贷款利率,同时更愿意采用浮动利率贷款。而对于老百姓来说,由于通货膨胀使货币贬值,他们更倾向于投资不动产,应减少现金持有。所以本题正确答案为选项 ABC。

【例题11·单项选择题】 在通货膨胀不能完全预期的情况下,通货膨胀将有利于(   )。

A. 离退休人员　　　　　　　　　B. 债权人
C. 工薪阶层　　　　　　　　　　D. 债务人

【答案】 D

【解析】 一般认为,通货膨胀靠牺牲债权人的利益而使债务人获利。但这里假定借贷双方没有预期到通货膨胀的影响。若通货膨胀不能完全预期,则对债权人、工薪阶层及离退休人员都会产生不利影响,反而可能在通胀率上升时有利于债务人,所以本题正确答案为选项 D。

六、菲利普斯曲线

1. 菲利普斯曲线含义

失业与通货膨胀是短期宏观经济运行中的两个主要问题。如果经济决策者的目标是低通货膨胀和低失业,则他们会发现低通货膨胀和低失业目标往往是冲突的。在宏观经济学中,失业与通货膨胀的关系主要是由菲利普斯曲线来说明。

菲利普斯曲线是用来表示失业与通货膨胀之间替代取舍关系的曲线,由新西兰统计学家威廉·菲利普斯(A. W. Phillips)于 1958 年在《1861—1957 年英国失业和货币工资变动率之间的关系》一文中最先提出。

1958 年,菲利普斯根据英国 1861—1957 年失业率和货币工资变动率的经验统计资料,提出了一条用于表示失业率和货币工资变动率之间交替关系的曲线。这条曲线表明:当失业率较低时,货币工资增长率较高;反之,当失业率较高时,货币工资增长率较低,甚至是负数。

以萨缪尔森为代表的经济学家对此进行了修正。根据成本推动型的通货膨胀理论,货币工资变动率可以表示通货膨胀率。因此,这条曲线就可以表示失业率与通货膨胀率之间的交替关系。即失业率高,表明经济处于萧条阶段,这时工资与物价水平都较低,从而通货膨胀率也就低;反之,失业率低,表明经济处于繁荣阶段,这时工资与物价水平都较高,从而通货膨胀率也就高。失业率和通货膨胀率之间存在着反方向变动的关系。用公式可表示为:$\pi = -\varepsilon(u - u^*)$。式中,$\pi$ 为通货膨胀率,u 为实际失业率,u^* 为自然失业率,参数 ε 为衡量价格对于失业率的反应程度。

菲利普斯曲线被修正后,迅速成为西方宏观经济政策分析的基石。它表明政策制定者可以选择不同的失业率和通货膨胀率的组合。即用一定的通货膨胀率的增加来换取一定的失业率的减少,或者用失业率的增加来减少通货膨胀率。

【例题 12·单项选择题】 根据菲利普斯曲线,通货膨胀(   )。

A. 有可能和失业增加同时存在
B. 不可能和失业增加同时存在
C. 有可能和国民收入水平的增长同时发生
D. 不可能和国民收入水平的增长同时发生

【答案】 B

【解析】 经过修正后的菲利普斯曲线,将货币工资率替代为通货膨胀率,表明失业率与通货膨胀率之间的交替关系。因此上述表述中,只有 B 选项是正确的表述。

【例题 13·单项选择题】 凯恩斯学派认为,根据菲利普斯曲线,若扩张总需求,则通货膨胀率(   )。

A. 提高
B. 下降
C. 不变
D. 不确定

【答案】 A

【解析】 由于菲利普斯曲线表明失业率与通货膨胀率之间存在着反方向变动的关系,若要扩张总需求,则必然采用扩张性的经济政策,这就会导致价格水平上涨,从而导致通货膨胀率提高。因此本题选 A 项。

2. 短期菲利普斯曲线

1968年美国经济学家弗里德曼指出了菲利普斯曲线分析的一个严重缺陷,即它忽略了影响工资变动的一个重要因素:工人对通货膨胀的预期。弗里德曼指出,企业和工人关注的不是名义工资而是实际工资。当劳资双方谈判新工资协议时,都会对新协议期的通货膨胀进行预期,并根据预期的通货膨胀相应地调整名义工资水平。根据这个说法,人们预期的通货膨胀率越高,名义工资增加越快。

由此,弗里德曼等人提出了短期菲利普斯曲线的概念。这里的短期即指从预期到需要根据通货膨胀作出调整的时间间隔。短期菲利普斯曲线就是预期通货膨胀率保持不变时,表示通货膨胀率与失业率之间关系的曲线。在预期通货膨胀率低于实际通货膨胀率的短期中,失业率与通货膨胀率之间仍存在替代关系。菲利普斯曲线方程改写为:$\pi = \pi^e - \varepsilon(u - u^*)$,式中$\pi^e$为预期通货膨胀率,其他含义同上。

短期菲利普斯曲线的政策含义是,在短期内引起通货膨胀率上升的扩张性财政政策与货币政策是可以起到减少失业的作用的。

3. 长期菲利普斯曲线

按照一些西方学者的说法,在长期中,工人将根据实际发生的情况不断调整自己的预期,工人预期的通货膨胀率与实际发生的通货膨胀率迟早会一致,这时工人会要求改变名义工资,以使实际工资不变,从而较高的通货膨胀就不会起到减少失业的作用。他们认为,长期菲利普斯曲线应该是一条垂直线,表明失业率与通货膨胀率之间不存在替代关系。而且,长期中,经济社会能够实现充分就业,经济社会的失业率将处在自然失业率的水平。长期菲利普斯曲线即垂直于自然失业率水平的直线。其政策含义是,从长期来看,政府运用扩张性政策不但不能降低失业率,还会使通货膨胀率不断上升。

【例题14·计算题】 设一经济有以下菲利普斯曲线 $\pi = \pi_{-1} - 0.5(u - 0.06)$。

试问:(1)该经济的自然失业率为多少?

(2)为使通货膨胀减少5个百分点,必须有多少周期性失业?

【答案】 解:(1)自然失业率为6%。

(2) $0.05 = -0.5(u - 0.06)$,得 $u = 16\%$。

【解析】 菲利普斯曲线方程为:$\pi = \pi^e - \varepsilon(u - u^*)$,其中的 u^* 为自然失业率,因此本题中的自然失业率为6%。另外,根据上述方程,将通货膨胀率代入方程后,就可以解得实际失业率为16%。

思考与练习

一、单项选择题

1. 自然失业率是( )。
 A. 处于潜在产出水平时的失业率 B. 依赖于价格水平的失业率
 C. 恒为零的失业率 D. 没有摩擦性失业时的失业率

2. 某人由于刚刚进入劳动力队伍而尚未找到工作,这属于( )。
 A. 摩擦性失业 B. 结构性失业
 C. 周期性失业 D. 永久性失业

3. 菲利普斯曲线说明(　　)。

A. 通货膨胀导致失业

B. 通货膨胀是由行业工会引起的

C. 通货膨胀与失业率之间呈负相关

D. 通货膨胀与失业率之间呈正负相关

4. 如果名义利率是10%,通货膨胀率是20%,则实际利率是(　　)。

A. 10%　　　　B. －10%　　　　C. 30%　　　　D. －30%

5. 在通货膨胀改变收入分配比例的过程中,受害最大的是(　　)。

A. 从事商业活动的部门　　　　B. 从事商业活动的个人

C. 依靠固定工资收入的成员　　D. 持有实物资产的单位和个人

6. 我国目前主要是以(　　)反映通货膨胀的程度。

A. 居民消费价格指数　　　　　B. GDP 平减指数

C. 批发物价指数　　　　　　　D. GNP 平减指数

7. 成本推动说解释通货膨胀的前提是(　　)。

A. 总供给给定　　　　　　　　B. 总需求给定

C. 货币需求给定　　　　　　　D. 货币供给给定

8. 通货膨胀改变了原有收入和财富分配的比例,这是通货膨胀的(　　)。

A. 强制储蓄效应　　　　　　　B. 收入分配效应

C. 资产结构调整效应　　　　　D. 财富分配效应

9. 关于菲利普斯曲线的形状,货币主义认为(　　)。

A. 它向右下方倾斜

B. 它是一条水平线

C. 它是一条垂直线

D. 短期内它向右下方倾斜,长期内为一条垂直线

10. 由于经济萧条而形成的失业属于(　　)。

A. 摩擦性失业　　　　　　　　B. 结构性失业

C. 周期性失业　　　　　　　　D. 永久性失业

11. 引起周期性失业的原因是(　　)。

A. 工资刚性　　　　　　　　　B. 总需求不足

C. 经济中劳动力的正常流动　　D. 经济结构的调整

12. 失业率是指(　　)。

A. 失业人口占总人口的百分比　B. 失业人口占劳动力的百分比

C. 失业人数占就业人数的百分比　D. 以上都不正确

13. 设2023年的消费物价指数为100,2024年的消费物价指数为102,则2024年通货膨胀率为(　　)。

A. 2%　　　　B. 4%　　　　C. 5%　　　　D. 12%

14. 未预期到通货膨胀会使财富发生如下转移的说法中,正确的是(　　)。

A. 从年轻一代到上一代　　　　B. 从穷人到富人

C. 从债权人到债务人　　　　　D. 以上都不对

15. 按照( )的观点,菲利普斯曲线所阐述的通货膨胀率和失业率之间的替代关系是不存在的。
    A. 凯恩斯主义   B. 货币主义
    C. 供给学派   D. 理性预期学派
16. 下列情形中,不会导致一国失业率较高的是( )。
    A. 经济处于萧条期   B. 失业的持续时间较长
    C. 长期失业的人口较多   D. 长期合同的存在

二、判断题
1. 如果店主说:"可以提价,别愁卖不了,店门口排队争购的多着哩!"这属于成本类型的通货膨胀。 （ ）
2. 需求拉上说解释通货膨胀时是以总供给给定为前提的。 （ ）
3. 恶性通货膨胀可能扭曲价格体系,但是并不对实际产出造成影响。 （ ）
4. 只有不存在任何失业时,经济才实现了充分就业。 （ ）
5. 理性预期认为,长短期的菲利普斯曲线是相同的。 （ ）
6. 菲利普斯曲线想要说明的是低失业率和低通货膨胀率不可兼得。 （ ）
7. 认为货币供应量变动是通货膨胀主要原因的是凯恩斯学派。 （ ）
8. 消费物价指数相对于GDP平减指数,计算过于复杂从而导致其采用较少。 （ ）
9. 通货膨胀发生时,利息的收入者、房租的支出者、政府都是受益者。 （ ）
10. 成本推动通货膨胀会使收入或产量减少,从而引起失业。 （ ）

三、名词解释
1. 需求拉动型通货膨胀
2. 摩擦性失业
3. 通货膨胀
4. 结构性失业
5. 奥肯定律

四、简答题
1. 在各种失业种类中,哪些失业是可以消除的? 哪些是无法消除的?
2. 摩擦性失业与结构性失业相比,哪一种失业问题更严重?
3. 为什么发生恶性通货膨胀时,人们宁愿坐出租车而不愿坐公交车?
4. 通货膨胀的经济效应有哪些?

五、论述题
1. 什么是菲利普斯曲线? 短期和长期菲利普斯曲线有什么联系和区别?
2. 引起成本推动型通货膨胀的原因有哪些? 我国2010—2011年出现的通货膨胀现象有没有这方面的原因?

第十六章 经济增长与经济周期理论

 本章基本内容框架

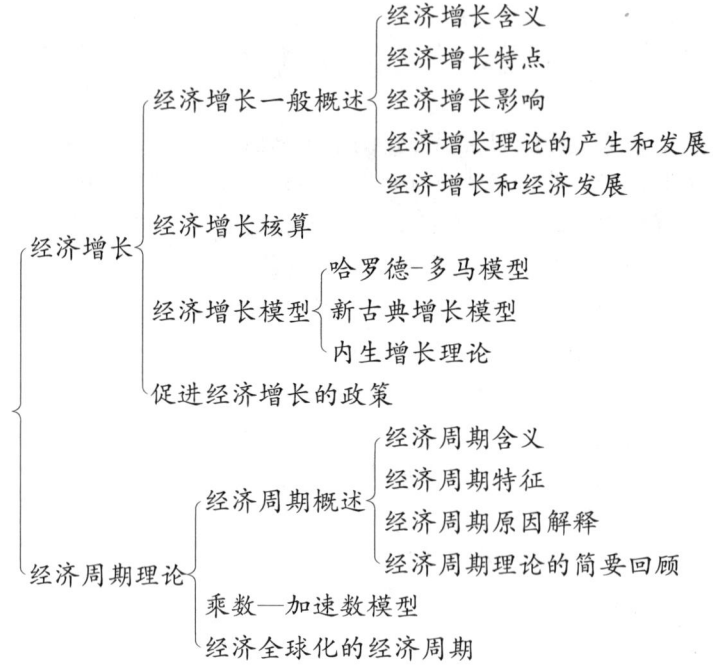

重点、难点讲解及典型例题

一、经济增长

经济增长通常是指在一个较长的时间跨度上，一个国家人均产出（或人均收入）水平的持续增加。经济增长率的高低体现了一个国家或地区在一定时期内经济总量的增长速度，也是衡量一个国家或地区总体经济实力增长速度的标志。决定经济增长的直接因素：投资量、劳动量、生产率水平。用现价计算的 GDP，可以反映一个国家或地区的经济发展规模，用不变价计算的 GDP 可以用来计算经济增长的速度。

对一国经济增长速度的度量，通常用经济增长率来表示。设 ΔY_t 为本年度经济总量的增量，Y_{t-1} 为上年所实现的经济总量，则经济增长率（G）就可以用下面公式来表示：

$$G = \frac{\Delta Y_t}{Y_{t-1}}$$

经济正增长一般被认为是整体经济景气的表现,零增长有时候会表示为 GDP 与往年持平。而负增长则表示本年度的经济总量低于往年,往往会被形容为"不景气"或经济衰退。

哈罗德-多马经济增长模型是由哈罗德和多马提出的著名的经济增长模型,基于凯恩斯理论,出现于 1929—1931 年大危机之后不久,但不是经济增长理论的"正统"理论,因为模型结论是"经济增长是不稳定的"。模型的表达公式为:

$$\frac{\Delta Y}{Y} = s \times \frac{\Delta Y}{\Delta K}$$

其中 Y 表示产出;ΔY 表示产出变化量;$\frac{\Delta Y}{Y}$ 表示经济增长率;s 表示储蓄率;ΔK 表示资本存量 K 的变化量。$\frac{\Delta Y}{\Delta K}$ 表示每增加一个单位的资本可以增加的产出,即资本(投资)的使用效率。该模型告诉我们经济增长率随储蓄率增加而提高,随资本—产出比扩大而降低。

新古典经济增长模型又称作索洛经济增长模型、外生经济增长模型,是罗伯特·索洛所提出的发展经济学中著名的模型,是在新古典经济学框架内的经济增长模型。索洛的新古典增长理论是现代增长理论的基石,索洛模型描述了一个完全竞争的经济,资本和劳动投入的增长引起产出的增长。模型的表达公式为:

$$k^* = sf(k) - nk$$

其中 k^* 表示每单位劳动所配备的资本,即 K/L,n 表示劳动力增长率;nk 表示按既定的资本和劳动比例为新增劳动力配备的资本;$f(k)$ 表示每个劳动力平均能够提供的产量 Y/L;s 表示储蓄率;$sf(k)$ 表示按劳动力平均的储蓄额。该模型基本含义是:人均资本拥有量的变化率 k^* 取决于人均储蓄率 $sf(k)$ 和按照既定的资本劳动比配备每一新增长人口所需资本量 nk 之间的差额。

内生增长理论是基于新古典经济增长模型发展起来的,从某种意义上说,内生经济增长理论的突破在于放松了新古典增长理论的假设并把相关的变量内生化。内生增长模型又包含两条具体的研究思路。第一条是罗默、卢卡斯等人用全经济范围的收益递增、技术外部性解释经济增长的思路,代表性模型有罗默的知识溢出模型、卢卡斯的人力资本模型、巴罗模型等。第二条是用资本持续积累解释经济内生增长的思路,代表性模型是琼斯-真野模型、雷贝洛模型等。完全竞争条件下内生增长模型存在一定的缺陷:一是完全竞争假设条件过于严格,限制了模型的解释力和适用性。二是完全竞争假设无法较好地描述技术商品的特性:非竞争性和部分排他性,并使一些内生增长模型产生逻辑上的不一致。为了克服上述内生增长模型存在的问题,从 20 世纪 90 年代开始,增长理论家开始在垄断竞争假设下研究经济增长问题,提出了一些新的内生增长模型。这些模型又可以根据经济学者对技术进步的不同理解,分成三种类型:产品种类增加型内生增长模型、产品质量升级型内生增长模型、专业化加深型内生增长模型。这三类模型的提出,表明内生增长理论进入了一个新的发展阶段。

国家促进经济增长政策主要有调整利率政策、税收政策、财政政策、汇率政策等。

【例题 1·单项选择题】 经济增长的标志是( )。

A. 失业率的下降 B. 城市化进程的加快
C. 社会福利水平的提高 D. 社会生产能力的不断提高

【答案】 D

【解析】 经济增长通常是指一个国家经济总量或人均产出水平的持续增加,是一个定量化的指标,通常用 GDP 的增长来衡量。只有社会生产能力不断提高,总产值或人均产值才会不断提高,才意味着经济的增长,因此本题选 D 项。

【例题 2·单项选择题】 以下关于经济增长和经济发展的表述中,正确的是(　　)。

A. 经济增长是一个"量"的概念,经济发展则是一个比较复杂的"质"的概念
B. 经济增长可以表示为 GDP 总量增加,也可以表示为人均 GDP 的增加
C. 经济发展反映一个经济体总体的发展水平
D. 以上三项表达均正确

【答案】 D

【解析】 经济增长可以表示为 GDP 总量增加,也可以表示为人均 GDP 的增加;经济发展和经济增长是两个既有联系又有区别的概念,经济发展比经济增长要复杂,是一个反映经济社会总体发展水平的综合性概念,其不仅包括经济增长,而且包括国民的生活质量,以及整个社会各个不同方面的进步。因此本题选 D 项。

【例题 3·单项选择题】 以下关于新古典增长模型的假定中,错误的是(　　)。

A. 该经济由一个部门组成
B. 该经济为不存在国际贸易的封闭经济
C. 该经济的技术进步、人口增长及资本折旧的速度都由内生因素决定
D. 生产要素的边际收益递减

【答案】 C

【解析】 经济由一个部门组成、经济为不存在国际贸易的封闭经济、生产要素的边际收益递减都是新古典增长模型的假定,但经济的技术进步、人口增长及资本折旧的速度都由内生因素决定是错误的,应该是经济的技术进步、人口增长及资本折旧的速度都由外生因素决定,因此本题选 C 项。

二、经济周期理论

经济周期也称商业周期、商业循环、景气循环,它是指经济运行中周期性出现的经济扩张与经济紧缩交替更迭、循环往复的一种现象,是国民总产出、总收入和总就业的波动。经济周期的特征:①经济周期不可避免。②经济周期是经济活动总体性、全局性的波动。③周期的长短由周期的具体性质所决定。④一个周期由繁荣、衰退、萧条、复苏四个阶段组成。繁荣,即经济活动扩张或向上的阶段(高涨);衰退,即由繁荣转向萧条的过渡阶段(危机);萧条,即经济活动收缩或向下的阶段;复苏,即由萧条转向繁荣的过渡阶段。这四个阶段循环一次,为一个经济周期。

根据经济周期时间的长短,将经济周期分为基钦周期(短周期)、朱格拉周期(中周期)、康德拉季耶夫周期(长周期)、库兹涅茨周期(建筑业周期)等。

经济周期理论分为外因论和内因论。外因论认为,周期源于经济体系之外的因素——太阳黑子、战争、革命、选举、金矿或新资源的发现、科学突破或技术创新等。外因论主要包括太阳黑子理论、创新理论和政治性周期理论。内因论认为,周期源于经济体系内部——收入、成本、投资在市场机制作用下的必然现象。内因论主要包括纯货币理论、投资过度理论、消费不

足理论和心理理论。

乘数—加速数理论是把投资水平和国民收入变化率联系起来解释国民收入周期波动的一种理论,是最具影响的内生经济周期理论。乘数—加速数理论是凯恩斯主义者提出的,凯恩斯主义认为引起经济周期的因素是总需求,在总需求中起决定作用的是投资。这种理论正是把乘数原理和加速数原理结合起来说明投资如何自发地引起周期性经济波动。理论的含义为:

(1) 在经济中投资、国民收入、消费相互影响,相互调节。如果政府支出为既定(即政府不干预经济),只靠经济本身的力量自发调节,那么就会形成经济周期。周期中各阶段的出现,正是乘数与加速原理相互作用的结果。而在这种自发调节中,投资是关键的,经济周期主要是投资引起的。

(2) 乘数与加速数原理相互作用引起经济周期的具体过程是:投资增加引起产量的更大增加,产量的更大增加又引起投资的更大增加,这样,经济就会出现繁荣。然而,产量达到一定水平后由于社会需求与资源的限制无法再增加,这时就会由于加速原理的作用使投资减少,投资的减少又会由于乘数的作用使产量继续减少,这两者的共同作用又会使经济进入萧条。萧条持续一定时期后由于产量回升又使投资增加、产量再增加,从而经济进入另一次繁荣。正是由于乘数与加速数原理的共同作用,经济中就形成了由繁荣到萧条,又由萧条到繁荣的周期性运动过程。

(3) 政府可以通过干预经济的政策来影响经济周期的波动,即利用政府的干预(比如政府投资变动)就可以影响减轻经济周期的破坏性,甚至消除周期,实现国民经济持续稳定的增长。

【例题4·单项选择题】 根据现代经济周期的意义,经济周期是指(   )。
A. GDP总值上升和下降的交替过程
B. GDP人均值上升和下降的交替过程
C. GDP增长率上升和下降的交替过程
D. 以上各项均对

【答案】 C

【解析】 古典经济周期定义认为经济周期是指GDP总值上升和下降的交替过程。但现代经济周期的定义是建立在经济增长率基础上的,认为经济周期是GDP增长率上升和下降的交替过程,因此本题选C项。

【例题5·单项选择题】 加速数原理断言(   )。
A. GNP的增加导致投资数倍增加　　B. GNP的增加导致投资数倍减少
C. 投资的增加导致GNP数倍增加　　D. 投资的增加导致GNP数倍减少

【答案】 A

【解析】 加速数是指资本-产量比,加速数原理的中心思想是在资本存量得到充分利用且生产技术不变的前提下,收入或产量的变化将导致投资发生若干倍的同方向的变动。因此本题选A项。

【例题6·多项选择题】 当某一社会经济处于经济周期的衰退阶段时,(   )。
A. 经济的生产能力超过它的消费需求
B. 总需求逐渐增长,但没有超过总供给
C. 存货的增加与需求的减少相联系
D. 总需求超过总供给

【答案】 AC

【解析】 经济的衰退表现为总供给大于总需求,需求不足导致企业的投资能力下降,引起产值下降,带来一定的失业问题,从而进一步加剧需求的下降,形成一种恶性经济循环,导致经济出现一个衰退的周期。因此本题选AC项。

思考与练习

一、单项选择题

1. 经济增长在图形上表现为( )。
   A. 生产可能性曲线内的某一点向曲线上移动
   B. 生产可能性曲线向外移动
   C. 生产可能性曲线外的某一点向曲线上移动
   D. 生产可能性曲线上某一点沿曲线移动

2. 为提高经济增长率,可采取的措施是( )。
   A. 加强政府的宏观调控
   B. 刺激消费水平
   C. 减少工作时间
   D. 推广基础科学及应用科学的研究成果

3. 经济增长很难保持稳定呈现出剧烈波动的状态,这是( )。
   A. 哈罗德模型的结论
   B. 新古典增长模型的结论
   C. 哈罗德模型和新古典增长模型共同的结论
   D. 既非哈罗德模型的结论,又非新古典模型的结论

4. 如果哈罗德的实际增长速度超过了有保证的增长速度,则( )。
   A. 经济将趋向停滞,因为实际的资本存量的增长大于企业家们所希望的增长
   B. 经济将趋向停滞,因为实际的资本存量的增长小于企业家所希望的增长
   C. 经济将趋向通货膨胀,因为实际的资本存量的增长大于企业家所希望的增长
   D. 经济将经历通货紧缩,因为企业家们希望的资本存量的增长小于实际发生的增长,由此将在一个相续的时期缩减投资

5. 根据索罗增长模型,n 表示人口增长率,δ 表示折旧,每个劳动力资本变化等于( )。
   A. $sf(k)+(\delta+n)k$
   B. $sf(k)+(\delta-n)k$
   C. $sf(k)-(\delta+n)k$
   D. $sf(k)-(\delta-n)k$

6. 朱格拉周期是一种( )。
   A. 短周期   B. 中周期   C. 长周期   D. 不能确定

7. 经济之所以会发生周期性波动,是因为( )。
   A. 乘数作用
   B. 加速数作用
   C. 乘数和加速数的交织作用
   D. 外部经济因素的变动

8. 导致经济周期性波动的投资主要是( )。
   A. 存货投资
   B. 固定资产投资

C. 意愿投资　　　　　　　　　D. 重置投资

9. 一国在一段时期内 GDP 的增长率在不断降低,但是总量却在不断提高,从经济周期的角度看,该国处于(　　)阶段。

A. 复苏　　　　B. 繁荣　　　　C. 衰退　　　　D. 萧条

10. 当经济达到繁荣时,会因(　　)而转入衰退。

A. 加速系数下降　　　　　　　B. 边际消费倾向提高
C. 加速系数上升　　　　　　　D. 总投资为零

二、判断题

1. 经济增长主要与经济中潜力的增长及生产能力得到利用的程度有关。　　　(　　)
2. 在经济增长中投资之所以重要,是因为投资可以为现有工人提供更多的机器设备,从而提高他们的生产率。　　　(　　)
3. 经济周期的中心是国民收入的波动。　　　(　　)
4. 在 20 世纪 80 年代后的新增长理论中,技术进步是内生变量。　　　(　　)
5. 根据新古典增长模型,人口增长率的上升将提高每个劳动力资本的稳态水平。(　　)
6. 人口增长 5%,资本存量增加 6%,属于资本深化。　　　(　　)

三、名词解释

1. 经济增长
2. 经济发展
3. 经济周期
4. 加速数
5. 资本广化
6. 资本深化

四、计算题

1. 在新古典增长模型中,生产函数为:$y=f(k)=2k-0.5k^2$,人均储蓄率为 0.3,设人口增长率为 3%。

试求:(1) 使经济均衡增长的 k 值。
(2) 黄金分割律所要求的人均资本流量。

2. 假设某国经济的总量生产函数 $y=\sqrt{k}$。其中 y 和 k 分别表示人均产出和人均资本。如果折旧率为 4%,储蓄率为 28%,人口增长率为 1%,技术进步速率为 2%。

试求:(1) 该国稳定状态产出是多少?
(2) 如果储蓄率下降到 10%,而人口增长率上升到 4%,其他条件不变,那么该国新的稳定状态产出是多少?

3. 已知资本增长率为 2%,劳动增长率为 0.7%,产出或收入增长率为 3.1%,资本产出占国民收入份额 $a=0.25$,劳动产出占国民收入份额 $b=0.75$,在以上假定条件下,技术进步对经济增长的贡献是多少?

4. 已知资本-产量比率为 4,假设某国某年的国民收入为 1 000 亿美元,消费为 800 亿美元。按照哈罗德增长模型,要使该年的储蓄全部转化为投资,第二年的增长率应该为多少?

5. 假设国民收入中资本的份额 $a=0.4$,劳动的份额 $b=0.6$,资本供给增加了 6%,而劳动供给下降了 2%,对产业的影响会怎样?

五、问答题

1. 说明经济增长和经济发展的关系。
2. 乘数和加速数原理有什么联系和区别?
3. 一国政策制定者要调控经济,那么实现资本积累的黄金律水平的主要手段有哪些?政策制定者一般都希望实现黄金律稳定状态吗?为什么?
4. 经济波动为什么会有上限和下限的界限?
5. 政府可以如何采取措施对经济波动实行控制?
6. 均衡增长率、实际增长率和自然增长率的含义是什么?三者不相等的社会经济将出现什么情况?
7. 什么是新古典增长模型的基本公式?它有什么含义?

第十七章　开放经济下的短期经济模型

本章基本内容框架

```
               ┌─ 汇率及其标价
汇率和国际收支平衡表 ┼─ 汇率制度
               ├─ 实际汇率
               └─ 国际收支平衡

            ┌─ 关键假设：资本完全流动的小型开放经济
蒙代尔-弗莱明模型 ┼─ 开放经济的 IS* 曲线
            ├─ 货币市场与 LM* 曲线
            └─ 蒙代尔-弗莱明模型

                ┌─ 浮动汇率制下的财政政策和货币政策
蒙代尔-弗莱明模型的应用 ┼─ 固定汇率制下的财政政策和货币政策
                ├─ 蒙代尔-弗莱明模型中的政策：小结
                └─ 小型开放经济的总需求曲线
```

重点、难点讲解及典型例题

一、汇率与国际收支平衡表

汇率是一个国家的货币折算成另一个国家货币的比率，它表示的是两个国家货币之间的互换关系。汇率主要有两种标价方法：直接标价法和间接标价法。直接标价法是用一单位的外国货币作为标准，折算为一定数额的本国货币来表示的汇率。用这种标价法，一单位外币折算的本国货币量减少，即汇率下降表示外国货币贬值或本国货币升值。间接标价法是用一单位的本国货币作为标准，折算为一定数额的外国货币来表示的汇率。用这种标价法，一单位本国货币折算的外国货币量增加，表示本国货币升值或外国货币贬值。

汇率制度有固定汇率制和浮动汇率制两种。固定汇率制是指一国货币同他国货币的汇率基本固定，其波动限于一定的幅度之内。浮动汇率制是指一国不规定本国货币与他国货币的官方汇率，汇率由外汇市场的供求关系自发地决定。浮动汇率制又分为自由浮动和管理浮动，前者指中央银行对外汇市场不采取任何干预措施，汇率完全由外汇市场的供求力量自发地决定。后者指实行浮动汇率制的国家，对外汇市场进行各种形式的干预活动。

实际汇率是两国产品的相对价格，它告诉我们，能按什么比率用一国的产品交换另一国的产品。实际汇率 $=\dfrac{\text{名义汇率} \times \text{国内产品的价格}}{\text{国外产品的价格}}=$ 名义汇率×物价水平比率，公式表示为：$\varepsilon =$

$\varepsilon = e \times \left(\dfrac{P}{P_f}\right)$,其中 ε 表示实际汇率,$e$ 表示名义汇率,P 表示本国的价格水平,P_f 表示外国的价格水平。该公式表明可以根据两个国家的名义汇率和物价水平来计算两个国家之间的实际汇率。

国际收支平衡表(balance of international payments)是反映一定时期一国同外国的全部经济往来的收支流量表。国际收支平衡表主要包括经常项目、资本与金融项目、净差错与遗漏、储备与相关项目四部分。国际收支平衡表是对一个国家与其他国家进行经济技术交流过程中所发生的贸易、非贸易、资本往来以及储备资产的实际动态所作的系统记录,是国际收支核算的重要工具。通过国际收支平衡表,可综合反映一国的国际收支平衡状况、收支结构及储备资产的增减变动情况,为制定对外经济政策,分析影响国际收支平衡的基本经济因素,采取相应的调控措施提供依据,并为其他核算表中有关国外部分提供基础性资料。

【例题1·判断题】 在间接标价法下,如果一定单位的本国货币所能兑换的外国货币数额增加,说明。 （ ）

A. 外币币值上升,本币币值下降,外汇汇率上升

B. 外币币值下降,本币币值上升,外汇汇率下降

C. 外币币值下降,本币币值上升,外汇汇率上升

D. 外币币值上升,本币币值下降,外汇汇率下降

【答案】 B

【解析】 间接标价法是用一单位的本国货币作为标准,折算为一定数额的外国货币来表示的汇率。如果一定单位的本国货币所能兑换的外国货币数额增加时,说明本国货币币值上升,则外国货币币值下降,外汇汇率下降。因此本题选 B。

【例题2·判断题】 实际汇率是用本国货币衡量的两国产品的相对价格。 （ ）

【答案】 正确

【解析】 实际汇率是用两国价格水平对名义汇率进行调整后的汇率,反映了以同种货币表示的两国商品的相对价格水平,从而反映了本国商品的国际竞争力。

【例题3·单项选择题】 一国实际汇率上升,则意味着(   )。

A. 本国物价相对于外国物价下降

B. 本国净出口将减少

C. 本国进口意愿会下降

D. 外国商品变得较贵而本国商品变得相对便宜

【答案】 B

【解析】 实际汇率上升,本国产品价格提高,国际竞争力减少,因此本国净出口将减少。因此本题选 B 项。

【例题4·单项选择题】 购买实物资产和金融资产而发生的资本流入与流出反映在(   )项目上。

A. 经常　　　　　　　　　　B. 资本

C. 官方储备　　　　　　　　D. 误差与遗漏

【答案】 B

【解析】 国际收支平衡表包括:①经常项目,也称经常账户,包括货物贸易和服务贸易;

②资本项目,也称资本账户,主要记录资本的国际流动即国际资本流动;③官方储备项目,又称国际储备或官方清算余额,一般包括黄金储备、外汇储备、在国际货币基金组织的储备头寸和特别提款权;④误差与遗漏,也属于平衡项目,主要是从技术角度使国际收支平衡表达到形式上的平衡,不具有经济上的意义。因此本题选B项。

二、蒙代尔-弗莱明模型

蒙代尔-弗莱明模型考察的经济是资本能够完全流动的小型开放经济,国际资本流动之迅速足以使国内利率 r 等于世界利率 r_w,即 $r=r_w$。因为在一个小型开放经济中,国内利率在短时间内略有上升,外国人就会注意到并向这个国家贷款,资本的流入会使国内利率回落到世界利率水平;同样,只要国内利率下降,资本的流出就会使国内利率回升到世界利率水平。

在产品市场上,蒙代尔-弗莱明模型的公式为:$y=c(y)+i(r)+g+nx(\varepsilon)$,表明总收入 y 是消费 c、投资 i、政府购买 g 和净出口 nx 之和。该模型假设国内物价水平和国外物价水平是固定的,因此实际汇率和名义汇率是同比例的,因此可以把 $nx(\varepsilon)$ 换成 $nx(e)$,又因为 $r=r_w$,所以可以得到 $y=c(y)+i(r_w)+g+nx(e)$,这就是开放经济的 IS^* 方程。把 IS^* 方程绘制在收入为横轴、汇率为纵轴的坐标系上,IS^* 曲线右下方倾斜,表明收入 y 和汇率 e 之间的反向变动关系。在其他因素不变时,政府实行扩张性财政政策,增加政府购买或减税时,IS^* 曲线向右移动;反之,向左移动。

在货币市场上,蒙代尔-弗莱明模型旨在分析短期波动,所以假设物价水平和货币供给 M 都是外生变量,公式为 $\frac{M}{P}=L(r_w,y)$,这就是 LM^* 方程。给定世界利率 r_w 的条件下,无论汇率如何,LM^* 方程式决定了总收入是一个恒定的量。当把 LM^* 方程绘制在收入为横轴、汇率为纵轴的坐标系上,LM^* 曲线是垂线。当货币供给量M增加时,LM^* 曲线向右移动;反之,向左移动。

IS^* 方程和 LM^* 方程综合在一起就形成了蒙代尔-弗莱明模型,其中 IS^* 方程 $y=c(y)+i(r_w)+g+nx(e)$,表示产品市场的均衡;LM^* 方程 $\frac{M}{P}=L(r_w,y)$ 表示货币市场的均衡。图形为:

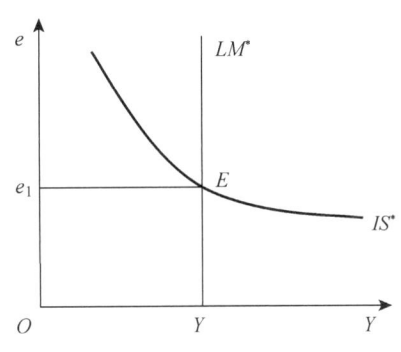

图 17-1 蒙代尔-弗莱明模型

图17-1中 IS^* 曲线和 LM^* 曲线的交点表示了产品市场和货币市场同时均衡的汇率和收入水平。

【例题5·单项选择题】在蒙代尔-弗莱明模型中,IS^* 曲线向右下方倾斜,是因为(　　)。
A. 进口与汇率负相关　　　　　　B. 净出口与汇率负相关
C. 出口与汇率正相关　　　　　　D. 净出口与汇率正相关
【答案】B
【解析】IS^* 曲线向右下方倾斜,表明收入 y 和汇率 e 之间的反向变动关系,原因就是当汇率 e 变动时,净出口会随之反方向变动,收入 y 又随着净出口的变动同方向变动。因此本题选B项。

【例题6·单项选择题】 对于小国开放经济来说,国内利率( )。

A. 恒等于世界利率
B. 由国内货币供求决定
C. 由国内储蓄与投资水平决定
D. 波动幅度小于世界利率波幅

【答案】 A

【解析】 蒙代尔-弗莱明模型考察的是资本能够完全流动的小型开放经济,国际资本流动之迅速足以使国内利率 r 等于世界利率 r_w,即 $r = r_w$。因此本题选 A。

三、蒙代尔-弗莱明模型的应用

在浮动汇率制度下,扩张的财政政策会使 IS^* 曲线向右移动,提高了汇率,减少了净出口,但对收入没有影响。而扩张的货币政策会使收入增加,汇率下降,净出口增加。

固定汇率制度下,扩张的财政政策会使 IS^* 曲线向右移动,提高了汇率,但由于中央银行随时准备按照固定汇率进行外国与本国通货的交换,套利者会把外汇卖给中央银行,这就自动引起货币扩张,货币供给的增加使 LM^* 曲线向右移动,当 IS^* 曲线和 LM^* 曲线同时右移时,总收入一定增加,但对汇率和净出口没有确定的影响。在固定汇率制下,名义货币政策是无效的。

蒙代尔-弗莱明模型中的政策,小结见表17-1。

表17-1　　　　　　　　蒙代尔-弗莱明模型中的政策

政策	汇率制度					
	浮动汇率制			固定汇率制		
	y	e	nx	y	e	nx
扩张的财政政策	无影响	上升	减少	增加	无影响	无影响
扩张的货币政策	增加	下降	增加	无影响	无影响	无影响

小型开放经济的总需求曲线 AD 依然是右下倾斜的直线,反映了收入随物价的变动呈反方向变动。给定价格水平,扩张性政策 AD 曲线右移,紧缩性政策 AD 曲线左移。

【例题7·单项选择题】 浮动汇率制度下,当资本完全流动时,扩张的财政政策会导致( )。

A. 国内产出增加,利率下降
B. 外国产出增加,利率下降
C. 本币贬值,净出口增加
D. 本币升值,净出口减少

【答案】 D

【解析】 在浮动汇率制下,当资本完全流动时,扩张性财政政策会使 IS^* 曲线向右移动,提高了汇率,本币升值,减少了净出口,但对收入没有影响。因此本题选 D 项。

思考与练习

一、单项选择题

1. 能够对世界利率水平产生影响的是( )。

A. 小国经济
B. 大国经济
C. 小国开放经济
D. 大国开放经济

2. 在开放条件下,当一国储蓄小于私人投资意愿时,则呈现( )。
   A. 净出口为正   B. 对外净投资为正
   C. 贸易余额为逆差   D. 国际债权增加
3. 决定国际间资本流动的主要因素是各国的( )。
   A. 收入水平   B. 利率水平
   C. 价格水平   D. 进出口差额
4. 实际汇率上升,是因为( )。
   A. 外国对本国出口品需求上升了   B. 本国对出口商品的供给增加了
   C. 意愿的对外净投资大于净出口   D. 本国物价下降了
5. 在蒙代尔-弗莱明模型中,本国利率等于世界利率是( )实现均衡的表现。
   A. 商品市场   B. 货币市场   C. 进出口贸易   D. 外汇市场
6. 在浮动汇率制下的小国开放经济中,扩张性财政政策会使( )。
   A. 本国利率上升   B. 本币汇率上升
   C. 本国净出口上升   D. 本国国民收入上升
7. 在浮动汇率制下的小国开放经济中,扩张性货币政策会使( )。
   A. 本币汇率上升   B. 本币汇率下降
   C. 本国国民收入不变   D. 本国国民收入下降
8. 在固定汇率制下的小国开放经济中,扩张性财政政策会使( )。
   A. 本币汇率上升   B. 本国净出口上升
   C. 本国国民收入上升   D. 以上三者均不变
9. 在固定汇率制下的小国开放经济中,扩张性货币政策会使( )。
   A. 本币汇率上升   B. 本币净出口上升
   C. 本国国民收入上升   D. 以上三者均不变
10. 在小国模型中,( )是外生变量。
   A. 国民收入   B. 利率水平
   C. 汇率水平   D. 货币需求量

二、判断题

1. 国际收支的失衡意味着国际收支平衡表的借方和贷方不等。   (   )
2. 如果名义汇率是以直接标价法给出的,则实际汇率的上升意味着本币的升值,外币的贬值。   (   )
3. 小型开放经济中,IS^* 曲线向右下方倾斜,反映了收入和利率的反向变动关系。(   )
4. 小型开放经济中,LM^* 曲线是一条垂线。   (   )
5. 实际汇率上升,利于进口增加;反之,进口减少。   (   )
6. 本国利率高于外国,则资本从外国流向本国。   (   )

三、名词解释

1. 汇率
2. 蒙代尔-弗莱明模型

3. 固定汇率制度
4. 浮动汇率制度
5. 直接标价法
6. 间接标价法

四、计算题

如果日本汽车价格为 50 万日元,一辆类似的美国汽车价格为 1 万美元,如果 1 美元可以买 100 日元,则名义汇率与实际汇率各是多少?

五、简答题

1. 对于小国开放模型来说,国内利率与世界利率水平为什么总能保持一致?
2. 为什么在浮动汇率制的开放小国经济中,实施财政政策不会对该国的国民收入产生效果?
3. 运用蒙代尔-弗莱明模型进行预测,当下列情况之一发生时,国民收入、汇率和贸易余额在浮动汇率制下和固定汇率制下会怎样变化?
 (1) 消费者减少当前消费而增加储蓄。
 (2) 为保护国内不多的森林资源,该国决定关闭国内的一些造纸企业而进口更多的纸张。
 (3) 自动取款机的普及降低了人们对货币的交易性需求。
4. 为了提高出口产品的国际竞争力,同时保持总收入不变,在浮动汇率制下,根据蒙代尔-弗莱明模型,应该选择怎样的货币政策和财政政策组合?
5. 假如你是一个大国开放经济的中央银行行长,你的目标是保持收入稳定。当发生下列情况之一时,你该采取怎样的政策?你的政策会对货币供给、利率、汇率和贸易余额产生怎样的影响?
 (1) 财政部决定提高税率以弥补财政赤字。
 (2) 外贸部决定限制进口日本彩电。

第二部分 思考与练习参考答案

第一章 导 论

一、单项选择题

1	2	3	4	5	6	7	8	9	10
C	A	B	D	B	A	B	C	B	D

【解释】

第1题:稀缺性问题存在于一切经济形态中,无论是市场经济还是计划经济,也无论发展中国家还是发达国家,只要有经济活动,就有稀缺性。

因此选择C。

第4题:微观经济学与宏观经济学的划分来自研究对象及范围的不同,研究家庭及企业的个体行为属于微观经济学,研究一个国家的整体运行属于宏观经济学,国际贸易、通货膨胀和失业都是针对整个国民经济的运行,属于宏观经济学,故AC选项错误。国家是否发达不是划分微观经济学与宏观经济学的标准,故B选项错误。

因此选择D。

第10题:规范研究事物"应该是什么",包含价值判断,实证研究"是什么",要排除价值判断。ABC选项都包含价值判断,属于规范表述。D选项仅仅描述事物本身是什么,属于实证表述而不是规范表述。

因此选择D。

二、判断题

1	2	3	4	5
√	√	×	√	×

【解释】

第3题:错误。微观经济学要解决的问题是资源配置,宏观经济学要解决的问题是资源利用。

第5题:错误。市场失灵是宏观经济学的基本假设,微观经济学的基本假设是理性人、完全信息、市场出清。

三、名词解释

1. 机会成本是指当把一定经济资源用于生产某种产品时所放弃的另一种产品上最大的

收益。

2. 生产可能性边界是指在既定的经济资源和生产技术条件下所能达到的各种产品最大产量组合的轨迹,又称为生产可能性曲线,表示社会生产在现有条件下的最佳状态。

四、简答题

1. 西方经济学认为,人类的欲望和由此引起的对物品和劳务的需要是无限多样的,可是用来满足这些无限需要的手段即用来提供这些物品和劳务的生产资源是稀缺的。这样,就产生了如何分配使用这些有限的资源来满足无限需要的问题,这就是"选择",也就是"配置"资源的问题。

人类社会面临的经济问题就是如何把有限的资源合理地和有效率地分配使用于各种途径以满足人类无限多样的需要。在市场经济中,资源的配置是通过市场价格机制来实现的,生产什么、生产多少、如何生产、为谁生产,都是由市场价格决定的。假若人类能无限量地生产出各种物品,或者人类的欲望能够完全得到满足,即在这样一个丰裕的"伊甸园"里,不存在稀缺物品,所有的物品都是免费的,像沙漠中的沙和海岸边的海水,价格和市场互不相关,那么经济学就无需存在了。正是由于人类欲望的无限性和生产资源的有限性之间的矛盾才引起了人类的经济活动,西方经济学也就成为一门考察稀缺资源的配置的科学。

2. 属于规范经济学问题,而不属实证经济学问题。实证经济学说明和回答的问题是,经济现象"是什么",即经济现象的现状如何。规范经济学是以一定的价值判断为出发点,提出行为的标准,并研究如何才能符合这种标准,它回答"应该是什么"的问题。由于人们的立场观点、伦理道德观点不同,对同一事物会有不同的看法。例如,人们的收入差距大一点好还是小一点好,个人根据自己的价值标准,可能有不同的回答,坚持效率优先的人会认为收入差距大一点好,因为这样可以提高效率;相反,坚持公平为重的人会认为,收入差距小一点好,因为这样可以体现收入均等化原则。可见,这个问题属于规范经济学范畴。

五、论述题

1. 根据西方经济学所研究的具体对象、范围不同,可以将西方经济学分为微观经济学和宏观经济学两个组成部分。

微观经济学是以单个经济主体(作为消费者的单个家庭、单个厂商或企业以及单个产品市场)的经济行为作为考察对象的科学,它采用的是个量分析的方法,研究的问题主要有:个人或家庭作为消费者如何把有限的收入分配于各种商品的消费上,以获得最大效用;单个生产者如何把有限的生产性资源分配于各种商品的生产上,以获得最大利润;商品市场和要素市场上均衡价格和均衡产量是如何决定的等,微观经济学的核心是价格问题。

宏观经济学是把一个社会作为一个整体的经济活动为考察对象,采用总量分析法,以国民收入为中心,以全社会福利为目标,从总供求的角度研究产品市场、货币市场、国际收支等方面的协调发展,以及怎样通过宏观调控达到资源的充分利用。它研究的是诸如社会就业量、物价水平、经济增长、经济周期等全局性的问题。

微观经济学和宏观经济学的目的都是为了实现资源配置的节省和经济效率,取得社会福利最大化。区别在于各自研究的重点和论述的方式不同。微观经济学的理论基础是以马歇尔为代表的新古典经济学,其核心是市场有效性和自由放任;宏观经济学的理论基础是凯恩斯主义经济学,其核心是市场失效和国家干预。微观经济学以资源充分利用为前提,研究资源的优化配置;而宏观经济学则以资源优化配置为前提,研究资源的充分利用。联系在于:①它们是整体与个体之间的关系。如果形象化地把宏观经济学看作研究森林的特征,微观经济学则是考察构成森林的树木。②微观经济学是宏观经济学的基础。宏观经济行为的分析总是要以一定的微观分析为其理论基础。③微观经济学和宏观经济学使用同样的分析方法,如均衡方法、边际方法、静态分析和动态分析方法等。

2. 因为人类一切活动都受资源的相对有限性和资源稀缺性约束。欲望无限但资源也是有限的,稀缺性产生于人类欲望的无限性与资源的有限性这对矛盾,它强调的不是资源绝对数量的多少而是相对于欲望无限性的有限性,人们的欲望总是超过实际的生产能力,所以任何人在任何社会,任何时候都无法摆脱稀缺性,稀缺性是每个人在生活中必须面对的现实。如果任何资源都是取之不尽、用之不竭的,以致达到人类尽所需的地步,节俭就没有必要,经济学也不会产生。

资源是有限的,资源稀缺的另一面是资源的多用性。既有限而又有多种用途的资源称为相对稀缺资源,稀缺资源是在零价格下需求量大于供给量的资源。稀缺性强调的不是资源绝对数量的多少而是相对于欲望无限性的有限性,稀缺性是个绝对也是个相对的概念,绝对是在任何社会和任何时代资源都存在稀缺,无处不在无时不有,相对是相对于人的无穷的欲望而言的。

3. 机会成本是为了得到某种东西所放弃的另一最佳选择所带来的潜在收益。工作也有机会成本,一般而言,应选择预期收益最高、机会成本最小的行动方案。如果继续深造,其收益是可以预期的,但继续深造的成本除了要交的学费外,另一个大的代价就是如果去工作的话,就会有收入,有工作经历和更多的职位升迁机会。光从金钱角度来看,一个学生在大学里待了4年,每年支付1万元的学费与书费。上大学的部分机会成本,是该学生可用于购买其他商品但又不得不用于学费与书费的4万元。如果该学生不上大学,而是到一家银行做职员,每年的薪金为2万元。那么,在大学里所花费的时间的机会成本是8万元。因而,该学生的大学学位的机会总成本为12万元。那么,你上大学的决策又意味着什么呢?大学学位可以提高我们的竞争力和本人的综合素质,因而我们还是可以从中获益的。为了作出是否上大学的明智的决策,必须比较收益与机会成本。

第二章 需求、供给和均衡价格

一、单项选择题

1	2	3	4	5	6	7	8	9	10
D	B	B	B	A	D	A	B	B	C
11	12	13	14	15	16	17	18	19	20
B	B	A	C	C	C	C	A	B	A

【解释】

第1题：供给曲线反映了价格和供给量之间一一对应的关系。因此除价格和供给量之外，其他因素都是常数。

因此选择 D。

第2题：假定 Y 商品是 X 商品的替代品，Y 商品的价格上升，将导致 Y 商品的需求量下降，从而导致 X 商品的需求增加 50 单位；假定 Z 商品是 X 商品的互补品，Z 商品的价格上升，将导致 Z 商品的需求量下降，从而导致 X 商品的需求减少 80 单位。在他们的共同作用下，该月 X 商品需求数量减少 30 单位。

因此选择 B。

第3题：羊肉和牛肉互为替代品，如果其他因素不变，P 羊肉↑，Q_d 羊肉↓，Q_d 牛肉↑，所以，在替代商品中，某种商品的需求量随着替代品商品价格的提高而增加；球拍和球互为互补品，如果其他因素不变，P 球拍↑，Q_d 球拍↓，Q_d 球↓，所以，在互补商品中，某种商品的需求量随着互补品价格上升而减少。

因此选择 B。

第4题：其他因素不变，由某种商品价格变动引起消费者对该商品需求量的变动称为需求量的变动；而某种商品的自身价格不变，由其他因素变动引起的消费者对该商品需求量的变动称为需求的变动。出租车和公共汽车服务互为替代品，当出租车租金上涨，导致出租车的需求量下降，从而导致公交车的需求增加。

因此选择 B。

第5题：供给量变动是指其他因素不变，由某种商品价格的变动引起的厂商对这种商品供给量的变动。在图形中，供给量的变动表现为在同一条供给曲线上点的移动。

因此选择 A。

第6题：商品 A 和商品 B 是替代的，则 A 的价格下降，将导致 A 商品的需求量增加，表现在图里为在 A 曲线上的点的移动；而将导致 B 的需求减少，表现在图里为 B 的需求曲线向左移动。

因此选择 D。

第7题：一个商品的价格下降，其需求量将上升，其互补品的需求将上升，表现在图里为互补品的需求曲线向右移动。

因此选择 A。

第 8 题:生产某种物品所需原料价格上升,供给将减少,供给曲线左移。

因此选择 B。

第 9 题:在供给不变的情况下,需求增加,需求曲线右移,将导致均衡价格上升;在需求不变的情况下,供给减少,供给曲线左移,将导致均衡价格上升。

因此选择 B。

第 11 题:完全无弹性,表示不管价格如何变动,需求量始终不变,所以需求完全无弹性是一条与纵轴平行的线。

因此选择 B。

第 12 题:当两种商品中一种商品的价格发生变化时,这两种商品的需求量都同时增加或减少,则这两种商品为互补品,如 P 球拍↑、Q_d 球拍↓、Q_d 球↓,需求的交叉价格弹性系数为负值。

因此选择 B。

第 13 题:需求的价格弹性反映了需求量对价格变动的反应程度,需求的收入弹性反映了需求量对收入变动的反应程度,需求的交叉价格弹性反映了需求量对相关商品价格变动的反应程度,需求的预期价格弹性反映了需求量对预期价格变动的反应程度。需求量变动是指其他因素不变,由某种商品价格变动引起的消费者对该商品需求量的变动。在坐标图中,需求量的变动表现为在同一条需求曲线上点的移动。需求变动是指某种商品的自身价格不变,由其他因素变动引起的消费者对该商品需求量的变动。在坐标图中,需求变动表现为需求曲线本身的移动。

因此选择 A。

第 14 题:供给弹性无穷大面临的供给曲线是一条与横轴平行的线。

因此选择 C。

第 15 题:A 点的 $E_d = 10 \div (25-10) = \dfrac{2}{3}$。

因此选择 C。

第 16 题:玉米是需求缺乏弹性的商品,需求量的变动幅度小于价格的变动幅度,恶劣天气条件使玉米产量下降 20%,将使价格上升幅度大于 20%,而对于缺乏弹性的商品,厂商的总收益与价格正相关,价格上升,收益将增加。

因此选择 C。

第 20 题:香烟的需求曲线缺乏弹性,因为上了瘾的烟客不会在乎价格的高低,所以价格的高低对香烟需求量的影响较小;相对而言,香烟供给曲线的弹性却较大,因为价格的上升能使其供给量有较大幅度的增加。这就决定了对香烟征税时,税负主要由消费者负担,因为,需求曲线的弹性小于供给曲线的弹性,其税负主要由消费者负担。

因此选择 A。

二、判断题

1	2	3	4	5	6	7	8	9	10
√	×	×	√	×	√	√	√	√	√

【解释】

第 2 题：如果政府对某种商品的生产者给予现金补贴，会使该商品的供给曲线向右下方移动。这与生产者生产成本减少或生产技术改善使供给曲线向右下方移动是一样的。

第 3 题：两者是两个紧密联系却又不相同的概念。需求曲线在某点的斜率为 $\dfrac{\mathrm{d}P}{\mathrm{d}Q}$，而需求的点弹性不仅取决于斜率的倒数值 $\dfrac{\mathrm{d}Q}{\mathrm{d}P}$，还取决于 $\dfrac{P}{Q}$。

第 4 题：因为运输的需求的价格弹性为 1.2，说明运输的需求是富有弹性的。富有弹性的商品的价格与销售收入呈反方向变动。因此要增加收入必须降价。

第 5 题：对于一般商品来说，在其他因素不变的条件下，降低价格会使供给量减少。但当其他因素发生变化时，降低价格不一定会使供给量减少。

第 7 题：供给增加，供给曲线右移，均衡价格下降，均衡数量上升；需求增加，需求曲线右移，均衡价格上升，均衡数量上升，所以均衡数量一定上升，如果供给增加的幅度大于需求增加的幅度，均衡价格将下降。

第 8 题：$E_M = \dfrac{\dfrac{\Delta Q_d}{Q_d}}{\dfrac{\Delta M}{M}} = \dfrac{\Delta Q_d}{\Delta M} \cdot \dfrac{M}{Q_d}$，需求收入弹性，用来衡量某种商品的需求量对消费者收入变动的反应程度。

第 9 题：供给量变动是指其他因素不变，由某种商品价格的变动引起的厂商对这种商品供给量的变动。供给变动是指某种商品的价格不变，由其他因素变动引起的厂商对该商品供给量的变动。

第 10 题：农产品是缺乏弹性的商品，厂商的总收益与价格正相关，因此当农产品价格上升时，农场主的总收益将增加。

三、名词解释

1. 需求是指在一定时期内，在各种可能的价格水平上，消费者愿意并且能够购买的商品或服务数量。

2. 需求定理是指在其他因素不变的情况下（前提），某种商品的需求量与价格呈反方向变动。

3. 供给是指在一定时期内，在各种可能的价格水平上，生产者愿意并且能够生产的商品或服务数量。

4. 供给定理是指在其他因素不变的情况下（前提），某种商品的供给量与价格呈同方向变动。

5. 均衡价格是指供给与需求相等时的价格。

6. 需求价格弹性是指一定时期内一种商品需求量的相对变动对于价格相对变动的反应敏感程度。

7. 需求交叉价格弹性是指一定时期内一种商品需求量的变动对于相关商品价格变动的反应程度。

8. 需求收入弹性是指一定时期内消费者对某种商品需求量的变动对于消费者收入量变动的反应程度。

四、计算题

1. (1) E_d 弧 $= -\dfrac{\Delta Q}{\Delta P} \cdot \dfrac{P_1 + P_2}{Q_1 + Q_2} = -\dfrac{100 - 300}{4 - 2} \times \dfrac{2 + 4}{300 + 100}$

   $= \dfrac{200}{2} \times \dfrac{6}{400} = \dfrac{3}{2}$。

   (2) E_d 点 $= -\dfrac{dQ}{dP} \times \dfrac{P}{Q} = -(-100) \times \dfrac{2}{300} = \dfrac{2}{3}$。

2. (1) E_s 弧 $= \dfrac{\Delta Q}{\Delta P} \cdot \dfrac{P_1 + P_2}{Q_1 + Q_2} = \dfrac{7 - 3}{5 - 3} \times \dfrac{3 + 5}{3 + 7} = \dfrac{4}{2} \times \dfrac{8}{10} = \dfrac{8}{5}$。

   (2) E_s 点 $= \dfrac{dQ}{dP} \cdot \dfrac{P}{Q} = 2 \times \dfrac{4}{5} = \dfrac{8}{5}$。

3. (1) $Q = 24$,$P = 18$,$E_d = 1.5$,$E_s = 2.25$。

   (2) 如果政府对每单位产品征收 5 元销售税,造成供给曲线向左上方平移,垂直移动距离为 5,即供给曲线为 $Q^s = -30 + 3(P - 5)$,则有 $-30 + 3 \times (P - 5) = 60 - 2P$,解得 $P = 21$,$Q = 18$,从而政府的税收收入是 $18 \times 5 = 90$(元),其中消费者负担 $(21 - 18) \times 18 = 54$(元),生产者负担 $(90 - 54) = 36$(元)。

4. $Q = 1\,480$,$TR_2 = 1\,480 \times 0.8 = 1\,184$,$TR_1 = 1\,000$ $\therefore \Delta TR = 184$,总收益增加了。

5. 由 $M = 1\,000Q^2$,得 $Q = \sqrt{\dfrac{M}{1\,000}}$,这样,$\dfrac{dQ}{dM} = \left(\dfrac{1}{2}\right) \times \left(\dfrac{M}{1\,000}\right)^{-\frac{1}{2}} \times \left(\dfrac{1}{1\,000}\right)$ 于是,

$E_M = \dfrac{dQ}{dM} \times \dfrac{M}{Q} = \dfrac{1}{2} \times \left(\dfrac{M}{1\,000}\right)^{-\frac{1}{2}} \times \dfrac{1}{1\,000} \times \dfrac{M}{\left(\dfrac{M}{1\,000}\right)^{\frac{1}{2}}} = \dfrac{1}{2}$。

即:实际上不论收入是多少,该消费者需求函数的收入点弹性恒为 $\dfrac{1}{2}$。

6. 由 $Q = \dfrac{M}{P^n}$,得 $E_M = \dfrac{dQ}{dM} \cdot \dfrac{M}{Q} = \dfrac{1}{P^n} \cdot \dfrac{M}{\dfrac{M}{P^n}} = 1$。

$E_d = -\dfrac{dQ}{dP} \cdot \dfrac{P}{Q} = -M \cdot (-n) \cdot \dfrac{1}{P^{n+1}} \cdot \dfrac{P}{M} = n$。

7. 由题设,$E_d = 1.2$,$E_M = 3.0$。

   (a) 由于 $E_d = -(\Delta Q/Q) \div (\Delta P/P)$,故 $\Delta Q/Q = E_d \cdot (\Delta P/P) = -1.2 \times 3\% = -3.6\%$,即价格提高 3% 将导致需求减少 3.6%。

   (b) 由于 $E_M = (\Delta Q/Q) \div (\Delta M/M)$,故 $\Delta Q/Q = E_M \cdot (\Delta M/M) = 3.0 \times 2\% = 6.0\%$,即收入提高 2% 将导致需求增加 6.0%。

   (c) 由 $\dfrac{\Delta P}{P} = 8\%$,$\dfrac{\Delta M}{M} = 10\%$ 及 $Q = 800$,得 $Q' = E_d \cdot (\Delta P/P) + [E_M \cdot (\Delta M/M) + 1] \cdot Q = (-1.2 \times 8\% + 3.0 \times 10\% + 1) \times 800 = 963.2$(万辆)。

8. (1) 由题意知:$Q_A = 200 - 0.2P_A$,$Q_B = 400 - 0.25P_B$,而 $Q_A = 100$,$Q_B = 250$,则:

$P_A = 200 \div 0.2 - 100 \div 0.2 = 500$，$P_B = 400 \div 0.25 - 250 \div 0.25 = 600$。

所以，A 公司当前的价格弹性 $E_{d_A} = -(\mathrm{d}Q_A/\mathrm{d}P_A) \times (P_A/Q_A) = -(-0.2) \times (500 \div 100) = 1$。

B 公司当前的价格弹性 $E_{d_B} = -(\mathrm{d}Q_B/\mathrm{d}P_B) \times (P_B/Q_B) = -(-0.25) \times (600 \div 250) = 0.6$。

(2) 由题意知：$Q_B = 300$，$Q_A = 75$，则：$P_B = 400 \div 0.25 - 300 \div 0.25 = 400$，$\Delta Q_A = 75 - 100 = -25$，$\Delta P_B = 400 - 600 = -200$。

所以，A 公司产品的交叉价格弹性 $E_{AB} = (\Delta Q_A/Q_A) \div (\Delta P_B/P_B) = (-25 \div 100) \div (-200 \div 600) = 0.75$。

(3) 由(1)可知，B 公司生产的产品在价格为 600 时的需求价格弹性为 0.6，既其需求缺乏弹性。对于缺乏弹性的商品，其价格与销售收入呈同方向变动。因此，B 公司要使销售收入最大，应该提价而不是降价。

五、画图分析题

1．(1) 需求曲线往右移，均衡价格上升，均衡数量上升。

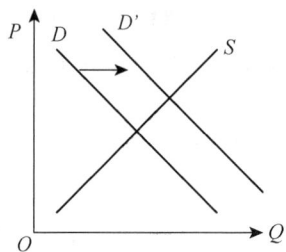

习题解答图 2-1　第(1)种情况

(2) 供给曲线往左移，均衡价格上升，均衡数量减少。

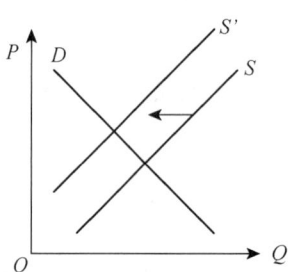

习题解答图 2-2　第(2)种情况

(3) 需求曲线往左移，均衡价格减少，均衡数量减少。

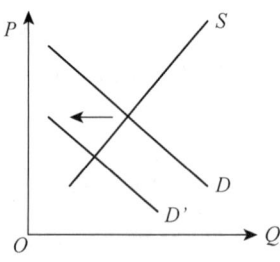

习题解答图 2-3　第(3)种情况

(4) 供给曲线往右移,均衡价格下降,均衡数量增加。

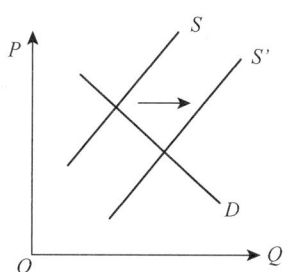

习题解答图 2-4　第(4)种情况

(5) 需求曲线往右移,均衡价格上升,均衡数量上升。

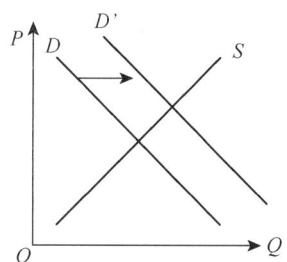

习题解答图 2-5　第(5)种情况

2. 谷贱伤农描述的是一种经济现象:在丰收的年份,农民的收入反而减少。造成这种现象的根本原因在于农产品的需求价格弹性往往是缺乏弹性的。以下图为例具体说明,图中的农产品需求曲线是缺乏弹性的,其比较陡峭,农产品的丰收使供给曲线 S 的位置向右平移至 S' 的位置,在缺乏需求弹性的需求曲线的作用下,农产品的价格大幅度由 P_1 下降到 P_2。由于农产品均衡价格下降幅度大于农产品的均衡数量的增加幅度,农民的总收入量减少,总收入的减少量相当于图中的矩形 $OP_1E_1Q_1$ 和 $OP_2E_2Q_2$ 矩形的面积之差。

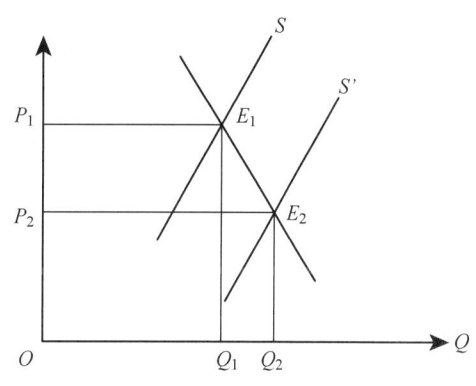

习题解答图 2-6　第 2 题图示

六、问答题

1. (1) 用 Ea, Eb 和 Ec 分别代表 a、b 和 c 点的需求弹性,则由于 $Ea = jO \div jf$, $Eb = jO \div jf$, $Ec = jO \div jf$,因而 $Ea = Eb = Ec$。

(2) 用 Ea, Ed 和 Ee 分别代表 a、d 和 e 点的需求弹性,则由于 $Ea = KG \div KO$, $Ed = KH \div KO$, $Ee = KI \div KO$。

又由于 $KG < KH < KI$, $Ea < Ed < Ee$。

2. 对农产品,应采取提价的办法;对电视机、录像机这类高档消费品则应采取降价的办法。根据需求的价格弹性与销售总收入之间的关系,我们知道,对需求富有弹性的商品来说,其销售总收入与价格呈反方向变动,即它随价格的提高而减少,随价格的降低而增加;而需求缺乏弹性的商品来说,其销售总收入与价格呈正方向变动,即它随价格的提高而增加,随价格的降低而减少。所以,为了提高生产者的收入,对农产品这类需求缺乏弹性的必需品应该采取提价办法,而对于电视机、录像机这类需求富有弹性的高级奢侈品应该采取降价的办法。

3. 气候不好对农民是否有利就是要看农民的总收入在气候不好的情况下如何变动。显然气候不好的直接影响是农业歉收,即农产品的供给减少,这表现为农产品供给曲线向左上方移动。假若此时市场对农产品的需求状况不发生变化,即需求曲线固定不动,那么农产品供给的减少将导致均衡价格的上升。由于农产品是需求缺乏弹性的商品,根据需求的价格弹性与销售总收入之间的关系可知,此时农民的总收入将随着均衡价格的上升而增加。故在需求状况不因气候不好发生变化,并且对农产品需求缺乏弹性的情况下,气候不好引致的农业歉收对农民增加收入是有利的。当然,若需求状况也同时发生变化,那么农民将不因气候不好而得到更多的收入。故对这个问题的回答依赖于对弹性系数及需求状况所作的假设,一般不能笼统下判断。

4. (1) 商品的可替代性。一种商品的替代品越多,则需求弹性越大。

(2) 商品用途的广泛性。一种商品的用途越广泛,需求价格弹性越大。

(3) 商品对消费者生活的重要程度。一种产品对人们生活必需的程度越大,则需求弹性越小。

(4) 商品的消费支出在消费者全部支出中所占的比例。一种产品的消费支出在消费全部支出中所占的比例越大,则需求弹性越大。

(5) 消费者调整需求量的时间的长短。所考虑的调节时间越长,则需求价格弹性就越大。

5. 需求量变动是指其他因素不变,由某种商品价格变动引起的消费者对该商品需求量的变动。在坐标图中,需求量的变动表现为在同一条需求曲线上的点的移动。需求变动是指某种商品的自身价格不变,由其他因素变动引起的消费者对该商品需求量的变动。在坐标图中,需求变动表现为需求曲线本身的移动:需求增加,需求曲线向右上方移动;需求减少,需求曲线向左下方移动。

供给量变动是指其他因素不变,由某种商品价格的变动引起的厂商对这种商品供给量的变动。在图形中,供给量的变动表现为在同一条供给曲线上的点的移动。供给变动是指某种商品的价格不变,由其他因素变动引起的厂商对该商品供给量的变动。在图形中,供给变动表现为供给曲线的移动:在既定的价格水平上,如果商品的生产成本降低,其他因素不变,对该商品的供给量就会增加,供给曲线向右下方移动。

第三章 效 用 论

一、单项选择题

1	2	3	4	5	6	7	8	9	10	11	12	13	14	15
D	A	A	A	B	C	A	C	C	A	A	A	A	B	C

【解释】

第 2 题:A 选项效用增加了 5 个单位,因此为边际效用,B 选项为总效用,C 选项为平均效用。

因此选择 A。

第 3 题:无差异曲线的斜率为边际效用替代率,因此当斜率为 $\frac{1}{2}$ 时,说明 X 商品和 Y 商品的替代率为 $\frac{1}{2}$,因此 $\frac{1}{2}$ 个就足够交换了。

因此选择 A。

第 5 题:无差异曲线的点是由消费者不同的商品组合形成的,在这些不同点的组合下,消费者能够得到的效用总量是相等的。

因此选择 B。

第 9 题:边际效用递减规律指的是当商品的消费增加时,每增加一个商品效用增加量递减,但是总效用依然是增加的,所以总效用依然会上升。

因此选择 C。

第 11 题:预算线的移动是与双方价格和收入都有关系的,当价格呈相同比例变化时,预算线应该是平移,但是平移的方向取决于收入的增加还是减少。

因此选择 A。

二、判断题

1	2	3	4	5
√	×	√	√	×

三、名词解释

1. 边际效用递减规律是指在一定时间内,在其他商品的消费数量保持不变的条件下,随着消费者对某种商品消费量的增加,消费者从该商品连续增加的每一消费单位中所得到的效用增量即边际效用是递减的。

2. 预算线是指收入和价格给定时,全部收入能买的商品组合。在这些不同的组合下,消费者的总效用是相等的。

3. 完全互补品是指两种商品必须按固定不变的比例同时被使用的情况。

4. 恩格尔曲线是指消费者在每一收入水平对某商品的需求量。通过恩格尔曲线可以将商品分为劣等品和正常品。

5. 消费者均衡是指研究单个消费者如何把有限的货币收入分配在各种商品的购买中以获得最大的效用。

四、计算题

1. (1) $I = 3 \times 30 = 90$(元)。

(2) $P_2 = I \div 20 = 4.5$(元)。

(3) 预算线方程：$I = P_1 X_1 + P_2 X_2$。

$I = 90 \quad P_1 = 3 \quad P_2 = 4.5$

所以：$90 = 3X_1 + 4.5X_2$。

(4) 预算线斜率 $K = OX_2 \div OX_1 = 20 \div 30 = -\dfrac{2}{3}$。

(5) E 点的边际替代率为 $\dfrac{2}{3}$。

2. (1) 设消费者对两种商品的购买量分别为 X_1 和 X_2，则根据条件有：

$540 = 20X_1 + 30X_2$

因为 $U = 3X_1 X_2^2$，则：$MU_1 = 3X_2^2 \quad MU_2 = 6X_1 X_2$，

当消费者均衡时，$\dfrac{MU_1}{MU_2} = \dfrac{P_1}{P_2}$，推出：$3X_2^2 \div 6X_1 X_2 = \dfrac{20}{30}$

联立方程 求得：$X_1 = 9, X_2 = 12$。

(2) 总效用 $U = 3X_1 X_2^2 = 3 \times 9 \times 12^2 = 3\,888$。

3. (1) 由 $U = XY$ 得：

又知，$Px = 20, Py = 30$，进而由 $\dfrac{MUx}{Px} = \dfrac{MUy}{Py}$，得 $\dfrac{Y}{20} = \dfrac{X}{30}$。

由题意可知预算方程为：$20X + 30Y = 1\,200$。

解 $\begin{cases} \dfrac{Y}{20} = \dfrac{X}{30} \\ 20X + 30Y = 1\,200 \end{cases}$ 得 $\begin{cases} X = 30 \\ Y = 20 \end{cases}$

因此，为使获得的效用最大，他应购买 30 单位的 X 和 20 单位的 Y。

(2) 因为，$MUx = \dfrac{\partial U}{\partial x} = Y = 20, Px = 20$。

所以，货币边际效用 $\lambda = \dfrac{MUx}{Px} = \dfrac{Y}{Px} = \dfrac{20}{20} = 1$

总效用 $TU = XY = 30 \times 20 = 600$。

(3) 现在 $Px = 20 + 20 \times 44\% = 28.8$，$\dfrac{MUx}{Px} = \dfrac{MUy}{Py}$ 也就是 $\dfrac{Y}{28.8} = \dfrac{X}{30}$。

又由题意可知，$U = XY = 600$

解 $\begin{cases} \dfrac{Y}{28.8} = \dfrac{X}{30} \\ XY = 600 \end{cases}$ 得 $\begin{cases} X = 25 \\ Y = 24 \end{cases}$ 因此他的收入应该为 $28.8 \times 25 + 30 \times 24 = 1\,440$(元)，因此收

入要增加 240 元。

五、简答题

1. 无差异曲线的特征：

（1）函数连续，曲线无数条，越远越高。

（2）任何两条线不会相交。

（3）凸向原点（向右下倾斜，斜率为负且绝对值递减，因为边际替代率递减）。

2. 预算线的移动包括以下几种形式：

（1）P_1 和 P_2 不变，收入 I 变，线平移，斜率不变。

（2）P_1、P_2 不变，收入 I 不变，线平移，斜率不变。

（3）收入 I 不变，P_1 或 P_2 中有一个变，线摆动。

（4）I、P_1、P_2 同比例同向变，线不变。

3. 关于偏好的假定有如下几个：

（1）偏好具有完全性。偏好的完全性指消费者总是可以比较和排列所给出的不同商品组合。

（2）偏好具有可传递性。可传递性指的是对于任何三个商品组合 A、B 和 C，如果消费者对 A 的偏好大于 B，对 B 的偏好大于 C，则消费者必定对 A 的偏好大于 C。

（3）偏好具有非饱和性。非饱和性指的是两个商品的区别仅在于商品的数量不同，在同样的效用前提下，消费者必然更加偏好数量多的商品组合。

六、论述题

1. 钻石对人的用处确实远不如水，所以，人们从水的消费中所得的总效用远远大于人们从钻石的使用中所得的总效用。但是，商品的需求价格不是由总效用而是由边际效用的大小来决定，即由 $P = \dfrac{Mu}{\lambda}$ 决定。

虽然人们从水的消费中所得的总效用很大，但是，由于世界上水的数量很大，水的边际效用很小，人们只愿付非常低的价格。相反，钻石的用途虽远不及水大，但世界上钻石数量很少，因此，其边际效用很大。

2. 低档商品的需求收入弹性小于零，因而低档商品的收入效应是需求量与实际收入呈反方向变化，即实际收入增加，需求量减少；实际收入减少，需求量增加。低档商品价格变化后，收入效应与替代效应在相反的方向起作用。因此，收入效应使替代效应减弱。

如习题解答图 3-1 所示，总效应是 $q_2 - q_0$；替代效应是 $q_1 - q_0$；收入效应等于总效应减替代效应，即收入效应 $= (q_2 - q_0) - (q_1 - q_0) = q_2 - q_1$。$q_2 < q_1$，所以收入效应是负的值，说明收入替代效应在相反的方向起作用价格消费线（如习题解答图 3-1 中的箭头方向所示），收入效应小于零的结果是使总效应小于替代效应。

尽管收入效应与替代效应在相反的方向起作用，

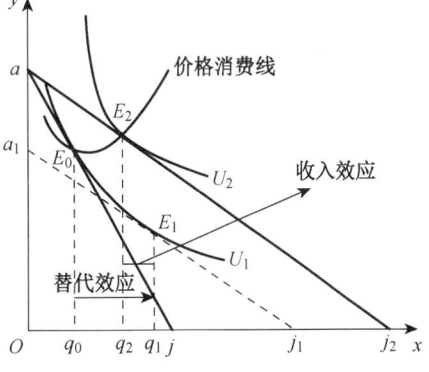

习题解答图 3-1　论述题第 2 题图示

由于在绝对值上替代效应大于收入效应,所以价格下降总的结果是该商品的需求量增加了。价格消费线仍向右下方倾斜。由此而导出的需求曲线也是向右下方倾斜的。因此,即使是低档商品,一般情况下也遵循需求法则,只不过需求曲线的价格弹性比较小。

第四章 企业的生产和成本

一、单项选择题

1	2	3	4	5	6	7	8	9	10
C	C	A	D	A	C	B	B	A	D
11	12	13	14	15	16	17	18	19	20
B	A	C	A	C	D	A	A	B	B
21	22	23	24	25	26	27	28	29	30
C	B	C	A	C	A	A	C	A	A

【解释】

第1题：生产函数表示在一定时期内，在技术水平不变的情况下，生产中所使用的各种生产要素的数量与所能生产的最大产量之间的关系。A选项应该是一定数量的投入、至多能生产多少产品，B选项生产一定数量的产品，最少要投入多少生产要素。

因此选择C。

第2题：详见本章画图分析题第1题图。

因此选择C。

第3题：详见本章画图分析题第1题图。

因此选择A。

第4题：边际报酬递减规律：在技术水平不变的条件下，在连续等量地把一种可变生产要素增加到其他一种或几种数量不变的生产要素上去的过程中，当这种可变生产要素的投入量小于某一特定值时，增加该要素投入所带来的边际产量是递增的；当这种可变要素的投入量连续增加并超过这个特定值时，增加该要素投入所带来的边际产量是递减的。

因此选择D。

第5题：详见本章画图分析题第1题图。

因此选择A。

第7题：$MRTS_{LK} = -\Delta K \div \Delta L = -(-2) \div 1 = 2$。

因此选择B。

第10题：详见本章画图分析题第1题图。

因此选择D。

第11题：注意区分规模报酬递减和要素报酬递减，规模报酬递减发生在按比例连续增加各种生产要素，要素报酬递减则发生在连续投入某一要素。

因此选择B。

第12题：不等式表明，同样的钱用于劳动投入所获得的产出效率要高于资本，故应增加劳动的投入。

因此选择 A。

第 13 题：规模报酬递减表明增加的要素投入比例要高于产出增加比例，企业规模过大，运行效率低下，倘若分拆企业可以提高效率，获得更高的产出。

因此选择 C。

第 14 题：因为 $f(\lambda L, \lambda K) = 2(\lambda L)^{0.6}(\lambda K)^{0.8} = 2\lambda^{1.4}L^{0.6}K^{0.8}$，$1.4 > 1$，所以规模报酬递增。

因此选择 A。

第 15 题：等成本曲线在坐标平面上与等产量曲线相交说明在这一产量水平上，没有达到最小成本，此时厂商应该减少成本支出，直到等成本曲线与等产量曲线相切以实现最佳效益。

因此选择 C。

第 18 题：$MC = \Delta TC \div \Delta Q = (10 \times 10 - 95) \div (10 - 9) = 5$。

因此选择 A。

第 19 题：隐成本是指那些厂商自己拥有的，同时且被用在企业生产中的那些生产要素所应支付的费用。

因此选择 B。

第 20 题：边际报酬递增对应边际成本下降，速率即曲线的斜率，边际成本曲线的斜率是负的，所以是递增的。

因此选择 B。

第 21 题：$SMC = \dfrac{\mathrm{d}STC}{\mathrm{d}Q}$，$SMC = \dfrac{\mathrm{d}TVC}{\mathrm{d}Q}$。

因此选择 C。

第 22 题：$AFC = TFC \div Q$，TFC 是固定不变的，随着产量的增加，AFC 会越来越小，但是永远不可能等于零，又因为 $AC = AFC + AVC$，所以 $AFC = AC - AVC$，AC 和 AVC 之间的垂直距离会越来越小，但永远不会相交。

因此选择 B。

第 23 题：$AC = TC \div Q = 4\,900 \div 1\,000 = 4.9$，$MC = (4\,900 - 4\,890) \div (1\,000 - 999) = 110$，所以 $MC > AC$。

因此选择 C。

第 25 题：经济成本 = 显性成本 + 隐性成本 = (辅导班学费 + 课本费) + 辅导班耗费时间的成本 = 1 000 + 500 + 1 000 = 2 500(元)。生活费不能算进成本中，因为即使不参加辅导班，生活费也是要花费的。

因此选择 C。

第 26 题：经济成本 = 显性成本(会计成本) + 隐性成本，经济成本 > 会计成本；经济利润 = 收益 - 经济成本 = 收益 - (显成本 + 隐成本) = 收益 - (会计成本 + 机会成本)，经济利润 < 会计利润。

因此选择 A。

第 27 题：机会成本是指生产者所放弃的使用相同的生产要素在其他生产用途中所能得到的最高收入。

因此选择 A。

第28题:LAC下降阶段,表明规模报酬递增;LAC水平,表明规模报酬不变;LAC上升,表明规模报酬递减。

因此选择 C。

第29题:长期总成本是厂商在长期生产过程中在每一个产量水平上通过选择最优的生产规模所能达到的最低总成本。

因此选择 A。

二、判断题

1	2	3	4	5	6	7	8	9	10
√	×	×	×	×	×	√	√	√	√
11	12	13	14	15	16	17	18	19	20
×	√	×	×	√	×	×	×	×	×

【解释】

第1题:由公式 $MP_L = \dfrac{dQ}{dL(Q)}$ 可得。

第2题:详见画图分析题第1题图。

第4题:详见画图分析题第1题图。

第5题:详见画图分析题第1题图。

第6题:按照生产者均衡的条件,要使用同等数量的要素,不仅要求要素价格相等,还要求此时要素的边际产量相等。

第8题:由公式 $MRTS_{LK} = \dfrac{w}{r}$ 可得。

第9题:$MRTS_{XY} = -\dfrac{\Delta Y}{\Delta X} = 3$。

第10题:边际收益递减、边际技术替代率递减都发生在某一种要素增加,而其他要素保持不变的情况。由于边际收益递减,才使增加一种要素所能替代的另一种要素越来越少,出现边际技术替代率递减现象。

第12题:在长期生产过程中,企业投入的所有生产要素数量都是可变的,所以不存在固定成本和可变成本之分。

第13题:$TC = FC + VC$,固定成本曲线是一条平行于产量轴的直线,可变成本曲线是从原点出发的一条向右上方倾斜的曲线,因此,短期总成本曲线不从原点出发,而从固定成本 FC 出发;没有产量时,短期总成本最小也等于固定成本。

第14题:$AFC = \dfrac{FC}{Q}$,AFC 随产量 Q 的增加一直趋于减少。

第15题:详见画图分析题第4题图。

第17题:$\dfrac{MP_a}{P_a} = \dfrac{10}{4} = \dfrac{30}{12}$,$\dfrac{MP_b}{P_b} = \dfrac{7}{3} = \dfrac{28}{12}$,$\dfrac{MP_a}{P_a} > \dfrac{MP_b}{P_b}$,要实现最优生产要素组合应增加生产要素 A、减少生产要素 B。

第18题:厂商在给定产量下使成本最小化,满足生产者均衡,但此时的产量是否满足

$MR=MC$ 不能确定,所以不能确定是否利润极大化。但是,在讨论利润极大化时,我们给出的成本函数本身就是满足生产者均衡的,即自变量 Q 对应的成本 TC 是生产者均衡条件下得出的,所以,利润极大化包含生产者均衡,但反过来不确定。

第19题:长期成本曲线的形状不是由边际收益递减规律造成的,而是由规模经济和规模不经济造成的。在企业扩张的开始阶段,厂商扩大生产规模会使经济效益提高,出现规模经济,这时长期平均成本是下降的。但当经济达到一定规模以后,再扩大规模,就会出现规模不经济,使经济效益下降,这时的长期平均成本曲线会趋于上升。

三、名词解释

1. 边际报酬递减规律是指在技术水平不变的条件下,在连续等量地把一种可变生产要素增加到其他一种或几种数量不变的生产要素上去的过程中,当这种可变生产要素的投入量小于某一特定值时,增加该要素投入所带来的边际产量是递增的;当这种可变要素的投入量连续增加并超过这个特定值时,增加该要素投入所带来的边际产量是递减的。

2. 等产量曲线是指在技术水平不变的条件下生产同一产量的两种生产要素投入量的所有不同组合的轨迹。

3. 边际技术替代率递减规律是指在维持产量不变的前提下,当生产一种生产要素的投入量不断增加时,每一单位的这种生产要素所能替代的另一种生产要素的数量是递减的。

4. 等成本线是指在既定的成本和既定生产要素价格条件下生产者可以购买到的两种生产要素的各种不同数量组合的轨迹。

5. 规模经济是指在企业生产扩张的开始阶段,厂商由于扩大生产规模而使经济效益得到提高,也就是说厂商产量增加的倍数大于成本增加的倍数。

6. 规模不经济是指当生产扩张到一定的规模之后,厂商继续扩大生产规模,就会使经济效益下降,也就是说,厂商产量增加的倍数小于成本增加的倍数。

7. 外在经济是指整个行业生产规模的扩大,给个别厂商所带来的产量与收益的增加。

8. 外在不经济是指一个行业的生产规模过大会使个别厂商的产量与收益减少。

9. 机会成本是指生产者所放弃的使用相同的生产要素在其他生产用途中所能得到的最高收入。

四、计算题

1. (1) 填表如下:

可变要素的数量	可变要素的总产量	可变要素的平均产量	可变要素的边际产量
1	2	2	2
2	12	6	10
3	24	8	12
4	48	12	24
5	60	12	12
6	66	11	6
7	70	10	4
8	70	8.75	0
9	63	7	−7

(2) 该生产函数表现出边际报酬递减。是从第 5 个单位的可变要素投入量开始,此时,平均产量开始大于边际产量。

2. (1) 根据已知条件 $Q = 10L - 0.5L^2 - 32, K = 10$。

$$AP_L = \left(\frac{Q}{L}\right) = -0.5L + 10 - \left(\frac{32}{L}\right) \quad MP_L = \left(\frac{dQ}{dL}\right) = 10 - L$$

(2) 当 $MP_L = 0$ 时,即 $10 - L = 0$ 时,TP 有极大值解得 $L = 10$。

令 $AP_L' = 0$ 时,即 $-0.5 + \frac{32}{L^2} = 0$ 解得 $L = 8, AP_L$ 达到极大。

$MP_L' = -1$,说明 MP_L 处于递减阶段。

(3) 当 AP_L 达到极大值时,$L = 8, AP_L = -0.5 \times 8 + 10 - 32 \div 8 = 2$。

此时的 $MP_L = 10 - L = 10 - 8 = 2$。

所以,当 $MP_L = AP_L$ 时,AP_L 达到极大值。

3. 在第 Ⅱ 阶段起点处,AP_L 应达到极大值,即 $AP_L' = 0$。

$$AP_L = \left(\frac{Q}{L}\right) = -L^2 + 24L + 240$$

$AP_L' = -2L + 24 = 0$,所以 $L = 12$,检验当 $L < 12$ 时,AP_L 是上升的。

在第 Ⅱ 阶段终点处,MP_L 应该等于零。

$MP_L = \frac{dQ}{dL} = -3L^2 + 48L + 240$,令 $MP_L = 0$,即 $-3L^2 + 48L + 240 = 0$,解得 $L = 20$。

因此,第 Ⅰ 阶段 $0 < L < 12$;第 Ⅱ 阶段 $12 \leqslant L \leqslant 20$;第 Ⅲ 阶段 $L > 20$。

4. (1) $MP_L = \frac{dQ}{dL} = \left(\frac{2}{3}\right)L^{-\frac{1}{3}}K^{\frac{1}{3}}$, $MP_K = \frac{dQ}{dK} = \frac{1}{3}L^{\frac{2}{3}}K^{-\frac{2}{3}}$

$$\begin{cases} 2L + K = 3\,000 \\ \dfrac{MP_L}{2} = \dfrac{MP_k}{1} \end{cases}$$

$$\begin{cases} 2L + K = 3\,000 \\ \dfrac{2}{3}L^{-\frac{1}{3}}K^{\frac{1}{3}} \div 2 = \dfrac{1}{3}L^{\frac{2}{3}}K^{-\frac{2}{3}}/1 \end{cases}$$

$$\begin{cases} 2L + K = 3\,000 \\ L = K \end{cases}$$

所以,$L = 1\,000 = K$

$Q = 1\,000^{\frac{2}{3}} \times 1\,000^{\frac{1}{3}} = 1\,000$

(2) $800 = L^{\frac{2}{3}}K^{\frac{1}{3}}$,得 $L = K$

所以,$L = 800, K = 800, C = 2L + K = 3 \times 800 = 2\,400$。

5. (1) 图中存在规模报酬递减与不变。例如,$70 = f(1, 2)$ 与 $130 = f(2, 4)$,此时生产要素增加比例为 2,而产量增加比例为 $\dfrac{130}{70}$,小于 2,因此存在规模报酬递减;又如,$50 = f(1, 1)$ 与 $100 = f(2, 2)$,此时生产要素增加比例为 2,而产量增加比例为 $\dfrac{100}{50}$,等于 2,因此存在规模报酬不变。

(2) 图中存在边际报酬递减。如 $K=1$ 保持不变,当 L 发生改变时,在 $0\to 1$、$1\to 2$、$2\to 3$、$3\to 4$ 四段中,边际产量分别为 50、20、10、5,可以看出边际报酬递减。

(3) $f(2,1)$ 与 $f(1,2)$、$f(3,1)$ 与 $f(1,3)$、$f(4,1)$ 与 $f(1,4)$、$f(3,2)$ 与 $f(2,3)$、$f(4,2)$ 与 $f(2,4)$、$f(4,3)$ 与 $f(3,4)$ 分别处于 $Q=70$、$Q=80$、$Q=85$、$Q=120$、$Q=130$、$Q=165$ 等产量曲线上。

6. (1) 对于生产函数 $Q=4\sqrt{KL}$,$MP_K = 2L^{\frac{1}{2}}K^{-\frac{1}{2}}$,$MP_L = 2K^{\frac{1}{2}}L^{-\frac{1}{2}}$。

因为,$\dfrac{MP_K}{MP_L} = \dfrac{P_K}{P_L}$ 所以,$\dfrac{2L^{\frac{1}{2}}K^{-\frac{1}{2}}}{2K^{\frac{1}{2}}L^{-\frac{1}{2}}} = \dfrac{P_K}{P_L}$。

即 $\dfrac{L}{K} = \dfrac{P_K}{P_L}$,则 $K = \dfrac{P_L}{P_K}L$ 为厂商的扩展线函数。

(2) 生产函数 $Q = \mathrm{Min}(3K, 4L)$ 是固定比例生产函数,厂商按照 $\dfrac{K}{L} = \dfrac{4}{3}$ 固定投入比例进行生产,且厂商的生产均衡点在直线 $K = \dfrac{4}{3}L$ 上,即厂商的扩展线函数为 $K = \dfrac{4}{3}L$。

7. (1) $Q = f(L, K) = AL^{\frac{1}{3}}K^{\frac{2}{3}}$。

$f(\lambda L, \lambda K) = A(\lambda L)^{\frac{1}{3}}(\lambda K)^{\frac{2}{3}} = \lambda AL^{\frac{1}{3}}K^{\frac{2}{3}} = \lambda f(L, K)$

所以,在长期生产中,该生产函数属于规模报酬不变。

(2) 假定资本的投入量不变,用 $\bar{K}$ 表示,L 投入量可变,

所以,生产函数 $Q = AL^{\frac{1}{3}}\bar{K}^{\frac{2}{3}}$,这时,劳动的边际产量为 $MP_L = \dfrac{1}{3}AL^{-\frac{2}{3}}\bar{K}^{\frac{2}{3}}$。

$\dfrac{\mathrm{d}MP_L}{\mathrm{d}L} = -\dfrac{2}{9}AL^{-\frac{5}{3}}\bar{K}^{\frac{2}{3}} < 0$,说明:当资本使用量既定时,随着使用的劳动量的增加,劳动的边际产量递减。

同理,用 $\bar{L}$ 表示劳动投入量不变,K 表示资本投入量可变 $MP_K = \dfrac{2}{3}A\bar{L}^{\frac{1}{3}}K^{-\frac{1}{3}}$,$\dfrac{\mathrm{d}MP_K}{\mathrm{d}K} = -\dfrac{2}{9}A\bar{L}^{\frac{1}{3}}K^{-\frac{4}{3}} < 0$,说明:当劳动使用量既定时,随着使用的资本量的增加,资本的边际产量递减。

综上,该生产函数受边际报酬递减规律的作用。

8. (1) 已知 $TC = Q^3 - 10Q^2 + 17Q + 66$。

可变成本部分 $Q^3 - 10Q^2 + 17Q$,固定成本部分 66。

(2) $TVC = Q^3 - 10Q^2 + 17Q$,$AC = TC \div Q = Q^2 - 10Q + 17 + (66 \div Q)$,$AVC = (TVC/Q) = Q^2 - 10Q + 17$,$AFC = (TFC \div Q) = (66 \div Q)$。

$MC = TC' = TVC' = 3Q^2 - 20Q + 17$。

9. 因为,$STC = 0.04Q^3 - 0.8Q^2 + 10Q + 5$,所以,$TVC = 0.04Q^3 - 0.8Q^2 + 10Q$。

$AVC = TVC \div Q = 0.04Q^2 - 0.8Q + 10$

AVC 有最小值时,$AVC' = 0$

即 $0.08Q - 0.8 = 0$,得 $Q = 10$

把 $Q = 10$ 代入 $AVC = 0.04Q^2 - 0.8Q + 10Q = 0.04 \times 100 - 0.8 \times 10 + 10 = 6$

10. $TFC = 200 + 400 + 50 = 650$(元)。

$AVC = (500 + 750 + 100) \div 100 = 13.5$

11. (1) 根据边际成本函数,对其进行积分,可得总成本函数为 $TC = Q^3 - 15Q^2 + 100Q + C$(常数)。

又知道,当 $Q = 10$ 时,$TC = 1\,000$,代入上式可求得 $C = 500$。

即总成本函数为:$TC = Q^3 - 15Q^2 + 100Q + 500$。

固定成本是不随产量变化而变化的部分,因此固定成本为 500。

(2) 可变成本是随产量变化的部分,因此,总可变成本函数 $TVC = Q^3 - 15Q^2 + 100Q$。

平均成本函数 $AC = TC \div Q = Q^2 - 15Q + 100 + 500/Q$。

平均可变成本函数 $AVC = TVC/Q = Q^2 - 15Q + 100$。

12. 因为,$AC = (160 \div Q) + 5 - 3Q + 2Q^2$,所以,$STC = AC \cdot Q = 160 + 5Q - 3Q^2 + 2Q^3$。

$MC = STC' = 5 - 6Q + 6Q^2$。

13. (1) $AP_L = Q \div L = -0.1L^2 + 3L + 8$,$MP_L = -0.3L^2 + 6L + 8$。

当 $AP_L = MP_L$ 时,AP_L 最大。

则,由 $-0.1L^2 + 3L + 8 = -0.3L^2 + 6L + 8$,得 $L = 15$。

(2) 当 $MP'_L = 0$ 时,且 $MP''_L = -0.6 < 0$,MP_L 最大。

则,由 $-0.6L + 6 = 0$,得 $L = 10$。

(3) 当 AP_L 最大时,AVC 最小。

将 $L = 15$ 代入 Q,得 $-0.1 \times 15^3 + 3 \times 15^2 + 8 \times 15 = 457.5$。

14. (1) 当 $MC' = 0$,且 $MC'' > 0$ 时,MC 有最小值。

$MC = 240 - 8q + q^2$,$MC' = -8 + 2q = 0$,得 $q = 4$。

(2) 当 $MC = AVC$ 时,AVC 最小。即 $240 - 8q + q^2 = 240 - 4q + (1 \div 3)q^2$,得 $q = 6$。

五、画图分析题

1. (1) 总产量线 TP,边际产量线 MP 和平均产量线 AP 都是先呈上升趋势,达到本身的最大值以后,再呈下降趋势。

(2) 平均产量线是总产量线上各点与原点连线的斜率值曲线。因此,总产量线上的各点与原点连线的斜率值最大的一点即通过原点所作直线与总产量线的切点(习题解答图 4-1 中 C 点)就是平均产量曲线的最高点(习题解答图 4-1 中 C' 点)。

(3) 边际产量线是总产量线上各点的斜率值曲线。因此,斜率值最大的一点,即拐点(习题解答图 4-1 中 B 点),便是边际产量线的最高点,(习题解答图 4-1 中 B' 点)。

(4) 总产量线的最高点(习题解答图 4-1 中 D 点),斜率为零,这时边际产量为零,边际产量线与横轴相交(习题解答图 4-1 中 D' 点)。

(5) 平均产量线的最高点,一定是平均产量与边际产量的交点 C' 点。

(6) 平均产量上升的部分,边际产量曲线一定高于平均产量曲线;平均产量线下降的部分,边际

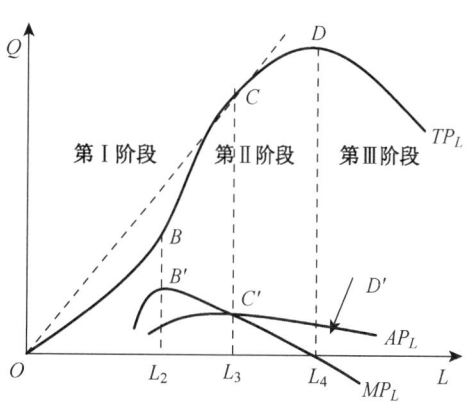

习题解答图 4-1 画图分析题第 1 题图

产量线一定低于平均产量线。

2. 在既定成本条件下,厂商要选择最优的生产要素组合,只会选择等产量水平 Q_2 与等成本线 AB 的切点,即在两要素的边际技术替代率和两要素的价格比例相等时,生产者应该选择 E 点的要素组合 (OK_1,OL_1),生产者才能实现产量最大。在生产均衡点 E 有:$MRTS_{LK} = \dfrac{w}{r}$。

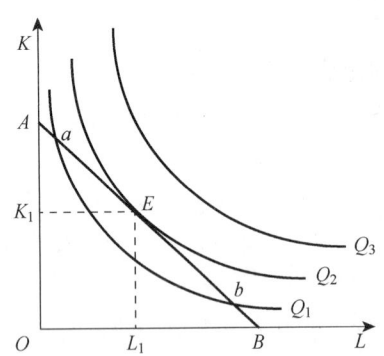 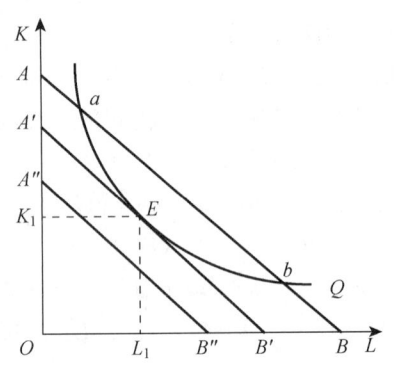

习题解答图 4-2　画图分析题第 2 题图　　　习题解答图 4-3　画图分析题第 3 题图

3. 在既定的产量条件下,生产者应该选择 E 点的要素组合 (OK_1,OL_1),才能实现最小的成本。在均衡点 E 有:$MRTS_{LK} = \dfrac{w}{r}$。

它表示:厂商应该选择最优的生产要素组合,使两要素的边际技术替代率等于两要素的价格之比,从而实现既定产量条件下的最小成本。

4. (1) $AVC = \dfrac{VC}{Q} = \dfrac{w \cdot L(Q)}{Q}$

$= w \cdot \dfrac{1}{\dfrac{Q}{L(Q)}} = w \cdot \dfrac{1}{AP_L}$。

AP 与 AVC 呈反比。AP 递减,AVC 递增;AP 递增,AVC 递减;当 AP 达最大时,AVC 最小。AP 曲线顶点对应 AVC 曲线最低点。

(2) $MC = \dfrac{\mathrm{d}VC}{\mathrm{d}Q} = \dfrac{\mathrm{d}[w \cdot L(Q) + r \cdot \overline{K}]}{\mathrm{d}Q}$

$= w \cdot \dfrac{\mathrm{d}L(Q)}{\mathrm{d}Q} + 0$。

$MP_L = \dfrac{\mathrm{d}Q}{\mathrm{d}L(Q)} \rightarrow MC = w \cdot \dfrac{1}{MP_L}$

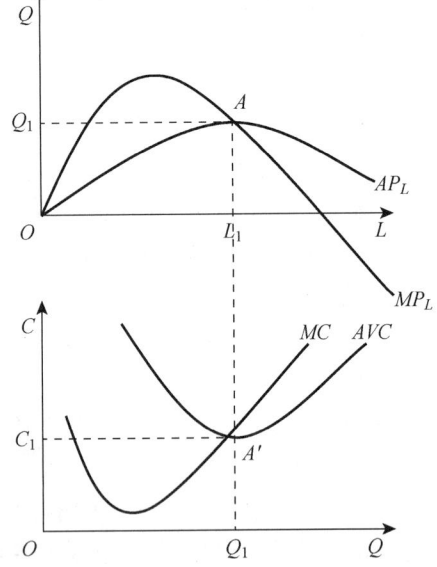

习题解答图 4-4　画图分析题第 4 题图

MC 与 MP 呈反比。MP 曲线先上升后下降,所以 MC 曲线先下降,然后上升;且 MC 曲线的最低点对应 MP 曲线的顶点。

六、问答题

1. ①在一个平面上有无数条;②每条等产量线代表一个产量水平;③离远点越远产出水

平大;④任意两条等产量线不相交;⑤向右下方倾斜,斜率为负;⑥凸向原点。

2. 根据短期生产的总产量曲线、平均产量曲线和边际产量曲线之间的关系,可将短期生产划分为三个阶段。

在第Ⅰ阶段,产量曲线的特征为:劳动的平均产量始终是上升的,且达到最大值;劳动的边际产量上升达最大值,且劳动的边际产量始终大于劳动的平均产量;劳动的总产量始终是增加的。这说明:在这一阶段,不变要素资本的投入量相对过多,生产者增加可变要素劳动的投入量是有利的。或者说,生产者只要增加可变要素劳动的投入量,就可以增加总产量。因此,任何理性的生产者都不会在这一阶段停止生产,而是连续增加可变要素劳动的投入量,以增加总产量,并将生产扩大到第Ⅱ阶段。

在第Ⅲ阶段,产量曲线的特征为:劳动的平均产量继续下降,劳动的边际产量降为负值,劳动的总产量也呈现下降趋势。这说明:在这一阶段,可变要素劳动的投入量相对过多,生产者减少可变要素劳动的投入量是有利的。因此,这时即使劳动要素是免费供给的,理性的生产者也会通过减少劳动投入量来增加总产量,以摆脱劳动的边际产量为负值和总产量下降的局面,并退回到第Ⅱ阶段。

由此可见,任何理性的生产者既不会将生产停留在第Ⅰ阶段,也不会将生产扩张到第Ⅲ阶段,所以,生产只能在第Ⅱ阶段进行。在生产的第Ⅱ阶段,生产者可以得到由于第Ⅰ阶段增加可变要素投入所带来的全部好处,又可以避免将可变要素投入增加到第Ⅲ阶段而带来的不利影响。因此,第Ⅱ阶段是生产者进行短期生产的决策区间。在第Ⅱ阶段的起点处,劳动的平均产量曲线和劳动的边际产量曲线相交,即劳动的平均产量达最高点。在第Ⅱ阶段的终点处,劳动的边际产量曲线与水平轴相交,即劳动的边际产量等于零。

3. 相同点:①在一个平面上有无数条;②在有效的区域内,斜率为负;③凸向原点。④任意两条线绝不相交。

不同点:①无差异曲线反映的是消费者的相同效用,而等产量线则是反映生产者的相同产量;②等产量线不能像无差异曲线那样,将两端无限延长则与坐标轴无限接近,而是到一定限度则向两坐标轴上方翘起,这表明任何两种生产要素都不能完全替代,只能在一定的范围内互相替代。

4. 规模经济是由厂商变动自己的企业生产规模所引起的,其原因主要有:

(1) 可以使用更加先进的机器设备。机器设备这类生产要素有其不可分割性。只有在大规模生产中,大型的先进设备才能充分发挥其作用,使产量更大幅度地增加。

(2) 可以实行专业化生产。在大规模的生产中,专业可以分得更细,分工也会更细,这样就会提高工人的技术水平,提高生产效率。

(3) 可以提高管理效率。生产规模扩大,可以在不增加管理人员的情况下增加生产,从而提高管理效率。

(4) 可以对副产品进行综合利用。

(5) 在生产要素的购买与产品销售方面也会更加有利。大规模生产所需各种生产要素多,产品也多,这样,企业就会在生产与产品销售市场上具有垄断地位,从而可以压低生产要素收购价格或提高产品销售价格,从中获得好处。

5. 虽然 SAC 曲线和 LAC 曲线都是呈 U 形,但两者形成 U 形的原因是不同的。SAC 曲线先下降后上升,是因为一开始随着可变要素的投入和产量的增加,固定要素生产效率的发挥和专业化程度的提高使边际产量增加。但当产量增加到一定程度时,由于边际收益递减规律的作用,SAC 曲线必将上升。

而 LAC 曲线呈 U 形则是由规模的经济和不经济决定。产出水平位于 LAC 递减的阶段,意味着在长期内企业资源利用不足,此时若扩大生产规模,其长期平均成本就会递减。但若产出水平超过了 LAC 曲线的最低点,意味着企业过度利用,LAC 上升必对应着规模报酬的递减。

第五章　完全竞争市场

一、单项选择题

1	2	3	4	5	6	7	8
B	B	C	A	D	A	B	D
9	10	11	12	13	14	15	
A	D	D	B	C	B	C	

【解释】

第1题：自行车行业、糖果行业、服装行业都属于垄断竞争行业，玉米行业产品差别程度较小、进入障碍较低、行业中厂商数量较多、单个厂商无法控制价格，是最接近完全竞争的行业。

因此选择 B。

第3题：完全竞争厂商短期均衡条件是 $MR=MC$，又由于在完全竞争市场上 $MR=P$，所以 $P=MC$。

因此选择 C。

第8题：短期中，企业的停止营业点为 $P=AVC$，只要 $P>AVC$，说明企业在弥补完可变成本后，还能对固定成本有弥补，故即使出现亏损时，企业也会继续生产，此时生产比停产亏损得小。但当 $P<AVC$，说明企业连可变成本都无法弥补，生产比停产要亏损更多，这样企业就会停产，此时企业所能出现的最大经济亏损是其固定成本。

因此选择 D。

第10题：当竞争企业生产的产量使价格小于平均成本时，企业处于亏损状态，至于是否停业，还要参照价格与平均可变成本的关系。

因此选择 D。

第11题：完全竞争厂商和行业的长期均衡处于 LAC 曲线的最低点，此时，所有值都相等。

因此选择 D。

第12题：完全竞争企业长期无法获得超额利润，A 错误。当企业可获得 1 000 元利润时，就会吸引其他企业进入，最终无法得到超额利润，更不会获得加倍利润，C 错误。完全竞争厂商是价格的接受者，无法提高价格，D 错误。

因此选择 B。

第14题：当生产要素的价格和产量变化方向相同时，说明产量增加使要素需求增加进而导致要素价格上升，该行业叫作成本递增行业。

因此选择 B。

二、判断题

1	2	3	4	5	6	7	8	9	10
×	×	×	×	√	×	√	√	×	×

【解释】

第1题:错误。完全竞争厂商面临着水平的需求曲线,此时为完全弹性。

第2题:错误。完全竞争厂商目标是利润最大化。

第3题:错误。当边际收益大于边际成本时,企业应通过增加产量来提高利润。

第6题:错误。新厂商的进入会降低厂商的利润。

三、名词解释

1. 市场是指从事某一种商品买卖的交易场所或接触点,它可以是有形的、也可是无形的。

2. 行业是指制造或提供同一产品或类似产品或劳务的厂商的集合。

3. 完全竞争市场是指竞争充分而不受任何阻碍和干扰的一种市场结构。在这种市场类型中,买卖人数众多,买者和卖者是价格的接受者,资源可自由流动,信息具有完全性。

4. 边际收益是指厂商每增加或减少一单位产品销售所引起总收入的变动量。

5. 成本递减行业是指行业中产量增加所引起的生产要素需求的增加,反而使生产要素的价格下降。

四、计算题

1. (1) $P = MR = 55$ 短期均衡时 $SMC = MR$。

$0.3Q^2 - 4Q + 15 = 55$

所以, $Q = 20$ 或 $Q = -\frac{20}{3}$(舍去)。

利润 $= PQ - STC = 55 \times 20 - (0.1 \times 8\,000 - 2 \times 400 + 15 \times 20 + 10) = 790$

(2) 厂商停产时, $P = AVC$ 最低点。

$AVC = SVC \div Q = (0.1Q^3 - 2Q^2 + 15Q) \div Q = 0.1Q^2 - 2Q + 15$

AVC 最低点时, $AVC' = 0.2Q - 2 = 0$,所以, $Q = 10$。

此时 $AVC = P = 0.1 \times 100 - 2 \times 10 + 15 = 5$。

(3) 短期供给函数为 $P = MC = 0.3Q^2 - 4Q + 15$(取 $P \geqslant 5$ 一段)。

2. (1) 单个厂商总收益 $TR = PQ = 600Q$,边际收益 $MR = TR'(Q) = 600$。

单个厂商边际成本 $MC = 3Q^2 - 40Q + 200$。

实现利润最大化的条件为: $MR = MC$,即 $600 = 3Q^2 - 40Q + 200$,解得 $Q = 20$ 或 $Q = -\frac{20}{3}$(舍去)。

此时对应的平均成本 $LAC = \frac{LTC}{Q} = Q^2 - 20Q + 200 = 20 \times 20 - 20 \times 20 + 200 = 200$。

利润 $= TR - TC = 600 \times 20 - (20^3 - 20 \times 20^2 + 200 \times 20) = 8\,000$。

(2) 完全竞争行业处于长期均衡时利润为0,现在还有利润存在,因此没有实现长期均衡。

(3) 行业处于长期均衡时价格为长期平均成本的最小值。

$LAC = LTC \div Q = Q^2 - 20Q + 200$，$LAC$ 对 Q 求导为 0 时，LAC 出现极值，即 $LAC'(Q) = 2Q - 20 = 0$，

$Q = 10$ 时候实现长期均衡，此时每个厂商的产量为 10。

平均成本 $LAC = 10^2 - 20 \times 10 + 200 = 100$。

利润 $= (P - LAC) \times Q = (100 - 100) \times 10 = 0$。

(4) (1) 中厂商的产量为 20，高于长期均衡时的产量，因此，厂商处于规模不经济状态。

3. (1) $Qs = Qd$ 时，市场处于均衡，由 $1\,800P - 60\,000 = 100\,000 - 200P$，得均衡价格 $P = 80$。

$MC = (STVC)' = 0.3Q^2 - 12Q + 132.5$。

由利润极大化的条件 $MR(P) = SMC$，即 $0.3Q^2 - 12Q + 132.5 = 80$，得 $Q = 35$，$Q = 5$(舍)。

(2) $\pi = TR - TC = 825$(元)。

(3) 固定成本的变化不影响 MC 的大小，从而不影响均衡产量，只影响现在的利润量。

$\pi = 825 - C$。

显然，当 $C = 825$(元)时，经济利润 $= 0$。

当 $C > 825$(元)时，经济利润开始为负，即产生亏损；

当 $C \leqslant 1\,225$(元)时，厂商仍然会选择继续生产；

只有当 $C > 1\,225$(元)时，厂商才会选择停止生产。（注：厂商选择继续生产的条件是：$\pi = TR - TC \geqslant -400$，即 $825 - C \geqslant -400$）

4. (1) 设山楂的总成本为 TC，则有：$TC = 3\,000 \times 2 + 3\,000 \times (0.2 \times 5) = 9\,000$(元)，不考虑山楂的储存，则市场达到均衡的条件为：$Qs = Qd$，即 $3\,000 = 5\,000 - 200P$，解得 $P = 10$，因此 $\pi = TR - TC = 21\,000$(元)。

(2) 市场达到新均衡的条件仍为 $Qs = Qd$，即 $3\,000 + 1\,000 = 5\,000 - 200P$，解得 $P = 5$。

对于建立新果园的厂商来说，$\pi = TR - TC = 1\,000 \times 5 - 1\,000(2 + 0.2N)$。

由于新果园的厂商选择继续经营的条件是 $\pi \geqslant 0$。

于是有：$1\,000 \times 5 - 1\,000(2 + 0.2N) \geqslant 0$，解得 $N \leqslant 15$(公里)。

五、画图分析题

1. (1) 有经济利润。

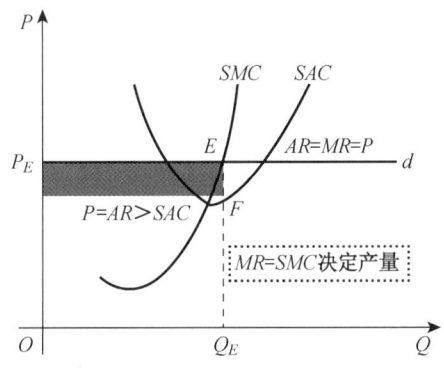

习题解答图 5-1　第(1)种情况

（2）零经济利润：收支相抵点。

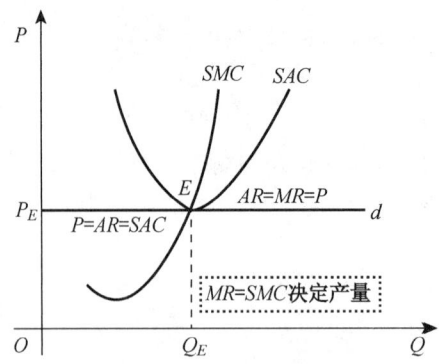

习题解答图 5-2　第(2)种情况

（3）虽然亏损，但继续生产。

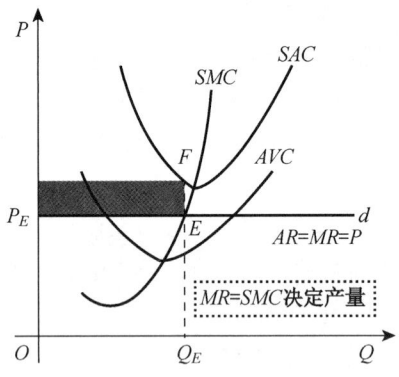

习题解答图 5-3　第(3)种情况

（4）停止营业点。

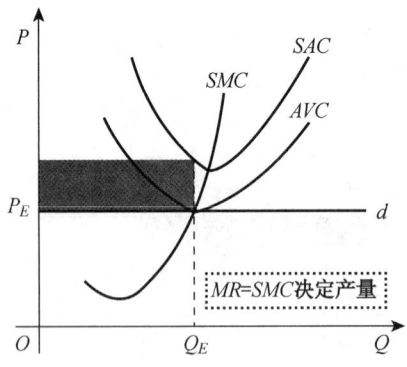

习题解答图 5-4　第(4)种情况

(5) 有经济亏损。

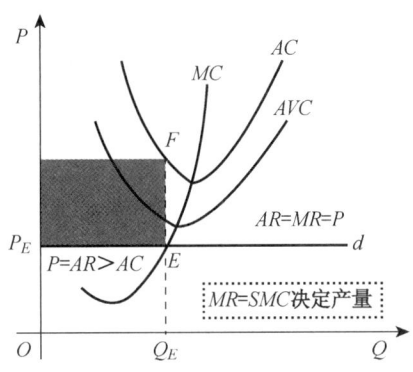

习题解答图 5-5　第(5)种情况

六、问答题

1. (1) 市场上有大量的卖者和买者。

作为众多参与市场经济活动的经济单位的个别厂商或个别消费者,单个的销售量和购买量都只占很小的市场份额,其供应能力或购买能力对整个市场来说是微不足道的。这样,无论卖方还是买方都无法左右市场价格,或者说单个经济单位将不把价格作为决策变量,他们是价格接受者。显然,在交换者众多的市场上,若某厂商要价过高,顾客可以从别的厂商购买商品和劳务,同样,如果某顾客压价太低,厂商可以拒绝出售给顾客而不怕没有别的顾客光临。

(2) 参与经济活动的厂商出售的产品具有同质性。

这里的产品同质不仅指商品之间的质量、性能等无差别,还包括在销售条件、装潢等方面是相同的。因为产品是相同的,对于购买商品的消费者来说哪一个厂商生产的产品并不重要,他们没有理由偏爱某一厂商的产品,也不会为得到某一厂商的产品而必须支付更高的价格。同样,对于厂商来说,没有任何一家厂商拥有市场优势,他们将以可能的市场价格出售自己的产品。

(3) 厂商可以无成本地进入或退出一个行业,即所有的资源都可以在各行业之间自由流动。

劳动可以随时从一个岗位转移到另一个岗位,或从一个地区转移到另一个地区;资本可以自由地进入或撤出某一行业。资源的自由流动使厂商总是能够及时地向获利的行业运动,及时退出亏损的行业,这样,效率较高的企业可以吸引大量的投入,缺乏效率的企业会被市场淘汰。资源的流动是促使市场实现均衡的重要条件。

(4) 参与市场活动的经济主体具有完全信息。

市场中的每一个卖者和买者都掌握与自己决策、与市场交易相关的全部信息,这一条件保证了消费者不可能以较高的价格购买,生产者也不可能以高于现行价格出卖,每一个经济行为主体都可以根据所掌握的完全信息,确定自己最优购买量或最优生产量,从而获得最大的经济利益。

显然,理论分析上所假设的完全竞争市场的条件是非常严格的,在现实的经济中没有一个市场真正具有以上四个条件,通常只是将某些农产品市场看成是比较接近的完全竞争市场类型。但是完全竞争市场作为一个理想经济模型,有助于我们了解经济活动和资源配置的一些基本原理,解释或预测现实经济中厂商和消费者的行为。

2. 正确。因为在短期内,只要价格高于可变成本,企业就是划算的,可以弥补一些固定成本,若此时企业停业,就会亏损所有的固定成本,所以,虽然亏损,但营业比停业亏得少。在长期,企业所有的成本都是可变成本,没有固定成本,所以,固定成本仅仅是企业亏损的原因,永远不会是企业关门的原因。

3. 因为利润=收入-成本,表示成 $\pi = R - C$,我们就是要让 π 最大,那么就是求 π 的导数为零的点。就是 $M\pi = MR - MC = 0$,就是 $MR = MC$ 了。

另外,如果 $MR > MC$ 那么产量增加,TR 的增加量大于 TC 的增加量,就是 $TR - TC$ 大于零,就是还能有利可图,就会增加产量,一直到 $MR = MC$ 此时,如果再增加产量,TR 的变化就小于 TC 了,就会亏损。

4. 在完全竞争条件下,每个厂商按照市场决定的价格能卖出愿意出卖的任何数量的产品,故单个厂商的需求曲线是一条水平线,即不管产销量如何变动,单位产品的价格始终不变,因此,MR(每增加一单位商品的销售量所带来的总收益的增加量)恒等于固定不变的出售价格,由于利润极大化原则使 $MR = MC$,而在此时 $MR = P$,所以利润极大化原则在完全竞争条件下可以表达为 $MC = P$。

5. 由于完全竞争市场的特点决定了单个厂商面对的是一条具有完全价格弹性的水平需求曲线。平均收益与价格在任何市场条件下均相等,即 $AR = \dfrac{TR}{Q} = P \cdot \dfrac{Q}{Q} = P$。边际收益 $MR = P = AR$ 只有在完全竞争市场条件下才能成立,因为在完全竞争市场中,厂商是价格的接受者,产品价格是常数,$MR = \dfrac{\mathrm{d}TR}{\mathrm{d}Q} = P$,所以,完全竞争厂商的需求曲线、平均收益曲线和边际收益曲线是重叠。

6. 厂商的供给曲线是指在不同的销售价格水平上,厂商愿意生产和销售的产量变动曲线。它表示的是短期内厂商最有利润可图(或亏损最小)的产量水平与产品价格之间的关系。随着市场价格的变动,厂商为使利润最大,必将遵循 $MR = MC$ 定理,使自己产品的边际成本恰好等于市场价格,即均衡的产量点总在边际成本曲线上变动。因此,完全竞争厂商的短期供给曲线即该厂商边际成本曲线停止营业点及以上($P \geqslant AVC$)的那部分线段。

7. 完全竞争行业的短期供给曲线为所有厂商的短期供给曲线之叠加,即由所有厂商的停止营业点及以上部分的 MC 线段在水平方向相加而成。它表示相对于各种价格水平来说,行业内所有厂商将提供的产量之总和。

第六章 不完全竞争市场

一、单项选择题

1	2	3	4	5	6	7	8	9	10
B	D	C	B	A	C	B	A	A	B

【解释】

第3题：垄断厂商需求曲线是向右下方倾斜的，而C选项表述是这一条有完全弹性的需求曲线（即水平的），论述错误。

因此选择C。

第6题：垄断竞争行业进入障碍较低，当有厂商获得超额利润时，就会吸引其他厂商进入，最终长期厂商的超额利润趋近零。

因此选择C。

第8题：农产品，接近完全竞争市场，自来水属于公共事业，接近完全垄断市场，服装属于垄断竞争行业。

因此选择A。

第9题：在斯威齐模型中，寡头的需求曲线是拐折的，进而得到间断的边际收益曲线。

因此选择A。

第10题：相互依存是寡头垄断市场的基本特征，由于厂商数目少而且占据市场份额大，一个厂商的行为会影响对手的行为，影响整个市场，所以，每个寡头在决定自己的策略时，都非常重视对手对自己这一策略和政策的态度和反应。

因此选择B。

二、判断题

1	2	3	4	5	6	7	8	9	10
√	×	×	√	×	×	×	×	√	×

【解释】

第2题：错误。垄断竞争厂商处于长期均衡时，价格等于LAC。

第3题：错误。由规模经济派生的垄断叫作自然垄断，而不是对自然资源的占有。

第7题：错误。在双寡头的古诺模型中，如果两个厂商有不同的边际成本曲线，可以求出每个厂商的反应函数，得出稳定解。

第8题：错误。只有完全竞争厂商平均收益曲线与边际收益曲线是同一条线。

第10题：错误。在垄断条件下，一个厂商构成一个行业，它的产量影响整个市场价格。

三、名词解释

1. 价格歧视是指垄断者在同一时间内对同一成本的产品向不同的购买者收取不同的

价格。

2. 完全垄断市场是指整个行业中只有唯一的一个厂商的市场组织。

3. 寡头市场是指少数几家厂商控制整个市场的产品生产和销售的一种市场组织。

4. 垄断竞争市场是指一个既存在垄断又存在竞争的市场结构,许多厂商生产和销售有差异的产品。

5. 自然垄断是指某些行业的产品具有相当明显的规模经济性,一旦企业到达规模经济以后,一家厂商的产量足以满足整个市场的需求,哪怕多一个厂商都会使所有厂商亏损。

四、计算题

1. $TR = P \cdot Q = 10Q - 3Q^2$,则 $MR = 10 - 6Q$,由 $TC = Q^2 + 2Q$,得,$MC = 2Q + 2$。当 $MR = MC$ 时,垄断企业利润最大,即 $10 - 6Q = 2Q + 2$,得,$Q = 1$。
$P = 10 - 3 \times 1 = 7$;$\pi = TR - TC = 7 \times 1 - 1 - 2 \times 1 = 4$。

2. (1) 利润最大时,$MR = MC$。
由 $Q = 360 - 20P$,得 $P = 18 - 0.05Q$,则 $TR = 18Q - 0.05Q^2$,$MR = 18 - 0.1Q$。$TC = 6Q + 0.05Q^2$,得 $MC = 6 + 0.1Q$,$18 - 0.1Q = 6 + 0.1Q$,得 $Q = 60$,$P = 15$,$\pi = 360$。

(2) 政府对垄断企业限产,使其达到完全竞争行业所能达到的产量,则需 $MC = P$,即,$6 + 0.1Q = 18 - 0.05Q$,得 $Q = 80$,$P = 14$,$\pi = 320$。

(3) 政府限价,当 $LAC = P$ 时,垄断企业只能得正常利润。
即,$6 + 0.05Q = 18 - 0.05Q$,得 $Q = 120$,$P = 12$。

3. (1) 实行差别价格的两个城市实现利润极大化的条件是 $MR_1 = MR_2 = MR = MC$。
由 $Q_1 = 32 - 0.4P_1$,得 $P_1 = 80 - 2.5Q_1$,则 $MR_1 = 80 - 5Q_1$;
由 $Q_2 = 18 - 0.1P_2$,得 $P_2 = 180 - 10Q_2$,则 $MR_2 = 180 - 20Q_2$。
由 $TC = Q^2 + 10Q$,得 $MC = 2Q + 10$。
从 $MR_1 = MC$,得 $80 - 5Q_1 = 2Q + 10$,所以,$Q_1 = 14 - 0.4Q$。
从 $MR_2 = MC$,得 $180 - 10Q_2 = 2Q + 10$,所以,$Q_2 = 8.5 - 0.1Q$。
因为 $Q = Q_1 + Q_2$,即 $Q = 14 - 0.4Q + 8.5 - 0.1Q$,所以 $Q = 15$。
把 $Q = 15$ 代入 $Q_1 = 14 - 0.4Q$ 中,得 $Q_1 = 8$,$Q_2 = 15 - 8 = 7$。
把 $Q_1 = 8$ 代入 $P_1 = 80 - 2.5Q_1$ 中,得 $P_1 = 60$,同理,$P_2 = 110$。
$\pi = TR_1 + TR_2 - TC = 60 \times 8 + 110 \times 7 - 15^2 - 10 \times 15 = 875$。
市场1价格低,需求弹性小,市场2价格高,需求弹性大。

(2) 无市场分割时,价格相同,即 $P_1 = P_2 = P$。
由 $Q_1 = 32 - 0.4P_1$,$Q_2 = 18 - 0.1P_2$,
得 $Q = Q_1 + Q_2 = 32 - 0.4P_1 + 18 - 0.1P_2 = 50 - 0.5P$,
则 $P = 100 - 2Q$,$MR = 100 - 4Q$。
当 $MR = MC$ 时,利润极大,
则 $100 - 4Q = 2Q + 10$,得 $Q = 15$,代入 $P = 100 - 2Q$,得 $P = 70$,
$\pi = TR - TC = 675$。

与有市场分割相比较,产量相等,价格低,利润少。

4. 根据利润最大化原则 $MR = MC$。

$MR = 9400 - 8Q$,$MC = 3000$,得 $Q = 800$,$P = 6200$,

$\pi = TR - TC = 2556000$。

5. (1) $Q = Q_1 + Q_2 = 4000 - 10P$,则 $P = 400 - \dfrac{Q_1}{10} - \dfrac{Q_2}{10}$。

所以,$TR_1 = P \cdot Q_1 = 400Q_1 - 0.1Q_1^2 - 0.1Q_1Q_2$,$MR_1 = 400 - 0.2Q_1 - 0.1Q_2$。

同理,$MR_2 = 400 - 0.1Q_1 - 0.2Q_2$。

由 $TC_1 = 0.1Q_1^2 + 20Q_1 + 10000$,得 $MC_1 = 0.2Q_1 + 20$,

由 $TC_2 = 0.4Q_2^2 + 32Q_2 + 20000$,得 $MC_2 = 0.8Q_2 + 32$。

当 $MR_1 = MC_1$ 时,$Q_1 = 950 - 0.25Q_2$,即厂商 1 的反应函数。

当 $MR_2 = MC_2$ 时,$Q_2 = 368 - 0.1Q_1$,即厂商 2 的反应函数。

(2) 解厂商 1 和厂商 2 的反应函数,得 $Q_1 = 880$,$Q_2 = 280$,

均衡价格 $P = 400 - 0.1Q = 400 - 0.1 \times (880 + 280) = 284$。

(3) $\pi_1 = TR_1 - TC_1 = 144880$,$\pi_2 = TR_2 - TC_2 = 19200$。

五、问答题

1. 垄断竞争市场是指那种许多厂商生产和销售有差别的同类产品,且这些产品彼此之间都是非常接近的替代品的市场组织。垄断竞争是介于完全竞争与完全垄断之间,并更接近于完全竞争市场的一种较为现实的市场结构,它既包含竞争因素又包含一定的垄断成分。

垄断竞争市场的条件主要有:①市场中存在大量厂商,每个厂商都认为自己的行为影响很小,不会引起竞争对手的注意和反应,因而自己也不会受到竞争对手的任何报复措施的影响;②垄断竞争厂商所生产的产品是有差别的同类产品,且这些产品彼此之间都是非常接近的替代品;③厂商的生产规模都比较小,厂商进入与退出市场比较容易;④单个厂商对价格的控制程度较弱。

2. 垄断竞争厂商的产品之间有较大的替代性,因而其需求的价格弹性较高,需求曲线接近于水平线。当垄断竞争厂商提高价格时,如其他厂商不跟着提价,它的销售市场会缩小,使利润反而减少;反之,当垄断竞争厂商降价时,其他厂商也跟着降价,它的销售量只会稍有增加,因此,垄断竞争厂商之间一般不愿意进行价格竞争,而宁肯进行非价格竞争(包括改进品质、包装、做广告等)。

3. 在垄断情况下,我们无法定义厂商的供给曲线是因为,对于给定的市场需求曲线,厂商的供给曲线实际上只是一个点,即由 $MR = MC$ 所决定的产出水平。如果需求曲线发生变动,那么相应地,边际收益曲线也会移动,由此确定另一个利润最大化的产出水平。但是,把这些点连接起来没有什么意义,也不能表示垄断厂商的供给曲线,这是由于这些点的组合取决于移动的需求曲线的弹性变化及其相应的边际收益曲线,除非需求曲线的移动是平行移动,而这是不大可能的,所以,垄断厂商的供给曲线难以确定。

4. (1) 长期均衡的条件不同。

完全竞争厂商的长期均衡条件是 $P = MR = SMC = LMC = SAC = LAC$。

垄断厂商的长期均衡条件是:$MR = LMC = SMC$。

(2) 获得的利润不同。

完全竞争厂商在长期均衡时只能获得正常利润。而垄断厂商由于其他厂商无法进入该行业,可以获得超额垄断利润。

5. 不对。垄断厂商长期均衡的条件是：$MR = LMC = SMC$，就是说，MR 曲线、LMC 曲线和 SMC 曲线这三条线必须相交于一点。正因为这样，这时 LAC 必须等于 SAC，即 LAC 曲线和 SAC 曲线必须相切，其切点和上述二线交点在一条垂直线上，但这并不要求 LAC 和 SAC 必须相切于 LAC 和 SAC 的最低点上，而只要相切就可以。此切点可以在 LAC 曲线最低点左边（这时垄断厂商长期使用的设备小于最优规模），也可以在 LAC 曲线最低点右边（这时垄断厂商长期使用的设备大于最优规模），而切点恰巧在 LAC 曲线最低点则是一种难得的情况。

6. （1）因为外国人的需求弹性比中国人要小，采用差别价格政策能使该景点获得更多的利润，如果对外国人也收国内游客同样的价格，则公园的收入就会减少。

（2）要使施行这种政策有效必须具备以下条件：

第一，必须是完全垄断的市场。该景点全国仅此一家，没有第二家与它竞争。即使收取高一点价格，外国人也不会放弃到此一游的机会。

第二，必须能够把不同市场或市场的各个部分有效地分割开来。该景点可以根据国籍、肤色、语言的不同来区分中国人和外国人，对他们实行差别价格。

第三，各个市场必须有不同的需求弹性，中国人和外国人的需求弹性不同。对于旅游，外国人的需求弹性要比中国人小得多，因而定高一点价格的入场券并不会影响他们游览该景点。

7. 卡特尔是一个行业的各个独立的厂商就价格、产量和销售地区等事项达成的必须严格遵守的明确的协议，通常是正式的协议。其最终的目的是通过厂商间的协调行动来获取尽可能多的利润。一个卡特尔组织就像一个垄断厂商一样，只要市场需求相当缺乏弹性，它可以将价格提高到大大高于竞争的水平。

一般卡特尔成功的条件主要有两个：第一，一个稳定的卡特尔组织必须在其成员对价格、产量和利润等达成协议并严格遵守该协议的基础上形成；第二，垄断势力的潜在可能。

下面根据这两个条件来分析卡特尔组织不稳定的原因。一方面，从卡特尔成功的第一个条件看，不同的成员有不同的成本、不同的市场需求，甚至有不同的目标，因而可能很难就价格、产量和利润达成协议。即使达成协议也很难保证成员严格遵守协议，一是监督的困难；二是由于卡特尔制定的价格都高于竞争价格，各成员有动力通过略微降价来获取更大的市场份额和更多的利润，从而造成卡特尔的解体。另一方面，从卡特尔成功的第二个条件看，即使一个卡特尔能够解决组织上的问题，但如果它面临的是一条具有高度弹性的需求曲线，它就只是很小的提价空间，因而组成卡特尔的潜在利益就很小。在现实中，由于上述原因，卡特尔组织具有不稳定性，卡特尔组织只能在一种短期利益下结合形成，当这种共同利益不存在时，卡特尔组织就会解体。

8. 在价格领导模型中，其他厂商之所以愿意跟着支配厂商定价，是因为如果不跟着降价，就会失去顾客，如果不跟着涨价，实际上就是降价，很可能引起价格战。同时，一般来说，其他厂商规模较小，预测能力较差，如果跟着定价和变动价格，就可以避免独自定价的风险。

第七章 生产要素价格的决定

一、单项选择题

1	2	3	4	5	6	7	8
D	C	A	A	B	B	D	C
9	10	11	12	13	14	15	—
B	D	A	B	B	D	D	—

【解释】

第1题:派生需求:是由阿弗里德·马歇尔在其《经济学原理》一书中首次提出的经济概念,是指对生产要素的需求,意味着它是由对该要素参与生产的产品的需求派生出来的,又称"引致需求"。

因此选择 D。

第2题:$VMP = P \cdot MP(L) = f(L)$,由于是完全竞争市场,恰好有 $W = VMP$,于是得到 $W = f(L)$ 就是厂商对 L 的需求曲线。

因此选择 C。

第3题:生产要素的需求曲线可以用 MRP 曲线表示,MRP 曲线是向右下方倾斜的,$MRP = MR \cdot MP_L$,边际报酬递减规律决定了 MP_L 是随着 L 的使用量递增而减少的,边际收益递减决定了 MR 是随着产量上升而递减的,所以,MRP 是递减的。

因此选择 A。

第4题:完全竞争产品市场下的需求曲线可以用要素的边际产品价值曲线来表示,不完全竞争市场的要素需求曲线可以用要素的边际收益产品曲线来表示。在完全竞争市场中,商品的价格不会随单个厂商产量的变动而变动,在不完全竞争市场上,价格随产量增加而下降,因此,边际收益产品曲线显然比边际产品价值曲线更加陡峭。

因此选择 A。

第5题:许多要素的收入尽管从整体上看不同于租金,但其收入的一部分却类似于租金,如果从该要素的全部收入中减去这部分收入并不影响要素的供给,将这一部分要素收入称为经济租金。这个歌星从事唱歌比其他工作能多赚 7 万元,因此她的经济租金为 7 万元。

因此选择 B。

第6题:在每小时 2 美元时,工人工作 40 小时,当每小时 3 美元时,工人只工作了 35 小时,因为 35 小时 105 美元的收入已经满足了工人的收入愿望,所以他不会再更多地去延长工作时间,而在 2 美元时,工作收入远低于他的收入愿望,所以工人要延长工作时间。在这里主要是收入效应起作用。

因此选择 B。

第7题：资本密集型生产方式导致劳动力需求下降，劳动的需求曲线向左移动。

因此选择D。

第8题：正常利润通常是指厂商对自己所提供的企业家才能的报酬支付。从机会成本的角度说，它是厂商生产成本的一部分，以隐含成本计入成本。

超额利润有几种来源。第一种来源是，动量守恒定律利润是创新的报酬。创新给企业带来利润，促进社会进步。第二种来源是，超额利润是承担风险的报酬。

因此选择C。

第12题：在我国卫生医疗条件不断改善的情况下，越来越多的青少年成长为劳动力，青少年的劳动生产率将提高，所以劳动供给曲线将向右移动。

因此选择B。

第13题：全体厂商要素使用的增加和减少会影响商品的价格变动。当全体厂商增加要素使用时，产品供给增加，价格下降，因此，单个厂商的边际产品价值曲线会向下移动，此时单个厂商的要素使用量比不考虑其他厂商也进行调整的情况下少得多，可见，全体厂商对某种要素的需求曲线要比单个厂商的要素需求曲线更陡峭。

因此选择B。

第14题：在资本被看作生产的一个要素市场，利率代表资本的价格，由供需决定，同产品市场一样，需求增大价格上升；反之，下降；供给增大价格减少；反之，增大。无论是供给还是需求，增大意味着曲线向右移动。

A选项产品市场价格提高，意味着厂商均衡产量增大，将增加资本和劳动力的投入，资本需求增加，曲线向右移动。

B选项边际产量提高，由产量最大化条件知厂商将增大资本投入减少劳动力投入，需求增大，利率上升。

C选项刚好是B选项反过来，也是错的。

因此选择D。

二、判断题

1	2	3	4	5	6	7	8	9	10
√	×	×	√	×	√	√	×	√	√

【解释】

第2题：土地用于哪类经济活动取决于经济效益（付租能力的高低）。距离市中心越近地价越高，交通便利地价也高。

第3题：不同国家之间的工资差别较大的原因有很多，比如劳动者接受的训练和受教育的程度不同；劳动的供给量不同，以及劳动在国际间流动的障碍；在不同国家，劳动者能得到的资本数量不同等原因造成。

第4题：厂商在使用要素时同样遵循利润最大化原则，即要求使用要素的"边际成本"和"边际收益"相等。在完全竞争条件下，边际收益产品等于"边际产品价值"（要素的边际产品和产品价格的乘积），而边际要素成本等于"要素价格"。于是，完全竞争厂商使用要素的原则是：边际产品价值等于要素价格。

第5题：劳动者对闲暇数量的选择取决于工资率。

第8题:需求曲线是显示价格与需求量关系的曲线。其中需求量是不能被观测的。需求曲线可以以任何形状出现,但是符合需求定理的需求曲线只可以是向右下倾斜的。设价格为 y 轴而需求量为 x 轴,在一条向右下倾斜且为直线的需求曲线中,在中央点的需求的价格弹性等于1,而以上部分的需求价格弹性大于1,而以下部分的需求价格弹性则小于1,当然指的是边际产品价值。

三、名词解释

1. 边际收益产品是指增加一单位某种要素投入所带来的产量增加从而所增加的收益。
2. 边际要素成本是指增加一单位要素投入所引起的厂商总成本的增加量。
3. 准租金是指对供给量暂时固定的生产要素的支付。即固定生产要素的收益。
4. 经济租金等于要素收入与其机会成本之差。
5. 级差地租是指土地在肥沃程度和地理位置等方面的差别而引起的地租。
6. 洛伦茨曲线是指将一国总人口按收入由低到高排队,然后将任意累计百分比人口与对应收入的累积百分比的对应关系进行绘制所得的线。
7. 基尼系数等于 $\dfrac{A}{A+B}$,即不平等面积与完全不平等面积之比,该比值表示一个经济的收入分配不平等程度。

四、计算题

1. $Q = 98L - 3L^2$

$MP_L = \dfrac{\mathrm{d}Q}{\mathrm{d}L} = (98L - 3L^2)' = 98 - 6L$

$MR = 20, W = 40$

令 $MRP_L = W$,则 $MR \times MP_L = W$,即 $20 \times (98 - 6L) = 40$,得 $L = 16$。

每天应雇佣16个工人。

2. (1)由厂商的生产函数可以导出劳动的边际产出为:$\dfrac{\mathrm{d}Q}{\mathrm{d}L} = 12 - 2L$。

劳动的边际产品价值为:$10 \times (12 - 2L) = 120 - 20L$。由此可得厂商对劳动的需求曲线为:

$W = 120 - 20L$

(2)当工资率为30美元时,厂商雇佣的工人人数可由 $W = 120 - 20L = 30$,求得 $L = 4.5$。

3. (1)当劳动市场均衡时,$S_L = D_L$,所以,$100W = 60\,000 - 100W$,得 $W = 300$(美元)。

(2)当政府对工人提供的每单位劳动课以10美元的税时,劳动供给曲线变为:

$S'_L = 100(W - 10) = 100W - 1\,000$

令 $S'_L = D_L$,即 $100W - 1\,000 = 60\,000 - 100W$,得:$W = 305$(美元)。

(3)由上可知,原来的均衡工资为300美元,新的均衡工资为305美元,因此,政府征收的10美元的税,厂商和工人各支付5美元。

(4)在新的工资水平上,就业量为 $D_L = 60\,000 - 100 \times 305 = 29\,500$(美元)。

所以,政府征收到的总税收额为 $10 \times 29\,500 = 295\,000$(美元)。

4. 由题意:$P = 10, Q = 100, AVC = 5, AFC = 4$。

得:准租金 $R = TR - TVC = P \times Q - AVC \times Q = (P - AVC) \times Q$

$$= (10-5) \times 100 = 500(元)$$

经济利润 $\pi = TR - TC = TR - (TVC + TFC) = P \times Q - (AVC + AFC) \times Q$
$$= (P - AVC - AFC) \times Q = (10-5-4) \times 100 = 100(元)$$

可见,准租金和经济利润是不相等的。

五、问答题

1. 厂商使用生产要素的原则是它所使用的生产要素能够给它带来利润最大化,即使用要素的边际成本等于使用要素的边际收益,$MRP = MFC$。也就是厂商把雇佣的劳动投入量调整到一定数量,使这一雇佣劳动总量下的最后一个单位劳动带来的总收益的增加量(边际收益产品 MRP),恰好等于增加最后一个单位劳动雇佣量引起的总成本的增加量(边际要素成本 MFC)。其理由是:假如 $MRP>MFC$,这表示每增加一个单位的劳动投入带来的总收益的增加量超过雇佣这个劳动单位引起的总成本增加量,也就是意味着继续增加劳动投入量,增加的每单位劳动投入量都可获得利润,从而增加劳动投入可使总利润有所增加;反之,假如 $MRP<MFC$,这意味着最后增加雇佣的那个单位劳动反而造成了损失,从而导致总利润较前减少。所以,如果厂商把投入要素如雇佣的劳动量作为选择变量,实现利润最大化的条件便是它雇佣的劳动量 $MRP=MFC$。

2. 追求最大利润的厂商,其要素使用原则与利润最大化产量原则是一致的。

就完全竞争厂商来说,其最优要素使用量必须满足 $P \times MP = VMP = W$ 的条件。$\frac{W}{MP}$ 其实就相当于产品的边际成本 MC,因此上述要素使用原则实际上就可写为 $P=MC$,而这恰恰就是完全竞争厂商确定利润最大化产量的原则。

就卖方垄断厂商和买方垄断厂商来讲也是如此。卖方垄断厂商使用要素的原则为 $MRP=W$,而 MRP 又等于 $MR \times MP$,所以有 $MR = \frac{W}{MP} = MC$;这正是利润最大化产量所满足的条件。买方垄断厂商使用要素的原则为 $VMP=MFC$,其中,$VMP = P \cdot MP$,$MFC=MC \cdot MP$,两边同时消去一个 MP,即得 $P=MC$,这也正好就是作为产品市场上一个完全竞争者的买方垄断厂商赖以确定其最大利润产量的依据。

3. 土地供给曲线垂直,即土地使用的价格(租金)变化不会影响土地供给量,并不是因为自然赋予的土地量是固定不变的,而是因为假定土地只有一种生产性用途,而没有自由用途。事实上,任何一种资源,如果只能用于一种用途,而无其他用途,即在该用途上机会成本为零,则即使该资源价格下降,它也不会转移到其他方面,即供给量不会减少,从而供给曲线垂直,如果土地对其他所有者确有某些消费性用途(如打猎,做网场球),则土地供给曲线就可能不垂直,从而会略微向右上倾斜。

4. 劳动供给曲线表明的是劳动供给量与劳动价格之间的关系,而劳动供给可看成是闲暇需求的反面,劳动供给的增加就是闲暇需求的减少,并且劳动价格(工资)就是闲暇的机会成本或价格。从替代效应上看,工资上升总会导致闲暇需求量的减少,即劳动供给增加。但从收入效应来看,工资上升时,对闲暇的需求也会增加。当工资较低时,替代效应大于收入效应,故闲暇的需求量会随着工资的上升而下降,即劳动供给增加,但工资较高时,则工资上涨引起的整个劳动收入的增量很大,收入效应可能大于替代效应,因而,劳动供给会减少,引起劳动供给曲线后弯。

5. (1)根据买方垄断理论,如果处于相对隔离状态的学区是该学区教师的唯一雇主,则有可能只支付较低的工资;反之,如果该地区学区较多,相互之间对教师的竞争较为激烈,则教师工资水平会相对较高。

(2)如果教师可以毫无代价地到该地区以外的学区去任职,那么,即使某学区是当地的唯一雇主,也会大大降低其买方垄断能力。

(3)学区分散化决策可能会提高教师工资,因为这会增强不同学区聘用教师的竞争程度。

(4)学区决策分散化的主要优点是可使教育制度、培养特点等更适合各学区的具体要求。

第八章 一般均衡理论与福利经济学

一、单项选择题

1	2	3	4	5	6	7	8	9	10
D	A	A	B	D	C	D	C	D	B

【解释】

第1题:局部均衡研究的是某一市场,当研究市场之间的相互作用时,被称为一般均衡分析。

因此选择 D。

第4题:规范经济学试图从一定的社会价值判断标准出发,根据这些标准,对经济体系的运行进行评价,"人们的收入差距是大一点好还是小一点好"包含了价值判断,属于规范经济学的研究。

因此选择 B。

第6题:生产的契约曲线表示两种要素在两个生产者之间的所有最优分配(即帕累托最优)状态的集合。

因此选择 C。

第7题:帕累托最优状态要满足三个条件:交换的最优条件、生产的最优条件、交换和生产的最优条件。

因此选择 D。

第10题:庇古最著名的代表作是《福利经济学》,该书是西方资产阶级经济学中影响较大的著作之一,它将资产阶级福利经济学系统化,标志着其完整理论体系的建立,它对福利经济学的解释一直被视为"经典性"的,因此他被称为"福利经济学之父"。

因此选择 B。

二、判断题

1	2	3	4	5	6	7	8	9	10
√	×	√	×	×	×	×	√	√	×

【解释】

第2题:错误。两产品存在边际转化率,说明该经济位于生产可能性曲线上,生产是有效率的,而边际转化率与边际替代率不相等,说明消费未达到最优,至少其中一种产品不是有效地消费的,而不是至少其中一种产品不是有效地生产。

第5题:错误。生产的效率条件是指现有的资源和技术条件下整个经济所能达到的最大产出组合。

第6题:错误。如果资源配置是帕累托最优状态,那么,就没有帕累托改进的余地,即不存在一种重新配置资源的途径,使一些人的境况变好而不使其他人变坏。

第7题:错误。交换的契约曲线表示两种产品在两个消费者之间的所有最优分配的集合,但是根据帕累托标准,曲线上任意两点之间是不可比较的,因为从一点向另一点的移动,会使一个人的状况变好,却使另一个人状况变坏。

第8题:正确。两要素之间的边际技术替代率相等是实现生产的帕累托最优状态的条件,而与两厂商生产的产品相同与否无关。

三、名词解释

1. 局部均衡是指在其他市场条件不变的情况下,单个产品市场和单个要素市场存在的均衡。

2. 一般均衡是指包括所有产品和要素市场在内的整个经济社会存在的均衡。

3. 帕累托改进:如果一个社会处在这么一种状态中,用某种方式改变这一状态可以使一些人的境况变好,而其他人的境况至少不变坏,那么这种状态就不符合帕累托最优,对它所作出的改进就称为帕累托改进。

4. 帕累托最优:如果对于某种既定的资源配置状态,所有的帕累托改进均不存在,即该状态上,任意改变都不可能使至少有一个人的状况变好而又不使任何人的状况变坏,则这种资源配置状态为帕累托最优。

5. 交换的帕累托最优条件是指任何一对商品之间的边际替代率对任何使用这两种商品的个人来说都相等,即 $MRS_{XY}^A = MRS_{XY}^B$。

6. 生产的帕累托最优条件是指任何一对生产要素之间的边际技术替代率在用这两种投入要素生产的所有商品的生产中都相等,即 $MRTS_{LK}^C = MRTS_{LK}^D$。

7. 交换和生产的帕累托最优条件是指任何一对商品间的生产的边际转换率等于消费这两种商品的每个个人的边际替代率,即 $MRS_{XY}^A = MRS_{XY}^B = MRT_{XY}$。

8. 阿罗不可能定理是指在一般情况下,要从已知的各种个人偏好顺序中推导出统一的社会偏好顺序是不可能的。

四、计算题

1. $MRTS_{LK}^F = 4$,$MRTS_{LK}^C = 3$。

因为 $MRTS_{LK}^F \neq MRTS_{LK}^C$

所以,该经济在生产中资源配置是无效率的。由于边际替代率是递减的,而此时 $MRTS_{LK}^F > MRTS_{LK}^C$。

则应做如下调整:把生产衣服的劳动投入转移到生产食物中,把生产食物的资本投入转移到生产衣服中,最终达到 $MRTS_{LK}^F = MRTS_{LK}^C$,从而达到帕累托最优。

2. (1) 当 $U_A = 100$,$U_B = 0$ 时,$W = 100$。

(2) 当 $U_A = U_B = 33.33$ 时,$W = 33.33$,有最大值。

五、问答题

1. 一般均衡论是瓦尔拉斯1874年出版的《纯粹政治经济学纲要》一书中首次提出。尽管瓦尔拉斯计算方程数目和变量数目的方法是相当不能令人满意的,但它在很长时间里被人们所接受,无人提出疑问。这种情况直到20世纪二三十年代之后才有所改变。后来的西方经济学家用集合论、拓扑学等数学方法证明,一般均衡体系只有在极其严峻的假设条件下才可能存在均衡解。这些假设条件有:任何厂商都不存在规模报酬递增;每一种商品的生产至少必须使用一种原始生产要素;任何消费者所提供的原始生产要素都不得大于它的初始存量;每个消费者都可以提供所有的原始生产要素;每个消费者的序数效用函数都是连续的;消费者的欲望是无限的;无差异曲线凸向原点,等等。总之,在一定的假设条件全部得到满足时,一般均衡体系就有均衡解存在,而且均衡可以处于稳定的状态,以及均衡同时是满足帕累托最优条件的。

2. 瓦尔拉斯假定,在市场上存在一位"拍卖人",该拍卖人的任务是寻找并确定能使市场供求抑制的均衡价格。它寻找均衡价格的方法是,它随意报出一组价格,家户和厂商根据该价格申报自己的需求和供给。如果所有市场供求均一致,则它就将该组价格固定下来,家户和厂商就在此组价格上成交;如果供求不一致,则家户和厂商可以抽回自己的申报,而不必在错误的价格上进行交易。拍卖者则修正自己的价格,报出另一组价格,一直到找到均衡价格为止,这一过程叫"试探过程"。但我们知道,这一假设条件在资本主义的现实经济生活中根本就不存在。其原因之一在于:在拍卖人最终喊出能使市场供求相等的价格以前,当他喊出能使供求逐步趋向于相等的调节价格时,参与交易的人只能报出他们愿意购买和销售的数量,但不能据此而进行实际的交易。这一限制是必要的,因为,一般均衡理论要求一切市场在同一时间达到供求相等的均衡状态,如果允许参与交易的人在非均衡价格下进行交易,那就不能保证一切市场在同一时间达到均衡状态,从而也就不能保证一般均衡的实现。

3. 社会福利函数是社会所有个人的效用水平的函数。在两人社会中可以写成:$W = W(U_A, U_B)$。由社会福利函数可以得到社会无差异曲线。社会无差异曲线与效用可能性曲线的切点代表了可能达到最大社会福利。但是,在非独裁的情况下,不可能存在有适用于所有个人偏好的社会福利函数,这就是所谓的阿罗不可能性定理。

4. 一般来说,总是假定消费者追求效用的极大化,而厂商追求利润的最大化。这样,通过一系列的数学证明可以说明在完全竞争条件下,能够实现帕累托最优状态的三个条件:

(1) 在完全竞争状态下,每种商品的价格对于所有消费者来说都是相同的。那么,消费者为了追求效用最大化,就一定会使其消费的任何两种商品之间的边际替代率相等,同时每一消费者所购买的任何两种商品的数量必使其边际替代率等于消费品市场上这两种商品的价格比。因此,就所有的消费者来说,任何两种商品之间的边际替代率相等。

(2) 在完全竞争状态下,每种生产要素的价格对于所有生产者来说都是相同的。那么生产者要达到利润最大化,就一定会使使用的任何两种生产要素的边际技术替代率相等,同时每一个厂商所使用的任何两种生产要素的数量必使其边际替代率等于生产要素市场上这两种生产要素的价格之比。因此,就所有生产要素来说,任何两种生产要素之间的边际技术替代率相等。

(3) 在完全竞争状态下,任何两种产品生产的边际转换率为这两种商品的边际成本之比。同时,每一个消费者对于任何两种商品的边际替代率等于其价格之比,又由于任何商品的价格等于其边际成本,对于任何两种产品来说,其生产的边际转换率一定等于任何消费者对这两种商品的边际替代率。

由此可见,完全竞争完全可以达到帕累托最优状态所要求的三个条件,因此完全竞争可以达到帕累托最优。

5. 边际产品转换率表示从一种产品生产转换为另一种产品生产的难易程度,即为了抽出足够多的劳动 L 与资本 K 而多生产一单位 X,社会不得不减少的 Y 产品生产的数量,它反映了产品转换的机会成本。在生产可能性曲线上,边际产品转换率表现为生产可能性曲线的斜率的绝对值。

根据生产和交换的帕累托最优状态的条件,任何一对商品间的生产的边际产品转换率等于消费这两种商品的每个个人的边际替代率,即 $MRS_{XY}^A = MRS_{XY}^B = MRT_{XY}$。当两者不相等时,市场将要进行调整,最终达到两者相等。

在边际产品转换率大于边际替代率的情况下,市场进行如下调整:假定边际产品转换率为2,边际替代率为1,边际转换率等于2意味着生产者通过减少1单位生产可以增加2单位的Y,边际替代率意味着消费者愿意通过减少1单位X的消费增加1单位Y的消费。在这种情况下,如果生产者少生产1单位X,从而少给消费者1单位X,但却多生产出2单位的Y,从多增加的两个单位Y中拿出1个单位给消费者可以维持消费者的满足程度不变,从而多余的1单位Y就代表了社会福利的净增加,于是生产者少生产X,多生产Y,最终使边际产品转换率等于边际替代率。

同理,在边际产品转化率小于边际替代率的情况下,市场进行如下调整:假定边际产品转换率为1,边际替代率为2,此时如果生产者减少1单位Y的生产,从而少消费者1单位Y,但却多生产出1单位X,从多增加的1单位X中拿出半个单位X给消费者即可维持消费者的满足程度不变,从而多余的半个单位X就代表了社会福利的净增加。于是,生产者多生产X,少生产Y,最终使边际产品转换率等于边际替代率。

第九章 市场失灵与微观经济政策

一、单项选择题

1	2	3	4	5	6	7	8	9	10
D	B	C	D	D	A	D	D	B	D

【解释】

第1题:化工产品生产所排出的污染物具有负的外部性,所以边际社会成本高于边际私人成本,即边际社会成本在供给曲线的左方。

第2题:追求利润最大化的企业不会考虑边际外部收益,其决策依据为边际收益等于边际私人成本,$MR = MPC$,可以求得产量为25。

第3题:从社会的角度看,最优产量应该符合 $MR + MER = MPC$:$100 - Q + 20 = 3Q$,可以求得产量为30。

二、判断题

1	2	3	4	5	6	7
√	√	×	×	√	√	×

【解释】

第1题:无论是负的生产外部性还是负的消费外部性,都体现为边际社会成本大于边际私人成本,可以用征税的办法而使企业的边际私人成本等于边际社会成本,从而达到社会最优的效果。

第2题:如果你同屋的一个室友喜欢听音乐,你放音乐对他来说就是有正的外部性;如果你另一个室友不喜欢,那就是负的外部性。

第3题:从社会的角度看,最优产量应该符合 $MR + MER = MPC$:$100 - Q + 20 = 3Q$,可以求得产量为30。

三、名词解释

1. 市场失灵是指由于外部条件或内部原因导致的市场机制转移资源的能力不足而达不到帕累托最优状态的现象。造成市场失灵的原因主要有垄断、外在性、公共物品和不完全信息等。

2. 公共物品:与私人物品相对应,是指私人不愿供给或供给不足的社会需要的产品或劳务,通常具有非排他性或(和)非竞争性。

3. 免费乘车者问题是指经济中不支付即可获得消费满足的人及其行为。产生的原因是商品的非排他性。由于商品的这种特征,拥有或消费这种商品的人不能或很难把他人排除在获得该商品带来满足的范围之外。这一特征及其相应的问题被形象地称为"搭便车"。

4. 外部性又称外部经济影响,是指从事某种经济行为的经济单位不能从其行为中获得全部收益或支付全部成本。

5. 科斯定理：①科斯为解决外部性问题而提出的一个解决方案，内容是：只要财产权是明确的，并允许经济当事人进行自由谈判，那么在交易成本为零或很小的条件下，无论在开始时产权赋予谁，市场均衡的最初结果都是有效率的。②由此引申出第二定理：在交易费用不为零的条件下，不同的产权制度会影响资源配置的效率。③科斯定理现已是制度经济学的一个重要结论。

6. 逆向选择是指在买卖双方信息非对称的情况下，差的商品总是将好的商品驱逐出市场。或者说拥有信息优势的一方，在交易中总是趋向于作出这样的选择——尽可能地有利于自己而不利于别人。

7. 道德风险是指事后的信息不对称而造成的交易失效的现象。在特定条件下确立的交易，由于事后具有信息优势的一方采取"不道德的"行为而使另外一方蒙受损失。道德风险是导致市场失灵的一个重要原因。

四、计算题

1. 根据生产者利润最大化条件 $P = MC$ 计算。

(1) 由 $P = MC$ 可得，$x = 80$，即牧场净收益最大时养牛数为 80。

(2) 每户牧民分摊的成本是 $(5x^2 + 2\,000) \div 5 = x^2 + 400$，再由 $P = MC$ 可得 $x = 400$。从而引起放牧过度，数 10 年后一片荒芜，这就是所谓的公地的悲剧。

2. 解题思路：根据垄断厂商利润最大化原则计算；根据完全竞争市场均衡 $P = MC$ 的原则计算；根据消费者剩余和生产者剩余计算。

(1) 该产品为垄断厂商生产时，市场的需求函数即该厂商的需求函数。于是有厂商的边际收益函数 $MR = 100 - 0.4Q$；$MC = 20$。利润最大化时有 $MR = MC$，可得，$Q = 200$，$P = 60$，$\pi = 8\,000$。

(2) 要达到帕累托最优，价格必须等于边际成本，即 $P = 100 - 0.2Q = MC$，可得 $Q = 400$，$P = 20$。

(3) $Q = 200$，$P = 60$ 时，消费者剩余为：$CS = \int_0^{200}(100 - 0.2Q)dQ - pQ = 4\,000$。

$Q = 400$，$P = 20$ 时，消费者剩余为：$CS = \int_0^{400}(100 - 0.2Q)dQ - pQ = 16\,000$。

五、问答题

1. 市场失灵按照微观经济学的分析是指市场机制不能有效发挥作用，难以实现帕累托最优状况的情形。

市场失灵的主要原因有：①外部性，即一个经济主体的行为造成另一个经济主体的利益或成本发生变化，而另一个经济主体并没有因此得到补偿或进行支付的情况；②公共物品，即既没有排他性又没有竞争性的产品和服务，这类产品往往是对整个社会有益，但因其不能获得收益或私人成本太高而私人企业不愿意生产；③市场的不完全性，即存在垄断因素；④信息不完全，如生产者往往具有比消费者更多的关于商品的信息；⑤市场机制不能解决社会目标问题。

2. 许多经济学家认为，垄断会带来福利纯损失，降低经济效率，因此主张反垄断。但也有不少经济学家认为，垄断可能促进经济效率提高，因为：①垄断会带来规模经济，降低成本，节省费用支出，一些自然行业更需要垄断。②范围经济，即垄断企业有条件进行多样化产品组合，把生产技术上互相关联的产品放在一个企业内生产经营，使投入的生产要素多次使用以生产不同产品,并共同使用商标、包装以及经营渠道等,从而降低成本。③技术创新,即大企业有实力投入大量研究开发经费,美国经济学家熊彼特就从技术创新角度为垄断企业进行辩护。正因为垄断也可能促进经济效率,因此不适当的反垄断可能损害经济效率。

3. 第一,在垄断情况下,厂商的边际收益小于价格。因此,当垄断厂商按利润最大化原则(边际收益等于边际成本)确定产量时,其价格将不是等于而是大于边际成本。这就出现了低效率。

第二,为了获得和维持垄断地位从而得到垄断利润的寻租活动是一种纯粹的浪费。这进一步加剧了垄断的低效率情况。

4. 第一,如果某个人采取某项行动的私人利益小于社会利益(即存在外部经济),则当这个人采取该行动的私人成本大于私人利益而小于社会利益时,他就不会采取这项行动,尽管从社会的角度看,该行动是有利的。

第二,如果某个人采取的某项行动的私人成本小于社会成本(即存在外部不经济),则当这个人采取该行动的私人利益大于私人成本而小于社会成本时,他就会采取这项行动,尽管从社会的角度看,该行动是不利的。

第三,上述两种情况导致了资源配置失当。前者是生产不足,后者是生产过多。

5. 第一,科斯定理要求财产权明确。但是,财产权并不总是能够明确地加以规定。有的资源,如空气,在历史上就是大家均可使用的共同财产,很难将其财产权具体分派给谁;有的资源的财产权即使在原则上可以明确,但由于不公平问题、法律程序的成本问题等也变得实际上不可行。

第二,科斯定理要求财产权可以转让。但是,由于信息不充分以及买卖双方不能达成一致意见等,财产权并不一定总是能够顺利地转让。

第三,即使财产权是明确的、可转让的,也不一定总能实现资源的最优配置。转让之后的结果可能是:它与原来的状态相比有所改善,但却不一定为最优。

第四,分配财产权会影响收入分配,而收入分配的变动可以造成社会不公平,引起社会动乱。在社会动乱的情况下,就谈不上解决外部影响的问题。

6. 第一,公共物品不具备消费的竞用性。

第二,公共物品不具备消费的竞用性,任何一个消费者消费一单位公共物品的机会成本为零。这意味着,没有任何消费者要为他所消费的公共物品去与其他任何人竞争。因此,市场不再是竞争的。如果消费者认识到他自己的消费的机会成本为零,他就会尽量少支付给生产者以换取消费公共物品的权利。如果所有消费者均这样行事,则消费者们支付的数量就将不足以弥补公共物品的生产成本,甚至是零产出。

7. 不能这样认为。由于公共产品是政府投资提供的,因此,可用政府在公共产品上的投资量表示该产品的价格,如果把公共产品数量画在一个坐标轴的横轴上,把价格画在纵轴上,则同样可画出公共产品的需求曲线与供给曲线,这两条曲线的交点所决定的价格才是最优投资量。如果实际投资量高于最优投资量,公共产品就会供过于求,它表示该公共产品不能有效地被利用。相反,如果公共产品投资过少,则投资量低于最优投资量,则产品就会供不应求。例如,城市道路投资不足,会造成交通拥挤,道理堵塞。可见公共产品不可随意定价。

8. 保险市场上的逆向选择与道德风险虽然都由交易双方(投保人与保险公司)信息不对

称所引起,但逆向选择是发生于保险合同成立之前,投保人故意隐瞒一些情况导致保险公司选择保户时作出了错误的抉择而利益受到了损害的情况,而道德风险是发生于保险合同成立之后,投保人由于可推卸责任而导致损害保险公司利益的不谨慎不适当或故意的行为。例如,一个经常生病的人故意隐瞒病情而到保险公司要求参加医疗保险属于逆向选择现象,而该病人一旦参加了保险就会认为,反正医疗费用由保险公司支付因而更不注意自己的身体,进而造成保险公司更多地支付医疗费用的情况就属于道德风险。

既然两者有区别,那么,逆向选择和道德风险两者完全有可能出现"一种能存在另一种不存在的情况下存在"。例如,一个身体正常的人参加了医疗保险就有可能更不注意自己的健康;反之,一个本来有病的人参加医疗保险后可能并不会不当心自己的身体。

9. 第一,市场机制可以解决一部分的信息不完全和不对称问题。例如,为了利润最大化,生产者必须根据消费者的偏好进行生产;否则,生产出来的商品就可能卖不出去。生产者显然很难知道每个消费者的偏好的具体情况。不过,在市场经济中,这一类信息的不完全并不会影响他们的正确决策——因为他们知道商品的价格。只要知道了商品的价格,就可以由此计算该商品的边际收益,从而就能够确定他的利润最大化产量。

第二,市场的价格机制不能够解决所有的信息不完全和不对称问题。这种情况在商品市场、要素市场上都是常见的现象。

第三,在市场机制不能解决问题时,就需要政府在信息方面进行调控。信息调控的目的主要是保证消费者和生产者能够得到充分的和正确的市场信息,以便他们能够作出正确的选择。

第十章 国民收入核算理论

一、单项选择题

1	2	3	4	5	6	7	8	9	10
A	D	A	C	C	B	A	C	D	B
11	12	13	14	15	16	17	18	19	20
A	B	A	B	B	D	D	C	A	D

【解释】

第 12 题：国民收入＝要素收入＝工资＋租金＋利息＋利润，福利支付不属于国民收入。

因此选择 B。

第 13 题：GDP 折算指数＝名义 GDP÷实际 GDP＝(1 500÷1 200)×100％＝125％。

因此选择 A。

第 16 题：经济学上的投资是指企业固定资产投资和存货投资，还包括居民购买个人住宅支出，本题中企业增加一笔存货、建造一座住宅和购买一台计算机都属于投资的范畴。

因此选择 D。

第 19 题：一国本年度生产的资本品属于总投资，总投资＝净投资＋折旧。

因此选择 A。

二、判断题

1	2	3	4	5	6	7	8	9	10
×	×	×	√	×	√	√	×	√	×

三、名词解释

1. 国民生产总值是指一国国民所拥有的生产要素在一定时期内所生产的最终产品的市场价值，是一个国民概念。

2. 国内生产总值是指一个经济社会（即一国或一地区）在某一给定时期内运用生产要素所生产的全部最终产品和劳务的市场价值。

3. 名义国内生产总值是指用生产物品和劳务的那个时期的价格计算的全部最终产品和劳务的市场价值。

4. 实际国内生产总值是指用以前某 1 年作为基期的价格计算出来的全部最终产品和劳务的市场价值。

5. 国内生产总值折算系数是指名义国内生产总值与实际国内生产总值的比率。

6. 最终产品是指在一定时期内生产的并由其最后使用者购买的产品和劳务。

四、计算题

1. (1) $NNP = GNP - 折旧 = 4\ 800 - (800 - 300) = 4\ 300$。

(2) $NX = GDP - I - C - G = 4\ 800 - 800 - 3\ 000 - 960 = 40$。

(3) $T - TR = G + BS = 960 + 30 = 990$。

(4) $DPI = 4\ 300 - 990 = 3\ 310$。

(5) 个人储蓄 $= 3\ 310 - 3\ 000 = 310$。

2. (1) $S = DPI - C = 4\ 100 - 3\ 800 = 300$。

(2) $I = S + (T - G) + (M - X) = 300 - 200 + 100 = 200$。

(3) $G = GDP - C - I - NX = 5\ 000 - 3\ 800 - 200 - (-100) = 1\ 100$。

3. (1) 项链为最终产品,价值 40 万美元。

(2) 开矿阶段生产 10 万美元,银器制造阶段生产 30 万美元,即:$40 - 10 = 30$(万美元),两个阶段共增值 40 万美元。

(3) 在生产活动中,所获工资共计:$7.5 + 5 = 12.5$(万美元),在生产活动中,所获利润共计:$(10 - 7.5) + (40 - 10 - 5) = 27.5$(万美元)。用收入法计得的 GDP 为:$12.5 + 27.5 = 40$(万美元),可见,用最终产品法,增值法和收入法计算的 GDP 是相同的。

4. (1) 按收入法,GDP＝工资＋租金＋利息＋利润＋间接税＋企业转移支付＋折旧＝$100 + 10 + 30 + 20 + 10 = 170$(亿元)

(2) 按支出法,GDP＝消费＋投资＋政府购买＋净出口＝$90 + 60 + 30 + (60 - 70) = 170$(亿元)

(3) 政府预算盈余＝政府总税收－政府支出＝$10 + 30 - 30 - 5 = 5$(亿元)

(4) GDP＝国民总收入＝消费＋储蓄＋政府总税收－政府转移支付,即:储蓄＝GDP－消费－政府总税收＋政府转移支付＝$170 - 90 - (10 + 30) + 5 = 45$(亿元)

5. (1) A 的价值增加为:$5\ 000 - 3\ 000 = 2\ 000$。

B 的价值增加为:$500 - 200 = 300$

C 的价值增加为:$6\ 000 - 2\ 000 = 4\ 000$

合计价值增加为:$2\ 000 + 300 + 4\ 000 = 6\ 300$

(2) 最终产品价值为:$2\ 800 + 500 + 3\ 000 = 6\ 300$,式中 2 800、500、3 000 分别为 A、B、C 卖给消费者的最终产品。

(3) 国民收入为:$6\ 300 - 500 = 5\ 800$。

6. (1) 2020 年名义国内生产总值＝$100 \times 1\ 000 + 200 \times 4 + 500 \times 0.2$
$= 100\ 900$(美元)

2024 年名义国内生产总值＝$110 \times 1\ 050 + 200 \times 6 + 450 \times 0.3 = 116\ 835$(美元)

(2) 如果以 2020 年作为基期:

2020 年的实际国内生产总值＝$100 \times 1\ 000 + 200 \times 4 + 500 \times 0.2$
$= 100\ 900$(美元)

2024 年的实际国内生产总值＝$110 \times 1\ 000 + 200 \times 4 + 450 \times 0.2$
$= 110\ 890$(美元)

(3) 2020 年 GDP 折算系数＝名义 GDP/实际 GDP＝$100\ 900 \div 100\ 900 \times 100\% = 100\%$。

2024 年 GDP 折算系数＝名义 GDP/实际 GDP＝$116\ 835 \div 110\ 890 = 105.36\%$

(4) 这段时间的通货膨胀率为:105.36%－100%＝5.36%。

7. (1)

生产阶段	产品价值	中间产品成本	增值
小麦	100	—	100
面粉	120	100	20
面包	150	120	30

(2) 面包的价值是150。

(3) 总产值为100＋120＋150＝370。

(4) 增值共为100＋20＋30＝150。

(5) 中间产品成本＝100＋120＝220。

五、简答题

1. 社会保险税实质上是企业和职工为得到社会保障而支付的保险金,它由政府有关部门(一般是社会保险局)按一定比率以税收形式征收。社会保险税是从国民收入中扣除的,因此,社会保险税的增加并不影响GDP、NDP和NI,但影响个人收入PI。社会保险税增加会减少个人收入,从而也从某种意义上会影响个人可支配收入。然而,应当认为,社会保险税的增加并不直接影响可支配收入,因为一旦个人收入确定以后,只有个人所得税的变动才会影响个人可支配收入DPI。

2. 如果甲、乙两国合并成一个国家,对GDP总和会有影响,合并后的国家的GDP要大于合并前两国GDP之和。因为甲、乙两国未合并成一个国家时,双方可能有贸易往来,但这种贸易只会影响甲国或乙国的GDP,对两国GDP总和不会有影响。举例说,甲国向乙国出口10台机器,价值10万美元,乙国向甲国出口800套服装,价值8万美元,从甲国看,计入GDP的有净出口2万美元,计入乙的GDP有净出口－2万美元;从两国GDP总和看,计入GDP的价值为零。如果这两国合并成一个国家,两国贸易变成两地区间的贸易。甲地区出售出乙地区10台机器;从收入看,甲地区增加10万美元;从支出看,乙地区增加10万美元。相反,乙地区出售给甲地区800套服装,从收入看,乙地区增加8万美元;从支出看,甲地区增加8万美元。甲乙两地是一个国家,因此,该国共收入18万美元,而投资加消费的支出也是18万美元,因此,无论从收入还是从支出看,计入GDP的价值都是18万美元。

3. 在国民收入核算体系中,存在的储蓄-投资恒等式完全是根据储蓄和投资的定义得出的。根据定义,国内生产总值总等于消费加投资,国民总收入则等于消费加储蓄,国内生产总值又总等于国民总收入,这样才有了储蓄恒等于投资的关系。这种恒等关系就是两部门经济的总供给(C＋S)和总需求(C＋I)的恒等关系。只要遵循储蓄和投资的这些定义,储蓄和投资一定相等,而不管经济是否充分就业或通货膨胀,即是否均衡。但这一恒等式并不意味着人们意愿的或者说事前计划的储蓄总会等于企业想要有的投资。在实际经济生活中,储蓄和投资的主体及动机都不一样,这就会引起计划投资和计划储蓄的不一致,形成总需求和总供给不平衡,引起经济扩张和收缩。分析宏观经济均衡时所讲的投资要等于储蓄,是指只有计划投资等于计划储蓄时,才能形成经济的均衡状态。这和国民收入核算中的实际发生的投资总等于实际发生的储蓄这种恒等关系并不是一回事。

4. 一方面,虽然购买债券和股票对购买者而言可以成为一种"投资",但经济学上规定的投资与我们通常意义上的投资不一样。经济学上的投资是指增加或更换资本资产的支出,具体而言分为固定资产投资和存货投资。固定资产投资包括新厂房、新设备、新商业用房和新住宅的增加,存货投资是指存货价值的增加。投资是一定时期内增加到资本存量中的资本流量。计算 GDP 时,采用的是总投资而不是净投资。

另一方面,国民收入核算的是运用生产要素所生产的全部最终产品的市场价值。购买债券和股票的资金,在购买时还没有用于生产,不能产生最终产品,更谈不上价值,但是购买股票和债券时支付的佣金和未来可能产生的股息和利息,应归国民收入的核算。因为前者是经纪人的劳务支出,而后者则是资金利用后的增值。

5. 购买公司的债权实际上是借钱给公司,公司从人们手中借到了钱用于生产,如购买机器设备,提供生产性服务,可被认为创造了价值,因而公司的债券利息可看作是资本提供生产性服务的报酬或收益,当然要计入 GDP。政府的公债利息被看作是转移支付,因为政府借的债不一定投入生产活动,而往往用于弥补财政赤字。政府公债利息常常是用纳税人身上取得的税收加以支付的,因而习惯上被看作是转移支付。

6. GDP 是衡量经济总量最重要的指标,也是最直观的指标,它确实代表了一国或一个地区在一定时期内全部生产活动的最终成果,可以对一国总体经济运行表现作出概括性衡量,反映一国或一个地区的经济实力,便于国际间和地区间作比较,为制定国家和地区经济发展战略,分析经济运行状况以及政府调控和管理经济提供重要依据和参考,所以大多数国家都把它当作经济发展的首要目标。

但是 GDP 不是一切,一是它不能反映社会成本;二是它不能反映经济增长方式付出的代价;三是不能反映经济增长的效率和效益;四是不能反映人们的生活质量;五是不能反映社会收入和财富分配的状况。

第十一章 简单国民收入决定理论

一、单项选择题

1	2	3	4	5	6	7	8	9	10
C	C	C	A	B	C	B	D	B	D
11	12	13	14	15	16	17	18	19	20
D	C	D	C	B	A	B	B	B	B

【解释】

第 3 题:引致消费是 βy,即边际消费倾向和收入的乘积,所以引致消费取决于边际消费倾向和收入。

因此选择 C。

第 5 题:$I=S$ 中的 I 是计划投资,包含了非意愿投资。

因此选择 B。

第 8 题:边际消费倾向是消费曲线上任意一点切线的斜率,当消费函数为右上倾斜的直线,切线唯一,斜率唯一,边际消费倾向不变。平均消费倾向是消费曲线上任意一点与原点连线的斜率,当消费函数为右上倾斜的直线时,与原点连线越来越接近 X 轴,斜率变小,所以平均消费倾向递减。

因此选择 D。

第 15 题:在其他条件不变的前提下,国民收入增加,消费和储蓄水平均提高。

因此选择 B。

第 18 题:边际消费倾向是指增加的一单位收入中用于增加消费部分的比率。即消费增量与收入增量的比率。$MPC = \Delta c \div \Delta y = 4\,000 \div 6\,000 = \dfrac{2}{3}$。

因此选择 B。

二、判断题

1	2	3	4	5	6	7	8	9	10
×	×	×	√	√	×	×	×	×	√

三、名词解释

1. 均衡产出是指和总需求相一致的产出,也就是经济社会的收入正好等于全体居民和企业想要有的支出。

2. 投资乘数是指国民收入的变动量与引起这种变动的投资变动量之比。

3. 直接税是指纳税人就是负税人,无法转嫁税收负担的税。属于直接税的税种有个人所得税、公司所得税、资本收益税以及财产和遗产赠与税等。

4. 间接税是指纳税人并不是负税人，税负可以转嫁的税。税收负担转嫁的方式包括向前转嫁和向后转嫁。向前转嫁是把税收负担转嫁给消费者，向后转嫁是把税收负担转嫁给生产要素的提供者。属于间接税的税种有消费税、营业税、增值税和进出口税等。

5. 政府购买是指政府在商品和劳务上的支出，它包括政府在教育、卫生、防务、警察和公共投资方面的支出及其他经常性支出。

6. 政府转移支付是指政府通过社会保险、公债利息及其他转移支付等形式，把购买力从纳税人转移到得到转移支付的接受者手中。

四、计算题

1. 解：(1) $y=c+i=100+0.8y+50$　$0.2y=150$　$y=750$

$c=100+0.8\times 750=700$

$s=750-700=50$

(2) $IU=800-750=50$

(3) $y=c+i=100+0.8y+100$　$0.2y=200$　$y=1\,000$

$\Delta y=1\,000-750=250$

(4) $y=c+i=100+0.9y+50$　$0.1y=150$　$y=1\,500$

$s=-100+0.1\times 1\,500=50$

$y=c+i=100+0.9y+100$　$0.1y=200$　$y=2\,000$

$\Delta y=2\,000-1\,500=500$

(5) 乘数变大，由 5 变为 10。

2. 解：(1) $y_d=y-t+tr=y-250+62.5$

$y=c+i+g=100+0.8\times(y-250+62.5)+50+200$

$0.2y=200$

$y=1\,000$

(2) $k_i=k_g=1\div(1-0.8)=5$

$k_t=-0.8\div(1-0.8)=-4$

$k_{tr}=0.8\div(1-0.8)=4$

$k_b=1$

(3) $\Delta y=1\,200-1\,000=200$

① 增加 $\Delta g=\Delta y\div k_g=200\div 5=40$

② 减少 $\Delta t=\Delta y\div k_t=200\div(-4)=-50$

③ 同时增加政府购买和税收 $\Delta t=\Delta g=\Delta y\div k_b=200\div 1=200$

3. 解：(1) $y_d=y-t+tr=y-0.25y+62.5=0.75y+62.5$

$y=c+i+g=100+0.8\times(0.75y+62.5)+50+200$

$0.4y=400$

$y=1\,000$

(2) $k_i=k_g=1\div 1-0.8(1-0.25)=2.5$

$k_t=-0.8\div 1-0.8(1-0.25)=-2$

$k_{tr}=0.8\div 1-0.8(1-0.25)=2$

(3) $\Delta y=1\,200-1\,000=200$

① $\Delta g = \Delta y \div k_g = 200 \div 2.5 = 80$

② $\Delta t = \Delta y \div k_t = 200 \div (-2) = -100$

4. 解:(1) 由已知,得 $y_d = y - 50$

$y = c + i + g + (x - m) = 100 + 0.8(y - 50) + 100 + 60 + (80 - 20 - 0.05y)$

$y = 1\ 120(10亿美元)$

净出口余额为 $nx = x - m = 80 - 20 - 0.05 \times 1\ 120 = 4(10亿美元)$

(2) $k_x = k_i = k_g = \dfrac{1}{1 - \beta + \gamma} = 4$;$k_t = \dfrac{-\beta}{1 - \beta + \gamma} = -3.2$;$k_{tr} = \dfrac{\beta}{1 - \beta + \gamma} = 3.2$。

五、问答题

1. 凯恩斯定律:需求创造供给。英国经济学家凯恩斯于20世纪30年代提出的需求能创造出自己的供给,因此政府采取措施刺激需求以稳定经济的论点。这是凯恩斯根据对总供给和总需求之间关系的分析,为推行其国家干预经济的政策而提出的论点。凯恩斯认为,仅靠自由机制是无法保证经济稳定增长,达到充分就业的,必须加强国家干预。提出在需求出现不足时,应当由政府采取措施来刺激需求,而总需求随着投资的增加,可使收入增加,消费也将增加,经济就可以稳定地增长,以致达到充分就业,使生产(供给)增加。这一论点被凯恩斯的追随者们奉为定律,因此叫凯恩斯定律。

2. 消费倾向就是消费支出和收入的关系,又称消费函数。消费支出和收入的关系可以从两个方面加以考察:一是考察消费支出变动量和收入变动量关系,这就是边际消费倾向($MPC = \Delta c \div \Delta y$),二是考察一定收入水平上消费支出量和该收入量的关系,这就是平均消费倾向($APC = c \div y$)。边际消费倾向总大于零而小于1,因为一般来说,消费者增加收入后,即消费不会不增加(即 $MPC = \Delta c \div \Delta y = 0$),也不会把增加的收入全用于增加消费,一般情况是一部分用于增加消费,另一部分用于增加储蓄,即 $\Delta y = \Delta c + \Delta s$,因此,$\Delta c \div \Delta y + \Delta s \div \Delta y = 1$,所以,$\Delta c \div \Delta y = 1 - \Delta s \div \Delta y$。只要 $\dfrac{\Delta s}{\Delta y}$ 不等于1或0,则 $0 < \dfrac{\Delta c}{\Delta y} < 1$。可是,平均消费倾向就不一定总是大于零而小于1。当人们收入很低甚至是零时,也必须消费,那么借钱也要消费,这时,平均消费倾向就会大于1。而当人们把所有的收入都花光,全部用于消费时,平均消费倾向就会等于1。

3. 凯恩斯的边际消费倾向递减规律告诉我们,人们的消费虽然随收入的增加而增加,但在所增加的收入中用于增加消费的部分却越来越少,这就意味着富人的边际消费倾向比穷人要低。所以将国民收入从富者转移到贫者,因为贫困者的边际消费率更高,换句话说就是因为贫者的收入大部分用来消费,而富人大部分都用来储蓄了,穷人得到钱更倾向于消费,这样就能增加社会总需求,从而使社会总产出增加,也就是提高了社会总收入水平。

4. 显然,后一个老太太聪明些。根据持久收入假说和生命周期假设,单个消费者并不是简单地根据当前的绝对收入来做消费决策,而是根据终生的或持久的收入来做决策。也就是说,消费者不只单单考虑本年度可支配收入,还把他们在将来可能获得的可支配收入考虑进去,当他们购买住宅或汽车之类需要大量资金,而他们目前的收入和已积累起来的货币又不足以支付如此巨大的金额时,就可以凭借信用的手段用贷款来完成购买行为,用以后逐年逐月获得的收入来归还贷款。这样,消费者就可以提前获得消费品的享受。所以,我们说后一位老太太更聪明些。

5. 总支出由消费支出、投资支出、政府购买支出和净出口四部分组成。税收并不直接影响总支出,它是通过改变人们的可支配收入,从而影响消费支出,再影响总支出。税收的变化与总支出的变化是反方向的。当税收增加(税率上升或税基增加)时,导致人们可支配收入减少,从而消费减少,总支出也减少。总支出的减少量数倍于税收增加量;反之,亦然。

政府购买支出直接影响总支出,两者的变化是同方向的。总支出的变化量也数倍于政府购买变化量,这个倍数就是政府购买乘数。

政府转移支付对总支出的营销方式类似于税收,是间接影响总支出,也是通过改变人们的可支配收入,从而影响消费支出及总支出。但与税收不同的是,政府转移支付的变化是与总支出同方向变化的,这两个量之间有一定的倍数关系,但倍数小于政府购买乘数。

上述三个变量都是政府可以控制的变量,控制这些变量的政策被称为财政政策。政府可以通过财政政策来调控经济运行。

第十二章 产品市场和货币市场的一般均衡

一、单项选择题

1	2	3	4	5	6	7	8	9	10
A	B	D	B	B	B	A	C	A	B
11	12	13	14	15	16	17	18	19	20
B	A	B	A	C	B	D	A	C	D

【解释】

第2题：一笔投资为2 850元，以后3年每年可以带来收入1 000元，则这笔投资的资本边际效率由公式：$2\,850 = \dfrac{1\,000}{1+r} + \dfrac{1\,000}{(1+r)^2} + \dfrac{1\,000}{(1+r)^3}$，得$r = 2.6\% < 4\%$。

因此选择B。

第6题：由乘数效应，国民收入减少等于税收的增量乘以税收乘数，这也是IS曲线左移的距离。

因此选择B。

第7题：在产品市场和货币市场的一般均衡中，IS曲线右上方存在超额产品供给，即投资$I <$储蓄S；IS曲线左下方存在超额产品需求，即投资$I >$储蓄S。只有在IS曲线上的组合才是投资$I =$储蓄S的均衡组合。

因此选择A。

第8题：IS曲线不变，货币量减少导致LM左移，r上升，y下降。

因此选择C。

第10题：在产品市场达到均衡时，收入和利率的各种组合的点的轨迹，这样的点有无数个。

因此选择B。

第15题：投资对利率的变化越灵敏，d越大，投资需求曲线的斜率的绝对值$\dfrac{1}{d}$越小，投资需求曲线越平缓；投资对利率的变化越灵敏，d越大，IS曲线的斜率的绝对值$\dfrac{1-\beta}{d}$越小，IS曲线越平缓。

因此选择C。

第19题：政府征税，IS曲线右上方移动，同时央行减少货币供给，LM左上方移动，y必然减少，r变化不确定。

因此选择C。

二、判断题

1	2	3	4	5	6	7	8	9	10
√	√	√	×	×	×	√	√	×	√

三、名词解释

1. 资本边际效率（MEC）是指一种贴现率，该贴现率恰好使一项资本品在使用期内各预期收益现值之和等于这项资本品的供给价格或重置成本。

2. 投资边际效率（MEI）是指由于资本品价格上升而被缩小了的 MEC 的数值。

3. 流动性偏好是指人们宁愿牺牲利息收入而持有流动性最大的货币资产的心理倾向。

4. 交易动机是指个人和企业为了应付日常交易活动而持有一部分货币的动机。

5. 谨慎动机是指人们为预防意外风险支出而持有一部分货币的动机。

6. 投机动机是指人们为了抓住有利的购买有价证券的机会而持有一部分货币的动机。

7. 凯恩斯陷阱是指当利率降到很低的水平时，人们不管有多少货币都愿意持有手中，这种情况又称为"流动性陷阱"。

四、计算题

1. 解：(1) LM 方程为：$y = \dfrac{h}{k}r + \dfrac{M}{kP}$ 或 $r = \dfrac{M}{Ph} + \dfrac{k}{h}y$，斜率为 $\dfrac{k}{h}$。

(2) $k = 0.2$，$h = 10$ 时，LM 斜率为 0.02；$k = 0.2$，$h = 20$ 时，LM 曲线斜率为 0.01；$k = 0.1$，$h = 10$ 时，LM 曲线斜率为 0.01。

(3) k 变小，LM 曲线斜率绝对值变小，LM 曲线更加平坦；h 增加时，LM 曲线斜率绝对值变小，LM 曲线更加平坦。

(4) LM 曲线垂直于横轴。

2. 解：(1) IS 曲线：$y = c + i = 100 + 0.8y + 150 - 6r$

$$y = 1\,250 - 30r \qquad\qquad ①$$

LM 曲线：$m = L$，$150 = 0.2y - 4r$

$$y = 750 + 20r \qquad\qquad ②$$

(2) 解①②联立方程组，得 $y_e = 950$，$r_e = 10$。

3. 解：(1) ①的 IS 曲线：$y = c + i = 50 + 0.8y + 100 - 5r$

$y = 750 - 25r$ 即 $r = 30 - \dfrac{1}{25}y$

②的 IS 曲线：$y = c + i = 50 + 0.8y + 100 - 10r$　$y = 750 - 50r$　即 $r = 15 - \dfrac{1}{50}y$

③的 IS 曲线：$y = c + i = 50 + 0.75y + 100 - 10r$　$y = 600 - 40r$　即 $r = 15 - \dfrac{1}{40}y$

(2) ②与①比较，说明投资对利率更敏感时，IS 曲线斜率绝对值变小，IS 曲线更加平坦。

(3) ③与②比较，说明边际消费倾向变小，IS 曲线斜率绝对值增大，IS 曲线更加陡峭。

4. 解：(1) IS 方程：$y = c + i + g = 100 + 0.75(y - 20 - 0.2y) + 125 - 6r + 50 = 260 + 0.6y - 6r$，$y = 650 - 15r$。

(2) IS 曲线的斜率为：$1 \div 15 = 0.066\,7$。

(3) $r=15$ 时:$y=650-225=425$。

5. 解:(1) IS 方程:$y=c+i+g=0.8(1-0.25)y+900-50r+800$。

$0.4y=1\,700-50r$

$y=4\,250-125r$ ③

(2) LM 曲线为 $0.25y-62.5r=500$。

$y=2\,000+250r$ ④

(3) 解③④联立方程组:$y=3\,500,r=6$。

6. 解:(1) IS 曲线:$y=c+i+g+nx=300+0.8(y-0.2y)+200-1\,500r+200+100-0.04y-500r$。

解得:$y=2\,000-5\,000r$ ⑤

(2) LM 曲线:$550=0.5y-2\,000r$。

$y=1100+4\,000r$ ⑥

(3) 解⑤⑥联立方程组:$y=1\,500,r=0.1$。

五、简答题

1. IS 曲线向右下倾斜的假定条件是投资需求是利率的减函数,以及储蓄是收入的增函数。即利率上升时,投资要减少,利率下降时,投资要增加,以及收入增加时,储蓄要随之增加,收入减少时,储蓄要随之减少。如果这些条件成立,那么,当利率下降时,投资必然增加,为了达到产品市场的均衡,或者说储蓄和投资相等,则储蓄必须增加,而储蓄又只有在收入增加时才能增加。这样,较低的利率必须和较高的收入配合,才能保证产品市场上总供给和总需求相等。于是,当坐标图形上纵轴表示利率,横轴表示收入时,IS 曲线就必然向右下倾斜。如果上述前提条件不存在,则 IS 曲线就不会向右下倾斜。例如,当投资需求的利率弹性无限大时,即投资需求曲线为水平状时,则 IS 曲线将成为一条水平线。又如,如果储蓄不随收入而增加,即边际消费倾向如果等于1,则 IS 曲线也成为水平状。西方学者一般认为投资随利率下降而增加,储蓄随收入下降而减少,因此一般可假定 IS 曲线为向右下倾斜的。

2. LM 曲线向右上倾斜的假定条件是货币需求随利率上升而减少,随收入上升而增加。如果这些条件成立,则当货币供给既定时,若利率上升,货币投机需求量减少(即人们认为债券价格下降时,购买债券从投机角度看风险变小,因而愿买进债券而减少持币),为保持货币市场上供求平衡,货币交易需求量必须相应增加,而货币交易需求又只有在收入增加时才会增加,于是,较高的利率必须和较高的收入相结合,才能使货币市场均衡。如果这些条件不成立,则 LM 曲线不可能向右上倾斜。例如,古典学派认为,人们需要货币,只是为了交易,并不存在投机需求,即货币投机需求为零,在这种情况下,LM 曲线就是一条垂直线;反之,凯恩斯认为,当利率下降到足够低的水平时,人们的货币投机需求将是无限大(即认为这时债券价格太高,只会下降,不会再升,从而买债券风险太大,因而人们手头不管有多少货币,都不愿再去买债券),从而进入流动性陷阱,使 LM 曲线呈水平状。西方学者认为人们对货币的投机需求一般既不可能是零,也不可能是无限大,是介于零和无限大之间,因此,LM 曲线一般是向右上倾斜的。

3. 产品市场上供过于求是指储蓄大于投资的情况,在 IS 曲线右上方的任何收入和利率的组合点之所以都表明储蓄大于投资,这是因为相对于一定收入而言,利率太高了,从而使该收入提供的储蓄超过了该利率所导致的投资,或者是相对于一定利率而言,收入太高了,从而该利率所导致的投资水平低于该收入所提供的储蓄,高储蓄,低消费,从而出现产品市场上供过于求的情况。

4. LM 曲线的三个区域分别指 LM 曲线从左到右所经历的水平线、向右上方倾斜线、垂直线的三个阶段。LM 曲线这三个区域被分别称为凯恩斯区域、中间区域、古典区域。其经济含义是指,在水平线阶段的 LM 曲线上,货币的需求曲线已处于水平状态,对货币的投机需求已达到利率下降的最低点"流动性陷阱"阶段,货币需求对利率敏感性极大。凯恩斯认为:当利率很低,即债券价格很高时,人们觉得用货币购买债券风险极大,因为债券价格已这样高,从而只会跌,不会涨,因此买债券很可能亏损,人们有货币在手的话,就不肯去买债券。这时,货币投机需求成为无限大,从而使 LM 曲线呈水平状态,由于这种分析是凯恩斯提出的所谓水平的 LM 区域称为凯恩斯区域。在垂直阶段,LM 曲线斜率为无穷大,或货币的投机需求对利率已毫无敏感性,从而货币需求曲线的斜率 $\left(\dfrac{l}{h}\right)$ 趋向于无穷大,呈垂直状态,表示不论利率怎样的变动,货币的投机需求均为零,从而 LM 曲线也呈垂直状态 $\left(\dfrac{k}{h}\text{趋向于无穷大}\right)$。"古典学派"认为货币需求只有交易需求而无投机需求,因此垂直的 LM 区域称古典区域,介于垂直线与水平线之间的区域则称为"中间区域"。

5. 在宏观经济学中,货币市场的均衡条件为货币的供给等于货币的需求。在凯恩斯主义的框架内,货币供给被认为是由一国的货币当局发行并调节的,因而是一个外生变量,其大小与利率无关。故在以利率为纵坐标、货币量为横坐标的坐标系内,货币供给曲线是一条垂直于横轴的直线,凯恩斯主义的货币需求理论是建立在凯恩斯的流动偏好基础上的,其构成为 $L = L_1(y) + L_2(r)$,其中 L_1 为出于交易动机和谨慎动机的货币需求量,$L_2(r)$ 为出于投机动机的货币需求量。于是货币市场的均衡条件可以表示为:

$$\frac{M}{P} = L = L_1(y) + L_2(r)$$

在已知收入水平的情况下,上述均衡条件决定了均衡的利率水平。如习题解答图 12-1 所示:凯恩斯的货币需求函数在一定程度上发展了庇古的货币数量论,特别是由于明确指出投机动机而突出了利息率的作用。但正如西方学者所指出的,凯恩斯的货币理论只注意利率和收入对货币需求的影响,而忽略了人们对财富的持有量也是决定货币需求的重要因素。此外,西方学者认为,凯恩斯把财富的构成看得过于简单,好像在现实的社会中,只有货币和债券两种资产可供人们选择,这些都是有待改进的。

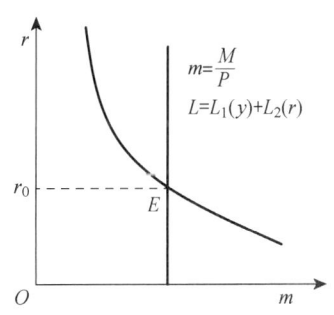

习题解答图 12-1 简答题 5 图示

6. 货币需求是指人们在不同条件下出于各种考虑对货币的需要,或者说是个人、企业和政府对执行流通手段(或支付手段)和价值储藏手段的货币的需求。按凯恩斯的说法,人们需要货币是出于以下三种动机:交易动机,指个人和企业需要货币是为了进行正常的交易活动,出于交易动机的货币需求量主要决定收入,收入越高,交易数量越大,为应付日常开支所需货币量越大。谨慎动机,指为预防意外支出而持有一部分货币的动机,这一货币需求量也和收入呈正比。如果用 L_1 表示交易动机和谨慎动机所产生的全部实际货币需求量,用 y 表示实际收入,则这种货币需求量和收入关系可表示为 $L_1=L_1(y)$。投机动机,指人们为了抓住有利的购买有价证券的机会而持有一部分货币的动机,对货币的投机性需求取决于利率,用 L_2 表示为 $L_2=L_2(r)$。货币需求函数表示为 $L=L_1(y)+L_2(r)$。

7. 凯恩斯经济理论主要包括以下几点:

(1) 国民收入决定于消费和投资。

(2) 消费由消费倾向和收入决定,消费倾向分平均消费倾向和边际消费倾向,边际消费倾向大于0而小于1,因此,收入增加,消费也增加,但在增加的收入中,用来增加的消费部分所占比例可能越来越小,用于增加储蓄部分所占比例越来越大。

(3) 消费倾向稳定。因此,国民收入波动主要来自投资的变动,投资乘数与边际消费倾向有关,边际消费倾向大于0而小于1,因此,投资乘数大于1。

(4) 投资由利率和资本边际效率决定,投资与利率呈反方向变化,与资本边际效率呈正方向变动。

(5) 利率决定于流动偏好与货币数量。流动偏好是货币需求,由 L_1 和 L_2 组成,其中 L_1 来自交易动机和谨慎动机,L_2 来自投机动机。货币数量是货币供给,由满足交易动机和谨慎动机的货币和满足投机动机的货币组成。

(6) 资本边际效率由预期收益和资本资产的供给价格或者说重置成本决定。凯恩斯认为,形成资本主义萧条的根源是由于消费需求和投资需求所构成的总需求不足以实现充分就业,消费需求不足是由于边际消费倾向递减,即人们增加的收入用来增加消费的比例越来越小,而投资需求不足来自资本边际效率在长期内递减,为解决有效需求不足,必须发挥政府作用,用财政政策和货币政策来实现充分就业。财政政策就是用政府增加支出或减少税收以增加总需求,通过乘数原理引起收入成倍增加。货币政策是用增加货币供给量以降低利率,刺激投资而增加收入。由于存在"流动性陷阱",货币政策效果有限,增加收入主要靠财政政策。

第十三章 宏观经济政策

一、单项选择题

1	2	3	4	5	6	7	8	9	10
A	C	C	C	C	A	D	C	D	B
11	12	13	14	15	16	17	18	19	20
C	D	C	D	C	A	C	A	C	C

【解释】

第12题：IS曲线越平、LM曲线越陡，财政效果越小，挤出效应越大。当私人部门的支出对利率变动敏感时，d大，IS曲线平，挤出效应大；货币需求对利率不敏感时，h小，LM曲线陡，挤出效应大。

因此选择D。

第15题：增加货币供给不会影响均衡收入说明货币政策无效。在凯恩斯极端情况下，IS曲线垂直，LM曲线水平，具有完全的财政政策效果，货币政策无效。

因此选择C。

第18题："自动稳定器"是指能自动对经济波动进行调控的经济机制，它能在经济萧条时自动缓解萧条，在经济过热时抑制过热，无须政府采取任何措施。但是它的作用是有限的，只能部分地抵消经济波动不可以被用来完全抵消任何经济波动，当经济出现大的波动时，还要政府主动出击，采取对应的财政政策。

因此选择A。

二、判断题

1	2	3	4	5	6	7	8	9	10
×	√	×	×	×	√	×	×	×	√

三、名词解释

1. 财政政策是指政府变动税收和支出影响总需求，进而影响就业和国民收入的政策。

2. 货币政策是指中央银行通过银行体系变动货币供给量来调节总需求，进而影响就业和国民经济的宏观经济政策。

3. 挤出效应是指政府支出增加所引起的私人消费或投资降低的效果。

4. 公开市场业务是指中央银行在公开市场上买卖政府债券的业务。

5. 基础货币又称高能货币或强力货币，是指具有货币派生能力的货币，主要由商业银行的准备金总额和非银行部门持有的通货两部分组成。

6. 法定存款准备金率是指商业银行吸收的存款必须按照一定的比率存放一部分在中央银行作为存款准备金，这一比率称为法定存款准备金率。

7. 再贴现率是指中央银行对商业银行的再贷款(再贴现)利率。

8. 货币乘数是指在基础货币的基础上通过商业银行的创造存款货币功能产生派生存款的作用而产生的信用扩张倍数,是货币供给扩张的倍数。

四、计算题

1. 政府购买减少 200 亿美元对收入的影响:

$$\Delta y = k_g \times \Delta g = 2.5 \times (-200) = -500(亿美元)$$

因此政府税收将减少 $0.25 \times 500 = 125$(亿美元)。即政府减少购买性支出 200 亿美元这一举措将增加 $200 - 125 = 75$(亿美元)的财政盈余,恰好将已有的 75 亿美元的赤字消灭。

2. 货币创造乘数 $k = (1 + 0.38) \div (0.38 + 0.18) \approx 2.464$。

当增加基础货币 100 亿美元后,货币供给的改变量为:

$$\Delta M = k \times \Delta H = 2.464 \times 100 = 246.4(亿美元)$$

即增加 100 亿美元的基础货币,会使货币供给增加约 246.4 亿美元。

3. (1) 由 $y = c + i + g = 90 + 0.8(y - 50) + 140 - 5r + 50$。

整理,得:IS 曲线方程 $y = 1\,200 - 25r$ ①

由 $L = m$,得:$0.2y = 200$,整理即得:LM 曲线方程 $y = 1\,000$ ②

(2) 解①式与②式的联立方程组,得:

$$y = 1\,000, r = 8, i = 140 - 5r = 100$$

(3) 其他情况不变而 g 增加 20 亿美元,由产品市场的均衡条件,得 IS 曲线:

$$y = 1\,300 - 25r$$ ③

解③式与②式的联立方程组,得:

$$y = 1\,000, r = 12, i = 140 - 5r = 80$$

$$\Delta i = 100 - 80 = 20$$

(4) 此时存在"挤出效应",且 $\Delta g = \Delta i = 20$,政府支出的增加挤出了等量的投资,政府支出扩大并没有带来收入的增加,"挤出效应"是完全的。

(5) 图示(2)中,政府购买的扩大使 IS_0 曲线右移至 IS_1 曲线,均衡点由 E_0 上移至 E_1,均衡收入未变,均衡利率大幅度上升。

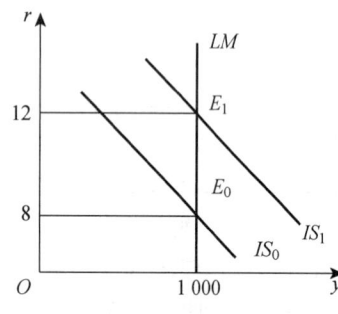

习题解答图 13-1 计算题 3 图示(1)

4. 解:(1) 由 $y = c + i + g = 60 + 0.8(y - 100) + 150 + 100$。

整理,得:IS 曲线方程 $y = 1\,150$ ①

由 $L = m$,得:$0.2y - 10r = 200$,整理即得:LM 曲线方程 $y = 1\,000 + 50r$ ②

(2) 解①式与②式的联立方程组,易得:

$$y = 1\,150, r = 3, i = 150$$

(3) 政府支出从 100 亿美元增加到 120 亿美元时,与(1)式同理得 IS 曲线方程:

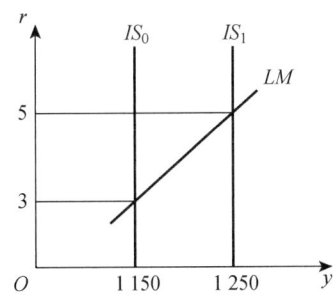

习题解答图 13-2　计算题 3 图示(2)

$$y = 1\,250$$

与 LM 方程联立求解,得:

$$y = 1\,150, r = 5, i = 150$$

(4) 不存在"挤出效应"。原因是:投资量为一常数,虽然政府支出增加使利率上升,但对投资毫无影响。

(5) 图示(1)中,当政府支出增加 20 亿美元后,IS_0 曲线右移至 IS_1 曲线,由于 IS 曲线垂直于横轴,IS 曲线右移的幅度即收入增加的幅度。

5. 解:(1) 将已知条件代入均衡等式 $y = c + i + g$,得:

$$y = 100 + 0.8(y - 0.25y + 62.5) + 50 + 200$$

解得均衡收入:$y = 1\,000$

(2) 将 $y = 1\,000$ 代入 $BS = ty - g - tr$,得:

$$BS = -12.5(亿美元)$$

即此时有 12.5 亿美元的赤字。

(3) 由已知得投资乘数:

$$K_i = 2.5(亿美元)$$

当投资增加到 100 时,收入会增加:

$$\Delta y = 2.5 \times (100 - 50) = 125(亿美元)$$

又由于政府支出未发生变化,则:

$$BS = ty - g - tr = 0.25 \times (1\,000 + 125) - 200 - 62.5 = 18.75(亿美元)$$

即投资增加后,预算盈余由原来的 12.5 亿美元赤字变成 18.75 亿美元的盈余。导致这一变化的原因是实际收入水平的增加。

(4) 投资无论等于 50 还是 100,充分就业预算盈余均不受影响。即:

$$BS^* = ty^* - g - tr = 0.25 \times 1\,200 - 200 - 62.5 = 37.5(亿美元)$$

(5) 当政府购买增至 250 后,充分就业预算盈余为:

$$BS^* = ty^* - g - tr = 0.25 \times 1\,200 - 250 - 62.5$$
$$= -12.5(亿美元)$$

(6) 导致实际预算盈余 BS 发生变化的原因既可有财政政策的变动,也可以有实际收入水平的变动。由(2)(3)可以看出,虽然政府并未改变税率和支出水平,但由于收入的增加,实际预算盈余 BS 也增加了。用实际预算盈余 BS 衡量财政政策的方向显然是不行的。充分就业的预算盈余 BS^* 将收入水平固定在充分就业的收入水平上,从而消除了收入水平周期性波动对预算状况的影响,

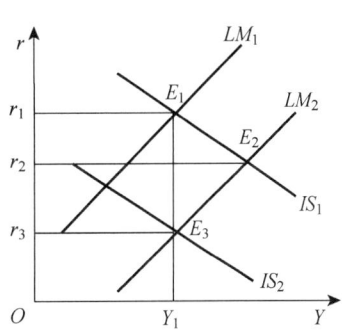

习题解答图 13-3　画图分析题 1 图示

因而可以准确反映财政政策的方向。

五、画图分析题

1. 如果社会已是充分就业,为了保持充分就业水平的国民收入不变,增加私人部门的投资,减少消费支出,可采用扩大货币供给的扩张性货币政策和增加税收的紧缩性财政政策的组合。如图所示,图中 Y_1 为充分就业的国民收入,央行增加货币供给使 LM_1 移至 LM_2,利率由 r_1 降至 r_2,与此同时,政府采用紧缩性财政政策使 IS_1 左移至 IS_2,此时新的均衡点处国民收入仍维持在 Y_1 水平,但利率又下降到 r_3。利率水平的下降中,私人投资增加了,而由于税收的增加,可支配收入的下降,私人消费相应下降了,在不改变总需求的同时,总需求的构成却改变了。

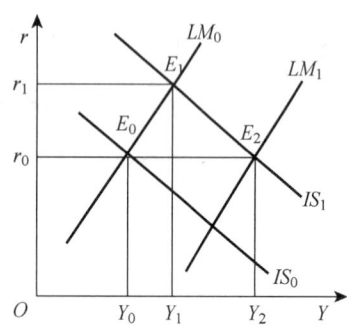

习题解答图 13-4　画图分析题 2 图示(1)

2. (1) 政府减税,会使 IS_0 曲线向右上移动至 IS_1 曲线,这使汇率上升至 r_1,国民收入增加至 Y_1,为了使利率维持在 r_0 水平,政府应采用扩张性货币政策使 LM 曲线移至 LM_1 曲线处,国民收入增加至 Y_2,但利率仍旧为 r_0。

(2) 货币供给量不变,表示 LM 曲线不变,这时减税使 IS_0 曲线向右移至 IS_1 曲线的效果是利率上升至 r_1,国民收入增至 Y_1,均衡点为 LM_0 曲线与 IS_1 曲线的交点 E_1。

两种减税都使国民收入增加了,但第一种情况因为有扩张性货币政策的配合,利率不变,没产生挤出效应,而第二种情况没有货币政策的配合,利率上升,产生了挤出效应,所以第一种情况减税的财政政策效果要大,国民收入的增加也比第二种情况要大。

3. 取消投资津贴和增加所得税虽都属紧缩性财政政策,都会使 IS 曲线向左下方移动,从而使利率和收入下降,但对投资的影响却不一样,因而在 IS-LM 图形上表现也不相同,现在分别加以说明。

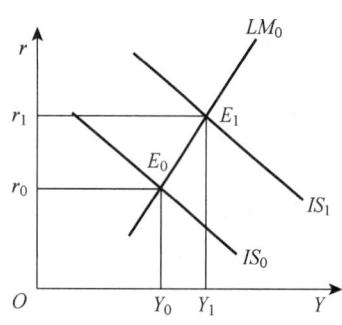

习题解答图 13-5　画图分析题 2 图示(2)

(1) 取消投资津贴。取消投资津贴等于提高了投资成本,其直接的影响是降低了投资需求,使投资需求曲线左移,在图示(1)中,投资需求曲线从 I_0 左移到 I_1。如果利率不变,则投资量要减少 I_0I_1,即从 I_0 减少到 I_1,然而,投资减少以后,IS 曲线要左移,从 IS_0 曲线左移到 IS_1 曲线[如图示(2)],国民收入要相应减少,从 Y_0 降到 Y_1。在货币市场均衡保持不变(即 LM 曲线不变动)条件下,利率必然下降,从 r_0 下降到 r_1,利率下降又会增加投资,使取消投资津贴以后的投资减少量达不到 I_1I_0,实际的投资不是下降到 I_1,而是下降到 I_1',因此实际投资量减少了 I_0I_1',少减少了 I_1I_1'。

(2) 增加所得税。增加所得税会降低人们可支配收入水平,从而减少消费支出,这同样会使 IS 曲线左移。如图示(2)中从 IS_0 曲线左移到 IS_1 曲线,则收入和利率分别从 Y_0 和 r_0 降到 Y_1 和 r_1,所得税率提高并不会直接降低投资需求,因而投资需求曲线仍为 I_0[如图示(1)],但是利率从 r_0 降到 r_1,因而投资得到刺激,投资量从 I_0 增加到 I_0',这就是说,所得税提高虽然使消费、收入和利率都下降了,但投资却增加了 I_0I_0'。

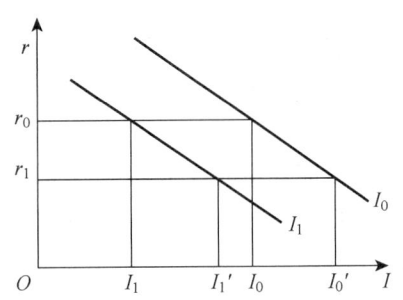
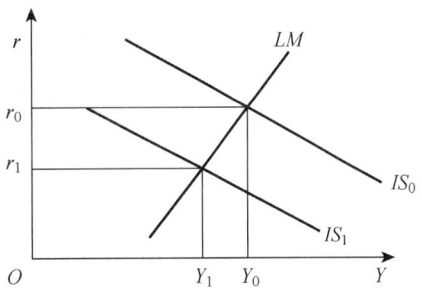

习题解答图 13-6　画图分析题 3 图示(1)　　习题解答图 13-7　画图分析题 3 图示(2)

六、问答题

1. 自动稳定器亦称内在稳定器，是指经济系统本身存在的一种减少各种干扰对国民收入冲击的机制，能够在经济繁荣时期自动抑制膨胀，在经济衰退时期自动减轻萧条，无须政府采取任何行动。具有自动稳定器功能的财政政策有：政府税收的自动变化、政府支出的自动变化、农产品价格维持制度。

(1) 政府税收的自动变化：当经济衰退时，产出下降，个人收入下降，税率不变，税收会自动减少，可支配收入会自动少减少一些，使消费需求下降得少些。反之，亦如此。

(2) 政府支出的自动变化：当经济衰退时，失业增加，符合救济条件的人数增多，失业救济和其他社会福利开支就会相应增加，这样就可以抑制人们收入特别是可支配收入的下降，进而抑制消费需求的下降。反之，亦如此。

(3) 农产品价格维持制度：在经济萧条时期，随着农产品价格下降，政府收购剩余农产品的支出自动上升。这样，就会增加生产者的收入，维持生产者既定的收入和消费水平。在经济繁荣时期，伴随着通货膨胀，农产品价格上升，政府抛出农产品。这样，既可以抑制农场主收入和消费的增加，又可以稳定农产品价格，防止通货膨胀。

2. 平衡预算的财政思想指财政收入与财政支出相平衡，财政预算盈余等于零的财政思想。按历史发展阶段主要分两种：①年度平衡预算，要求实现每财政年度的收支平衡；②周期平衡预算，是指政府在一个经济周期中保持预算平衡，即在经济衰退时实行扩张政策，有意安排预算赤字；在繁荣时期实行紧缩政策，有意安排预算盈余，以繁荣时的盈余补偿退时的赤字，实现整个周期盈余与赤字相抵。功能财政思想则认为，政府为了实现充分就业和消除通货膨胀，可根据反周期的需要来利用预算赤字和预算盈余，而不应为实现财政收支平衡而妨碍政府财政政策的正确制定与执行。可见，功能财政思想是对平衡预算财政思想的否定。两者区别在于平衡预算的财政思想以追求政府收支平衡为目标，而功能财政思想强调财政预算的平衡、盈余或赤字都只是手段，无通货膨胀的充分就业才是最终目标。

3. 货币政策是指央行通过控制货币供应量以及通过货币供应量来调节利率进而影响投资和整个经济以达到一定经济目标的行为。三大工具为：

(1) 再贴现率：中央银行对商业银行及其他金融机构的放款利率。当通货膨胀时，央行会提高再贴现率。当经济萧条时，央行会降低再贴现率。

(2) 公开市场业务：中央银行在金融市场上公开买卖政府债券以控制货币供给和利率的政策行为。当通货膨胀时，央行会公开卖出政府债券，减少货币供给量。当经济萧条时，央行会买进政府债券,发放货币,增加货币供给量。

(3) 法定准备金率:央行通过变更法定准备金率来影响商业银行的放款能力,从而达到影响货币供给量的效果。当通货膨胀时,央行会提高法定准备金率。当经济萧条时,央行会降低法定准备金率。

4. 由于自动稳定器的作用有限,为确保经济稳定,政府要审时度势,主动采取一些财政措施,即变动支出水平或税收以稳定总需求水平,使之接近物价稳定的充分就业水平。这就是斟酌使用的或权衡的财政政策。斟酌使用的货币政策是指为确保经济稳定,央行审时度势而主动采取的一些货币措施,即变动货币供给水平以稳定通货,同时影响利率,进而影响投资以及总需求,使之接近物价稳定的充分就业水平。

5. (1) 宏观经济政策的目标有四个,即充分就业、物价稳定、经济增长和国际收支平衡。我国现阶段宏观经济政策的目标是控物价、稳增长、调结构。

(2) 我国当前的宏观经济政策为更加积极的财政政策和适度宽松的货币政策。财政政策由"积极"调整为"更加积极",这预示着财政赤字率将进一步提升,同时地方政府债的投资领域与项目范围也将进一步扩大。相比于2023年提出的稳健的货币政策,今年提出了适当宽松的货币政策,旨在为经济稳定增长和高质量发展营造良好的货币金融环境。而发挥好货币政策工具总量和结构双重功能,其中最受到关注的是适时降准降息。

(3) 我国宏观经济政策对经济的调控要保持宏观政策的定力,稳字当头,注重近期和长期相结合,避免以牺牲资源环境为代价的老路子,同时加大对产能过剩行业投资、增加未来调整压力的增长也要不得。近期采取的稳增长政策要有利于长期发展政策目标,有利于经济结构战略性调整和产业优化升级,避免引发更多矛盾;要坚持发展和改革相结合,发展政策要符合改革目标要求,也要通过改革举措来落实。改革举措要以发展为导向,多出台一些有利于经济持续健康发展的改革举措。有一些改革措施可以提早出台,但当前可能会加重企业负担或者产生一些负面影响,需要慎重权衡;要做到国内和国际相结合,在经济全球化的大背景下,我国经济与世界经济越来越相互依存,宏观政策既要考虑国内因素,也要统筹好国内国际两个大局;要重视人力资本和新知识的积累,新经济增长理论强调专业化知识和人力资本积累是经济增长持续和永久的源泉与动力。加大人力资本投入以及提高新知识积累效应对中国经济增长率和收入水平的提高有巨大的推动作用;要促进创新,提高技术进步率,通过技术进步获得高效的生产能力,由此取得竞争优势,弥补劳动力在未来可能出现的短缺所造成的经济增长隐忧;要注重拉动国内消费需求,发展消费信贷市场,更新消费观念;发展农村消费品市场,挖掘产品销售潜力等办法可以提高消费水平,使之成为促进中国经济增长的又一重要源泉;要大力发展绿色GDP核算,在经济发展的同时考虑环境保护和资源使用效率。

第十四章 AD-AS 模型

一、单项选择题

1	2	3	4	5	6	7	8	9	10
C	A	A	D	A	D	D	A	C	C
11	12	13	14	15	16	17	18	19	20
C	D	D	C	D	B	B	B	A	D

【解释】

第5题：当政府支出增加时，IS 曲线会右移，在 LM 曲线不变条件下，利率会上升；当假定经济实现充分就业，总供给曲线是垂直线时，若政府支出增加，AD 曲线会右移，但因为 AS 曲线垂直，产出 Y 始终维持潜在的国民收入水平不变，价格 p 上升，名义货币供给不变，实际货币供给减少。

因此选择 A。

第9题：总供给函数反映劳动市场均衡时，总产出 y 与价格水平 p 之间的关系，从总供给的角度，y 和 p 之间的关系分析基于宏观生产函数和劳动市场均衡理论，因此它连接了商品市场与劳动力市场。

因此选择 C。

第16题：在凯恩斯供给条件下，财政扩张会使 AD 曲线水平右移，价格不变，总产量上升；在古典供给条件下，财政扩张会使 AD 曲线右上移动，总产量不变，但价格上升；因此无论在凯恩斯还是古典供给条件下，财政扩张都会使 IS 曲线右移，LM 曲线不变时，利率上升。

因此选择 B。

二、判断题

1	2	3	4	5	6	7	8	9	10
×	×	√	√	×	×	×	×	√	√

三、名词解释

1. 总需求是指一定时期内经济社会愿意购买的产品和劳务的总量，包括家庭部门的消费需求、企业部门的投资需求、政府支出需求和国外的需求。

2. 总供给是指一定时期内经济社会愿意生产并销售的产品和劳务的总量。

3. 滞胀是指经济停滞与高通货膨胀、失业以及不景气同时存在的经济现象。

4. 利率效应是指价格水平变动引起利率呈同方向变动，进而使投资和产出水平呈反方向变动。

5. 实际余额效应是指价格水平上升，使人们持有的货币及其他以货币衡量的具有固定价值的资产的实际价值降低,人们会变得相对贫穷,于是人们的消费水平就相应地减少。

四、计算题

1. 解:(1) $AS = AD$ 即 $y_s = y_d$

$500 = 600 - 50P$ 所以,$P = 2$

供求均衡点 $P = 2$ $y_s = y_d = 500$

(2) $y'_d = (1 + 10\%)y_d = 660 - 55P$,由 $y'_d = y_s$ 得 $500 = 660 - 55p$

所以,$p = \frac{32}{11}$,新供求均衡点 $p = \frac{32}{11}$,$y_s = y_d = 500$

2. 解:(1)产品市场均衡时,$y = c + i + g = 1400 + 0.8(y - 0.25y) + 200 - 50r + 200 = 1800 + 0.6y - 50r$

解出 IS 方程为:$y = 4\,500 - 125r$

货币市场均衡时,$M_d = M_s$。

解出 LM 方程为:$(0.4y - 100r)P = 900$,联立 IS 和 LM 组成方程组可得:

总需求函数为:$y = 3\,000 + \frac{750}{P}$

(2) 当 $P = 1$ 时,$y = 3\,000 + 750 = 3\,750$

$r = 0.004 \times 3\,750 - 9 = 6$

3. 解:(1) IS 方程:$y = 100 + 0.8y + 150 - 6r$ $y = 1\,250 - 30r$

由 $\frac{M}{P} = L$ 得:$\frac{150}{P} = 0.2y - 4r$

代入 IS 方程得需求函数为:$y = 500 + \frac{450}{P}$。

(2) $P = 1$ 时,$y = 950$,$r = 10$

(3) 联立 AD、AS 组成方程组,得:$P = 1$,$y = 950$。

4. 解:(1) 由 $y = c + i + g = 600 + 0.8y + 400 - 50r + 200$

整理,得:IS 曲线方程 $y = 6\,000 - 250r$

由 $L = m$,得:$250 + 0.5y - 125r = 1\,250$,整理即得:LM 曲线方程:

$$y = 2\,000 + 250r$$

(2) 解 IS、LM 方程的联立方程组,易得:$y = 4\,000$,$r = 8$

(3) 把 $y = 5\,000$ 带入 IS 方程,得:$r = 4$,把 $y = 5\,000$ 和 $r = 4$ 带入 LM 方程,得:$250 + 0.5y - 125r = 1\,250 + \Delta Ms$

得:$\Delta Ms = 1\,000$

(4) 当 P 变化时,联立 IS 方程 $y = 6\,000 - 250r$ 和 LM 方程 $250 + 0.5y - 125r = \frac{1\,250}{P}$,

可得总需求函数为:$y = 2\,750 + \frac{1\,250}{P}$。

(5) 联立总需求函数 $y = 2\,750 + \frac{1\,250}{P}$ 和总供给函数 $y = 2\,375 + 125P$,得均衡收入 $y = 3\,000$,均衡价格 $P = 5$。

五、画图分析题

1. (1) 政府减税并提高公务人员的工资,扩张性财政政策,AD_1 曲线右移,AS 曲线不变,均衡点右上移动,产出 y 增加,物价 P 上升。

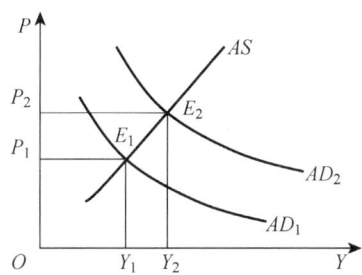

习题解答图 14-1 画图分析题 1 图示(1)

(2) 欧佩克(石油输出国组织)为避免油价下跌影响成员国的收益采用"限产促价"的办法,生产成本上升,AS_1 曲线左移,AD 曲线不变,均衡点左上移动,产出 y 减少,物价 P 上升。

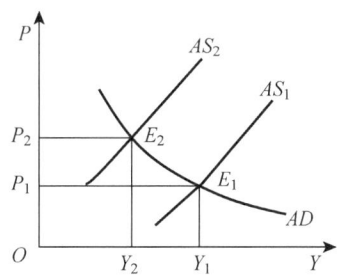

习题解答图 14-2 画图分析题 1 图示(2)

(3) 央行收紧银根,紧缩性货币政策,AD_1 曲线左移,AS 曲线不变,均衡点左下移动,产出 y 减少,物价 P 下降。

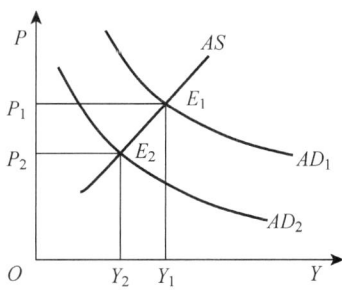

习题解答图 14-3 画图分析题 1 图示(3)

(4) 先进技术在生产领域的广泛应用,AS_1 曲线右移,AD 曲线不变,均衡点右下移动,产出 y 增加,物价 P 下降。

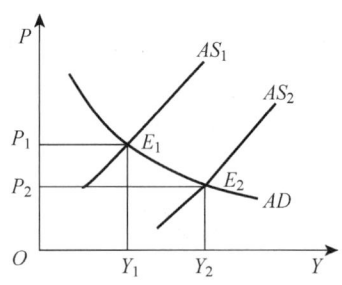

习题解答图 14-4　画图分析题 1 图示(4)

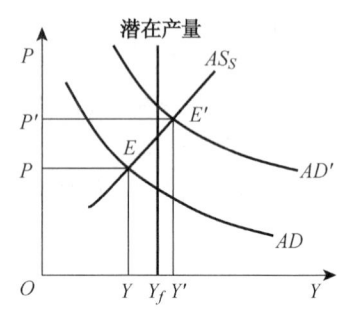

习题解答图 14-5　萧条状态与高涨状态的说明图示(1)

2. 宏观经济学用总需求-总供给模型对经济中的萧条、高涨和滞胀状态的说明，主要是通过说明短期的收入和价格水平的决定来完成的。如图示(1)所示，短期的收入和价格水平的决定有两种情况。

第一种情况是，AD 是总需求曲线，AS_s 是短期总供给曲线，总需求曲线和短期总供给曲线的交点 E 决定的产量或收入为 Y，价格水平为 P，两者都处于很低的水平，第一种情况表示经济处于萧条状态。

第二种情况是，当总需求增加，总需求曲线从 AD 向右移动到 AD' 时，短期总供给曲线 AS_s 和新的总需求曲线 AD' 的交点 E' 决定的产量或收入为 Y'，价格水平为 P'，两者都处于很高的水平，第二种情况表示经济处于高涨状态。

现在假定短期总供给曲线由于供给冲击（如石油价格和工资等提高）而向左移动，但总需求曲线不发生变化。在这种情况下，短期收入和价格水平的决定可以用图示(2)表示。图示(2)中，AD 是总需求曲线，AS_s 是短期总供给曲线，两者的交点 E 决定的产量或收入为 Y，价格水平为 P。现在由于出现供给冲击，短期总供给曲线向左移动到 AS'_s，总需求曲线和新的短期总供给曲线的交点 E' 决定的产量或收入为 Y'，价格水平为 P'，这个产量低于原来的产量，而价格水平却高于原来的价格水平，这种情况表示经济处于滞胀状态，即经济停滞和通货膨胀结合在一起的状态。

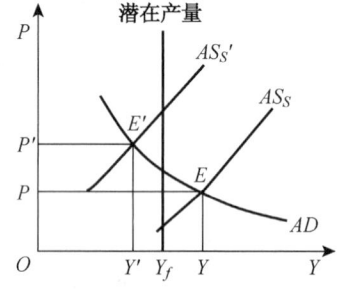

习题解答图 14-6　滞胀状态的说明图示(2)

六、问答题

1. 总需求曲线是表明产品市场与货币市场同时达到均衡时总需求与价格水平之间关系的曲线，由于总需求与价格水平呈反方向变动，即价格水平上升，总需求减少，价格水平下降，总需求增加，总需求曲线是一条向右下方倾斜的曲线。我们可以用 IS-LM 模型来解释 AD 与价格水平呈反方向变动的原因：货币供给量是指实际货币供给量，取决于名义货币量和价格水平。当名义货币供给量不变时，实际货币供给量与价格水平呈反方向变动，在货币需求不变的情况下，实际货币供给量减少使利率上升，使投资减少，总需求减少；反之，亦然。

2. 无论财政政策还是货币政策，都是通过影响利率，消费和投资进而影响总需求，使就业和国民收入得到调节的。通过对总需求的调节来调控宏观经济,所以称为需求管理政策。

3. 按照货币工资和价格水平进行调整所要求的时间的长短,宏观经济学将总产出与价格水平之间的关系分三种,即古典总供给曲线,凯恩斯总供给曲线和常规总供给曲线。按照西方古典学派的说法,在长期中,价格和货币工资具有伸缩性,因此,经济的就业水平就会处在充分就业的状态上,总供给曲线是一条位于经济的潜在产量或充分就业水平上的垂线,增加需求的政策并不能改变产量,而只能造成物价上涨,甚至通货膨胀;凯恩斯总供给曲线为一条水平线,理由:一是货币工资和价格均具有刚性,二是在短期中由于时间很短,工资和价格也没有足够的时间来进行调整,其政策含义是,只要国民收入或产量处在小于充分就业的水平,国家就可以使用增加需求的政策来达到充分就业的状态;常规总供给曲线位于两个极端之间,是一条向右上方倾斜的线。

4. 总需求曲线变动的因素:①消费需求尤其是对于耐用品的购买变化;②投资需求的变化;③政府支出和税收的变化;④净出口的变化。

总供给曲线变动的因素:①自然灾害和战争等;②技术变化;③风险承担偏好,如果市场风险增加,而厂商恰恰是风险回避者,则可能会减少供给;④进口商品价格的变化;⑤劳动意愿的变化,即人们在闲暇和工作之间进行选择的偏好。

5. 20 世纪 70 年代的滞胀现象是经济受到总供给减少的负面冲击(石油危机引起的石油价格大幅上涨)导致的总供给曲线向左移动,但总需求不发生变化,这种情况下短期产出将减少,物价水平将上涨,这就带来了经济衰退(产出减少、失业增加)和通货膨胀并存的滞胀现象。

20 世纪 90 年代的新经济是经济受到总供给增加的正面影响(计算机网络的快速发展、技术的革新进步)导致的总供给曲线向右移动,在总需求不变的情况下短期产出增加,物价水平下降,这就带来高增长、低失业、低通胀并存的新经济现象。

第十五章 失业与通货膨胀

一、单项选择题

1	2	3	4	5	6	7	8	9	10	11	12	13	14	15	16
A	A	C	B	C	A	B	B	D	B	D	C	B	B	C	D

【解释】

第 4 题：实际利率、名义利率及通货膨胀率之间的关系可以表示为：实际利率＝名义利率－通货膨胀率。因此，本题借助公式计算的结果恰好为－10％。

因此选择 B。

第 9 题：以弗里德曼为代表的货币主义代表，他们认为短期内预期通货膨胀率保持不变时，表示通货膨胀率与失业率之间仍存在一定的替换关系。而在长期中，工人将根据实际发生的情况不断调整自己的预期，工人预期的通货膨胀率与实际发生的通货膨胀率迟早会一致，这时工人会要求改变名义工资，以使实际工资不变，从而较高的通货膨胀就不会起到减少失业的作用。他们认为，长期菲利普斯曲线应该是一条垂直线，表明失业率与通货膨胀率之间不存在替代关系。而且，长期中，经济社会能够实现充分就业，经济社会的失业率将处在自然失业率的水平。长期菲利普斯曲线即垂直于自然失业率水平的直线。所以 D 说法正确。

因此选择 D。

第 13 题：通货膨胀率用公式表示为：$\pi_t = \dfrac{P_t - P_{t-1}}{P_{t-1}}$。因此可以计算得出通货膨胀率为：$(102-100) \div 100 \times 100\% = 2\%$。因此选择 A。

二、判断题

1	2	3	4	5	6	7	8	9	10
×	√	×	×	√	√	×	×	×	√

三、名词解释

1. 需求拉动型通货膨胀又称超额需求通货膨胀，是指总需求超过总供给所引起的一般价格水平的持续显著的上涨。

2. 摩擦性失业是指在生产过程中由于难以避免的转业等原因而造成的短期、局部性失业。

3. 通货膨胀是指在纸币流通的条件下由于货币供给过多而引发货币贬值，物价全面、持续上涨的货币现象。

4. 结构性失业是指劳动力的供给和需求不匹配所造成的失业，其特点是有失业，又有职位空缺，失业者或者没有合适的技能，或者居住地点不当，因此无法填补现有的职位。

5. 奥肯定律是指失业率每高于自然失业率一个百分点，实际 GDP 将低于潜在 GDP 两个百分点。换一种方式说,相对于潜在 GDP,实际 GDP 每下降两个百分点,实际失业率就会比自然失业率上升一个百分点。

四、简答题

1. 对于由摩擦性失业和结构性失业所构成的自然失业只能尽力降低其失业程度,不能完全消除,因为摩擦性失业产生的主要原因是劳动力市场的不断变化及信息的不完备性,在这两个条件约束下,劳动力流动需要一个过程,因而摩擦性失业不可避免。

结构性失业产生于经济结构的变化,而这种结构的变化是在经济增长过程中必然发生的,从衰落行业中游离出来的劳动者一时适应不了新兴行业的就业要求时,就会发生结构性失业。因此,摩擦性失业和结构性失业是无法消除的。而另一些失业,如需求不足型失业是有效需求不足引起的。对于这种失业,按照凯恩斯的看法,通过国家干预刺激有效需求,是可以消除的。

2. 一般来说,结构性失业比摩擦性失业问题更严重些,因为摩擦性失业的失业者都可以胜任可能获得的工作,加强失业服务机构,增强就业信息,协助劳动者家庭搬家等都有助于减少摩擦性失业,可是结构性失业是劳动力供求失衡造成的,一些劳动部门需要劳动力,既有职位空缺,但失业者缺乏到这些部门和岗位就业的能力,而这种能力的培训非一朝一夕所能完成,因而结构性失业比摩擦性失业难对付一些。

3. 一般来说,坐公交车比较费时间,坐出租车比较省时,恶性通货膨胀发生时,相对价格变得极不稳定,货币流通速度极大地加快。人们手中的货币像烫手的山芋必须越快越好地把它使用出去,否则很快会贬值,人们坐公共汽车所节省的钱,也许远比因坐公共汽车所耗费的时间里所发生的货币贬值造成的损失要少得多,而坐出租车虽多费钱,但可以少受自己所拥有的货币贬值的损失。这样,从机会成本角度考虑,人们就宁愿坐出租车而不愿坐费时的公交车。

4. 一是再分配效应。固定收入者吃亏,浮动收入者得利;债务人得利,债权人吃亏;实际财富持有者得利,货币财富持有者受损;国家得利,居民受损。二是产出效应。可能出现三种情况:①需求拉动通货膨胀的刺激,产出增加,收入增加;②成本推动通货膨胀会使收入和产出减少,引致失业增加;③超级通货膨胀导致经济崩溃。

五、论述题

1. 菲利普斯曲线是西方经济学家用来描述失业率与货币工资变动率之间关系的曲线。菲利普斯通过整理英国 1861—1957 年的统计资料,发现货币工资增长率与失业率之间存在一种负相关关系,这种关系可用曲线形式表现出来。在一个坐标图形上,如横轴表示失业率,纵轴表示货币工资变动率,则货币工资变动率与失业率之间关系大体上可呈现为一条负向倾斜的曲线,它表示:货币工资增长率越高,失业率越低;反之亦然。

菲利普斯曲线本来只描述失业率与货币工资增长率变动之间的关系,但西方经济学家认为,工资是产品成本的主要构成部分,对产品价格有决定性影响,因此,他们把菲利普斯曲线描述的那种关系延伸为失业率与通货膨胀率的替代关系:失业率高,通胀率就低;失业率低,通胀率就高,并认为两者间这种替代关系可为政府进行总需求管理提供选择,即通胀率或失业率太高时,可用提高失业率的紧缩政策或提高通胀率的扩张政策来降低通胀率或降低失业率,以免经济过分波动。

一些西方经济学家提出,在工资谈判中,工人们关心的是实际工资而不是货币工资。如果通货膨胀率不太高,工人没有形成通胀预期的话,那么,通胀与失业确实会有替代关系,因为工资合同在不存在通胀预期情况下订立时,物价上涨会导致实际工资下降,厂商会扩大就业和产量,但物价变动和就业变动的替代关系只会在短期内存在。随着时间推移,工人们发觉他们的实际工资随物价上涨而下降,就会要求相应地增加货币工资,以补偿通胀给自己造成的损失。于是,用通货膨胀率换取低失业率的政策就失去其预想的效果了。要想达到效果,政府就要采用比预期的通货膨胀率更高的通货膨胀率,更高的通货膨胀率与失业率之间产生了替代关系,菲利普斯曲线就向上移动了。这样不断地继续下去:工人不断地形成新的预期通货膨胀率,使换取一定失业率的通货膨胀率越来越高,一条条菲利普斯曲线不断向右上方移动,最终演变成一条垂直的菲利普斯曲线。这条垂直的曲线就是长期中的菲利普斯曲线,他表示在长期中失业与通货膨胀之间不存在替代关系,这种关系仅存在于短期内。

2. 引起成本推动型通货膨胀的原因主要有三个方面:

(1) 工资推进型通货膨胀。工资是重要的劳动力成本。人工工资是企业尤其是加工制造业主要生产成本,工资的普遍上涨将会使企业寻求通过提价来减轻工资成本上升的压力,所以工资上涨往往会推动物价上涨;而物价的上涨又会进一步提升工人对工资上涨的预期,反过来推动工资上涨。这种工资与物价互相追逐的过程,就是一般所说的"工资与物价螺旋",即由工资上涨引致的成本推动型通货膨胀。

(2) 利润推进型通货膨胀。指存在着物品和服务销售的不完全竞争市场,如在煤气、电力、电话、铁路、通信等公用事业领域,卖方有可能操纵价格,以赚取垄断利润,这就会增大一般部门的成本开支。

(3) 原材料价格上涨推动型通货膨胀。原材料是企业的重要成本,因此当原材料价格上涨时,企业的成本上升。企业为了化解成本上升的压力,通常提高产品价格,从而又引发新一轮的物价上涨。当国际市场上大宗商品价格上涨时,进口这些原材料的企业,成本更是大幅上升。

引起我国2010—2011年通货膨胀现象的原因很多,有需求拉动的也有成本推动的,此外还有货币发行过多等其他因素。由于我国电、水、天然气、原材料价格和工资的上涨增加了企业的成本,从而造成成本推动型通货膨胀。另外,投资和出口驱动型的增长模式,加剧了国内能源、燃料等资源的紧缺,推动了物价上涨。而我国实施了经济刺激政策,货币发行量过多,导致流动性过剩,物价上涨。

第十六章 经济增长与经济周期理论

一、单项选择题

1	2	3	4	5	6	7	8	9	10
B	D	A	C	C	B	C	B	C	D

【解释】

第4题:当实际增长速度超过有保证的增长速度时,厂商发现社会上资本-产量比小于合意的水平,即厂商认为社会实际投资规模偏小,因此要增加投资。而投资的增加必然使国民收入进一步增加,实际增长率的数值更大,从而进一步拉大了实际增长率和保证增长率的差距,经济呈现出扩张的势头。

因此选择C。

第9题:在经济周期中,衰退阶段的特征之一是经济增长速度的持续下滑。

因此选择C。

二、判断题

1	2	3	4	5	6
√	×	√	√	×	√

三、名词解释

1. 经济增长是指在一个较长的时间跨度上,一个国家人均产出(或人均收入)水平的持续增加。

2. 经济发展是指既包括产出总量增长和人均增长,还包括产品生产和分配所依赖的技术和体制安排的改变。

3. 经济周期是指经济活动沿着经济发展的总体趋势所经历的有规律的扩张和收缩。经济周期大体上经历周期性的四个阶段:繁荣、衰退、萧条和复苏。

4. 加速数是指收入或消费的变动又会引起投资若干倍的变动。

5. 资本广化是指实际资本的增长率与劳动力(或人口)的增长率相等,从而总资本和总劳动的比率得以保持不变。

6. 资本深化是指在经济增长过程中,当人均储蓄超过资本广化,使人均资本上升。

四、计算题

1. (1) 经济均衡增长时,$sy=(\delta+n)k=nk$(假设折旧率δ为零),将$s=0.3$,$n=3\%$代入得:

$$0.3 \times (2k - 0.5k^2) = 0.03k$$
$$20k - 5k^2 = k$$
$$k = 3.8$$

(2) 按照黄金分割律要求，对每个人的资本量的选择应使资本的边际产品等于劳动的增长率，即 $f'(k) = n$。

于是有： $2 - k = 0.03$

解得： $k = 1.97$

2. 解：(1) 当该国经济实现稳定状态时，则有：

$$\Delta k = sf(k) - (\delta + n + g)k = 0$$

将题中已知条件代入上式得：

$$28\% \times \sqrt{k} - (4\% + 1\% + 2\%)k = 0$$

化简后可解得稳定状态的资本存量为 $k = 16$。

将 $k = 16$ 代入总量生产函数 $y = \sqrt{k}$，可得该国稳定状态的产出为 $y = 4$。

(2) 遵循与(1)中同样的道理，解得该国新的稳定状态产出为 $y = 1$。

3. 由题意，资本的国民收入份额 $a = 0.25$，劳动的国民收入份额 $b = 0.75$。

根据经济增长理论，资本和劳动者两种要素的增加取得的综合增长率为：

$$a \times g_k + b \times g_l = 0.25 \times 2\% + 0.75 \times 0.7\% = 0.5\% + 0.525\% = 1.025\%$$

而实际的产出增长率已知为 3.1%，两者的差额即要素生产率的提高而取得的增长率，即因技术进步，提高了要素生产率而对经济增长所作的贡献。因此，在本题中，技术进步对经济的贡献为 2.075%。

4. 解：已知 $Y = 1\,000$（亿美元），$C = 800$（亿美元）。

则：$S = 1\,000 - 800 = 200$（亿美元）

储蓄率 $S = S \div Y = 200 \div 1\,000 \times 100\% = 20\%$

为了使该年 200 亿美元的储蓄全部转化为投资，第二年有保证的增长率 G_W 应为：

$$G_W = 20\% \div 4 = 5\%$$

此时，如果第二年的增长率达到 5%：

$$Y_2 = 1\,000 \times (1 + 5\%) = 1\,050（亿美元）$$
$$\Delta Y = Y_2 - Y_1 = 50（亿美元）$$

由 $V = 4$，则投资 $I = \Delta Y \times V = 50 \times 4 = 200$（亿美元）。

即该年 200 亿美元的储蓄正好在第二年全部转化为投资，经济实现均衡增长。

5. 解：根据经济增长理论，资本和劳动者两种要素供给的变化对总产出的综合增长率的影响为：

$$a \times k + b \times l$$

由题中已知条件 $a = 0.4$，$b = 0.6$；$k = 6\%$，$l = -2\%$。

则：

$$a \times k = 0.4 \times 6\% = 2.4\%$$
$$b \times l = 0.6 \times (-2\%) = -1.2\%$$
$$a \times k + b \times l = 2.4\% - 1.2\% = 1.2\%$$

即资本供给的增加使总产出增长了2.4%,而劳动供给的减少使总产出下降了1.2%。在其他条件不变的情况下,两者相抵后,总产出增长了1.2%。

五、问答题

1. 增长与发展是密切联系的两个不同概念。经济增长是指一国一定时期内产品和服务量的增加,用来量度的是GDP(GNP)或其人均值。经济发展除包含经济增长外,还包含经济结构的变化(如产业结构的合理化、高度化,消费结构的改善和升级),社会结构的变化(如人口文化教育程度的提高、寿命的延长、婴儿死亡率的下降),环境的治理和改善,收入分配的变化(如社会福利的增进,贫富差别的缩小)等。所以,经济增长是经济发展的基础,没有经济增长就不会有经济发展,当然也有可能出现有增长而无发展的情况。

2. 在凯恩斯的国民收入决定理论中,乘数原理考察投资的变动对收入水平的影响程度。投资乘数的大小与边际消费倾向有关,边际消费倾向越大,投资引起的连锁反应越大,收入增加得越多,乘数就越大。同样,投资支出的减少,会引起收入的数倍减少。

加速原理则考察收入或消费需求的变动,反过来又如何影响投资的变动。其内容是,收入的增加会引起对消费品需求的增加,而消费品要靠资本品生产出来,因而消费增加又会引起对资本品需求的增加,从而必将引起投资的增加。生产一定数量产品需要的资本越多,即资本-产出比率越高,则收入变动对投资变动的影响越大,因此,一定技术条件下的资本-产出比率被称为加速系数。同样,加速作用也是双向的。

可见,乘数原理与加速原理是从不同角度说明投资与收入、消费之间的相互作用。只有把两者结合起来,才能全面地、准确地考察收入、消费与投资三者之间的关系,并从中找出经济依靠自身的因素发生周期性波动的原因。乘数原理和加速原理不同的是,投资的乘数作用是投资的增长(下降)导致收入的数倍增长(下降),而投资的加速作用则是收入或消费需求的增长(下降)导致投资的数倍增长(下降)。

3. (1) 政府实现资本积累黄金律水平的主要调控手段是变动储蓄率。因为当政策制定者调控经济时,无非面临两种情况,即经济的初始稳态资本存量高于黄金律稳态或者低于黄金律稳态。当经济的初始稳态资本存量高于黄金律稳态时,应采取降低储蓄率的政策;当经济的初始稳态资本存量低于黄金律稳态时,应采取提高储蓄率的政策。无论政策制定者选择的是哪一种政策,在新的黄金律稳态水平时消费,一定高于储蓄率变化之前的消费水平,因为黄金稳态的定义就是消费水平最高的稳态。

(2) 现实中,由于短视和对当前利益的偏爱,以及政治方面的考虑等,政策制定者通常不会选择与实现黄金律稳定状态完全一致的政策,实际所采取的政策与实现黄金律稳态的要求总是有偏离的。

4. 由于乘数和加速数的结合,经济中将自发地形成周期性的波动,它由扩张过程和收缩过程所组成,但是,即便依靠经济本身的力量,经济波动也有一定的界限。

经济波动的上限,是指产量或收入无论怎样增加都不会超过一条界限,它取决于社会已经达到的技术水平和一切资源可以被利用的程度。在既定的技术条件下,如果社会上一切被利用的生产资源已被充分利用,经济扩张就会遇到不可逾越障碍,产量停止增加,投资也就停止增加,甚至减少,这就是经济波动的上限。

经济波动的下限,是指产量或收入无论怎样收缩都不会再下降的一条界限,它取决于总投资的特点和加速作用的局限性。因为总投资降至最小时,即本期厂商不购买任何机器设备,即总投资等于零,它不可能小于零。这就构成了衰退的下限。又因为从加速原理来看,它是在没有生产能力剩余的情况下才起作用。如果厂商因经济收缩而开工不足,企业有过剩的生产能力,则加速原理就不会起作用了。此时,只有乘数作用,经济收缩到一定程度后就会停止收缩,一旦收入不再下降,乘数作用又会使收入逐渐回升。这就是经济波动的下限。

5. 西方经济学家认为,虽然在乘数和加速数的相互作用下,经济会自发地形成周期性波动,但政府在这种经济波动面前仍可有所作为。政府可以根据对经济活动变化的预测,采取预防性措施,对经济活动进行调节,以维持长期的经济稳定。而政府的措施主要通过以下三个环节来实现。

(1) 调节投资。经济波动是在政府支出及自发性投资不变的情况下发生的,如果政府及时变更政府支出或采取影响私人投资的政策,就可以使经济的变动比较接近政府的意图,从而达到控制经济波动的目的。例如,在行政投资下降时,政府可以增加公共工程的投资,增加社会福利的转移支付,或采取减税、降低利率及银行储备率等措施鼓励私人投资,从而使总需求水平不至于因行政投资的下降而降低,以保持经济的稳定、持续的增长。

(2) 影响加速系数。如果不考虑收益递减问题,加速系数与资本-产出比率是一致的。政府可以采取措施影响加速系数以影响投资的经济效果。例如,政府可采取适当的措施来提高劳动生产率,使同样的投资能够增加更多的产量,从而对收入的增长产生积极的作用。

(3) 影响边际消费倾向。政府可以通过适当的政策影响人们的消费在收入中的比例,从而影响下一期的收入。例如,当经济将要下降时,政府可以采取鼓励消费的政策,提高消费倾向,增加消费,进而促使下期收入的增加。

6. 均衡增长率、实际增长率和自然增长率分别是哈罗德增长模型中研究经济实现充分就业下的均衡增长所必需的条件时区分的三种不同的经济增长概念。

均衡增长率也称有保证的增长率(G_W)是指在储蓄率 S 和资本产出比率 V 为既定的条件下,为使储蓄全部转化为投资所需要的产出增长率。G_W 是由储蓄率和厂商合意的资本产出比率决定的,$G_W = S \div V$。

实际增长率 G 是实际上实现了的产出增长率,它取决于有效需求的大小,即一定资本产出比率下社会实际储蓄率。

自然增长率 G_N 是指长期中人口增长和技术进步等因素变化后所能达到的最大可能实现的增长率,它是由劳动力和技术水平所决定的。

经济中实现充分就业的均衡增长,需满足 $G = G_W = G_N$。但由于三种增长率由各不相同的因素所决定,因此实际中很难达到三者相等的情况。这时社会经济可能出现下列情况:

(1) 如果 $G > G_W$,说明社会总需求超过了厂商所合意的生产能力,这时,厂商将增加投资,投资的增加在乘数的作用下使实际增长率更高,显得资本存量更不足,因此,其结果是需求膨胀,引起经济累积性持续扩张。

(2) 如果 $G < G_W$,说明社会总需求不足,厂商拥有的资本过剩,这时,厂商将削减投资,由于乘数作用,实际增长率更低,显得资本更过剩,结果是收入下降,经济持续收缩。

(3) 如果 $G_W > G_N$,说明储蓄和投资的增长率超过了人口增长和技术水平条件下所能允许的程度,增长受劳动力不足和技术条件的限制,出现资本闲置,因此,厂商将削减投资,引起经济的长期停滞。

(4) 如果 $G_W < G_N$,说明储蓄和投资的增长率未达到人口增长和技术水平所要求的水平,

因劳动力过多而使工资低廉,因此,刺激经济形成长期高涨。

所以,只有当 $G=G_W$ 的情况下,经济才能均衡增长,否则将出现短期内经济收缩与扩张的波动。只有当 $G_W=G_N$ 时,才能在既定的技术水平下,实现充分就业,否则将使经济处于长期的失业或通货膨胀。当 $G=G_W=G_N$ 时,可实现充分就业的均衡增长,这是一种最理想的经济增长状态。

7. 新古典增长模型的基本方程式为:$\Delta K = sy - (n+\delta)k$,这一关系式表明,人均资本的增加等于人均储蓄 sy 减去 $(n+\delta)k$ 项,$(n+\delta)k$ 项可以这样理解,劳动力的增长率为 n,一定量的人均储蓄必须用于装备新工人,每个工人占有的资本为 k,这一用途的储蓄为 nk;另一方面,一定量的储蓄必须用于替换折旧资本,这一用途的储蓄为 δk,总计为 $(n+\delta)k$ 的人均储蓄被称为资本的广化,人均储蓄超过 $(n+\delta)k$ 的部分则导致了人均资本 k 的上升,这被称为资本的深化。

因此,这一公式可写为资本深化＝人均储蓄－资本广化。新古典增长模型也具有明显的政策含义,实现人均产出量增加有三种途径:①在人均资本占有量既定的条件下提高技术水平,从而增加总产出;②提高储蓄率,使人均资本量增加;③降低人口出生率。

第十七章　开放条件下的短期经济模型

一、单项选择题

1	2	3	4	5	6	7	8	9	10
D	C	B	A	D	B	B	C	D	B

【解释】

第3题：决定国际间资本流动的主要因素是各国的利率水平，资本流动的方向是从利率低的国家流向利率高的国家。

因此选择B。

第9题：在固定汇率制下的小国开放经济中，货币政策是无效的，因此，本币汇率、净出口及国民收入都不发生变化。

因此选择D。

第10题：小国开放经济模型中，利率水平恒等于世界利率，视为外生变量。

因此选B。

二、判断题

1	2	3	4	5	6
×	×	×	√	√	√

三、名词解释

1. 汇率是指一个国家的货币和另一个国家货币之间兑换的比率。在表示汇率的方法上，通常采用另一国货币来表明本国货币的价格。

2. 蒙代尔-弗莱明模型是指在20世纪60年代，由罗伯特·蒙代尔和J·马库斯·弗莱明提出的开放经济条件下的模型，即通常所说的经典M-F模型。该模型扩展了对外开放经济条件下不同政策效应的分析，说明了资本是否自由流动以及不同的汇率制度对一国宏观经济的影响。

3. 固定汇率制是指一国货币同他国货币的汇率基本固定，其波动限于一定的幅度之内。

4. 浮动汇率制是指一国不规定本国货币与他国货币的官方汇率，听任汇率由外汇市场的供求关系自发地决定。

5. 直接标价法是指用一单位的外国货币作为标准，折算为一定数额的本国货币来表示的汇率。

6. 间接标价法是指用一单位的本国货币作为标准，折算为一定数额的外国货币来表示的汇率。

四、计算题

解：名义汇率为：1美元＝100日元。

$$实际汇率 = 100 \times \frac{1}{50} = 2$$

实际汇率为 2 表明 1 辆美国汽车可以兑换 2 辆相似的日本汽车。

五、问答题

1. 小国开放经济是指一国对外经济往来的规模较小,其净出口的变化不会对世界物价产生影响,其对外净投资的变化不会对世界利率水平产生影响。

从资本流动的角度看,如果小国经济的利率水平低于世界利率水平,则小国经济的国内资本为追求高的回报率必须外流,投资于国外,国内的资本供应下降,在资本需求不变的情况下,利率水平必须上升,当小国经济的利率水平与世界利率水平相等时,资本流动趋于均衡;反之,如果小国经济的利率水平高于世界利率水平,则会出现国际资本流入的现象,资本流入必须会降低国内利率水平,直到小国利率水平等于世界利率水平。理想的小国开放经济的开放程度高,资本流动的成本低,这就意味着小国经济的利率水平必须与世界利率水平保持一致。同时,由于小国经济的资本规模较小,其资本外流和内流对世界资本供求影响不大,所以世界利率水平不会因小国经济的资本流动而改变。这就意味着,小国经济是世界利率的接受者。

2. 在小国开放经济实行浮动汇率制的条件下,财政政策作用往往是失效的。以扩张性的财政政策为例,财政扩张使本国利率和国民收入有上升和增加的趋势;在资本自由流动的情况下,小国利率水平必然等于世界利率水平,小国利率上升的压力最终表现为大量资本的流入。资本流入使本国货币在外汇市场供不应求而升值,这样,对外净出口下降。净出口下降则抑制了国民收入上升的趋势。所以,浮动汇率制下,财政政策的扩张只会引起本国货币汇率的上升即升值,对国民收入不产生影响。财政扩张所产生的总需求,刚好被本国货币升值所减少的净出口抵消。由此可以得出结论:实行浮动汇率制的开放小国经济中,实施财政政策不会对该国的国民收入产生效果。

3. 在浮动汇率制下:①因为资本的流动,消费者减少消费增加储蓄,并不使本国利率下降,而是导致本国货币汇率下降,贸易余额会向顺差方向发展,即净出口增加;因净出口增加与国内减少的消费相抵消,所以国民收入不变。②关闭本国造纸企业而进口更多的纸张,使本国贸易余额向逆差方向发展,即净出口下降,本国货币汇率会下降,本国货币汇率的下降反过来使其他商品的进口减少,净出口恢复到原来的水平。所以,这一政策不会使国民收入和贸易余额变化,只是导致本国货币汇率的下降。③交易性货币需求降低使货币市场的货币供给超过了货币需求,货币资本外流,使本国货币汇率下降,净出口和国民收入都会相应增加。

在固定汇率制下:①消费者减少当前消费增加储蓄时,资本外流,本国货币汇率有下降的压力,货币当局通过外汇市场上的公开市场操作维护固定汇率不变,但其外汇储蓄下降,国内基础货币供应量也相应下降,国民收入因此也下降,汇率和净出口保持不变。②关闭本国造纸企业而进口更多的纸张,使本国贸易余额向逆差方向发展,即净出口下降,本国货币汇率有下降的压力,中央银行为维护固定汇率则减持外汇储备,国内货币供给量也相应下降,使国民收入下降。③交易性货币需求降低使货币市场的货币供给超过了货币需求,货币资本外流,使本国货币汇率有下降压力,中央银行为维护固定汇率制使外汇储备下降,国内货币供给量也相应下降,货币市场恢复均衡,国民收入不变,贸易余额也保持不变。

4. 本国货币贬值有助于提高本国出口产品的国际竞争力。在浮动汇率制下,依据蒙代尔-弗莱明模型,实行扩张性的货币政策,会使本币汇率下降,本国出口商品的国际价格下降,价格竞争力提高,从而出口扩大。但是,扩张性的货币政策也会导致国内的国民收入水平上升。过快的国民收入上升可能引发通货膨胀,为保持国民收入水平的稳定,在实施扩张性的货币政策的同时,可配合以紧缩性的财政政策。紧缩性财政政策使国内的需求水平下降,可以抵销出口竞争力提高而增大的外来需求。

5. 作为中央银行的行长,可使用的政策只有货币政策。当财政部决定提高税率弥补财政赤字时,国内需求水平会下降,国民收入相应有下降压力。为维持收入稳定的经济目标,中央银行的行长决定采取扩张性的货币政策,扩张性货币政策可以刺激需求,从而抵消税收提高对国民收入的影响。

扩张性的货币政策会使社会货币供给量增大,在货币需求不变的情况下,利率水平下降,资本大量外流,本国货币汇率也会下降,即贬值,净出口增加。但由于本国是一个开放经济大国,本国资本大量外流会使世界利率水平下降,这样,又会反过来减缓本国的资本流出,所以,本国货币汇率的下降幅度和净出口的增加量都会较小国开放经济要小些。

第三部分　模拟试题及参考答案

西方经济学模拟试题（一）

一、单项选择题（本大题共10小题，每小题2分，共20分）

1	2	3	4	5	6	7	8	9	10

1. 如果某商品是富有需求的价格弹性的，该商品价格上升会使该商品的（　　）。
   A. 销售收益增加　　　　　　　　B. 销售收益不变
   C. 销售收益下降　　　　　　　　D. 销售收益可能增加也可能下降

2. 当某消费者对商品 X 的消费达到饱和点（即 TU 达到最大值）时，则边际效用 Mu_X 为（　　）。
   A. 正值　　　　　　　　　　　　B. 负值
   C. 零　　　　　　　　　　　　　D. 不确定

3. 当总产量下降时，（　　）。
   A. AP 为零　　　　　　　　　　 B. AP 为负
   C. MP 等于零　　　　　　　　　 D. AP 递减

4. 一个企业在（　　）的情况下应该关闭。
   A. AVC 的最低点大于价格　　　　B. AC 的最低点大于价格
   C. 发生亏损　　　　　　　　　　D. MC＞MR

5. 根据完全竞争市场的条件，下列行业中，接近完全竞争行业的是（　　）。
   A. 餐饮行业　　　　　　　　　　B. 玉米行业
   C. 自行车行业　　　　　　　　　D. 服装行业

6. 在某一时期内彩色电视机的需求曲线向右平移的原因可以是（　　）。
   A. 消费者对彩色电视机预期价格下降
   B. 消费者对彩色电视机的预期价格上升
   C. 彩色电视机的价格下降
   D. 消费者的收入水平下降

7. 当某种商品需求收入弹性 $E_M<0$ 时，则该种商品是（　　）。
   A. 正常品　　　　　　　　　　　B. 必需品
   C. 奢侈品　　　　　　　　　　　D. 劣等品

8. 在保持既定产量下,减少的一种要素投入量与增加的另一种要素投入量的比率是(   )。
   A. 机会成本   B. 边际技术替代率
   C. 商品的边际替代率   D. 成本替代率

9. 不随产量变动而变动的成本称为(   )。
   A. 平均成本   B. 固定成本
   C. 长期成本   D. 总成本

10. 在垄断竞争市场中,(   )。
    A. 少数厂商销售有差异的产品   B. 许多厂商销售同样的产品
    C. 少数厂商销售同质的产品   D. 许多厂商销售有差异的产品

二、判断题(本大题共8小题,每小题1分,共8分)

1	2	3	4	5	6	7	8

1. 如果价格可以自由浮动,则短缺不会长期存在。   (   )
2. 短期是指时期不超过1年。   (   )
3. 需求曲线的斜率和需求的价格弹性是相同的概念。   (   )
4. 边际效用随着消费量的增加而增加。   (   )
5. 微观经济学的基本假设是市场失灵。   (   )
6. 当边际成本递增时,平均成本也是递增的。   (   )
7. 平均产量线与边际产量线相交于边际产量线的最小值点。 (   )
8. 完全竞争市场中的厂商可以影响市场价格。   (   )

三、画图分析题(本大题共1小题,共10分)

论述一种可变要素生产函数中总产量、平均产量及边际产量之间的关系。并说明短期生产划分为几个阶段。最佳生产区间在第几阶段。为什么?(辅之以图说明)

四、计算题(本大题共4小题,第1小题6分,第2小题9分,第3小题6分,第4小题9分,共30分)

1. 某人每周收入120元,全部花费X和Y两种商品上,他的效用函数为$U=XY$,$P_X=2(元)$,$P_Y=3(元)$。求:
   (1) 为获得最大效用,他会购买几单位X和Y?
   (2) 总效用是多少?

2. 已知生产函数为$Q=10L-L^2-100$。求:
   (1) 写出生产中该厂商关于劳动的总产量函数、劳动的平均产量函数和边际产量函数。
   (2) 分别计算总产量、平均产量、边际产量达到极大值时厂商的劳动投入量。

3. 某完全竞争企业的成本函数为$TC=Q^3-9Q^2+81Q+25$。求:
   (1) 停止营业点的价格。

(2) 若产品价格 $P=81$，求最佳产量和利润。

4. 假定在某市场上 A、B 两厂商是生产同种有差异的产品的竞争者；该市场对 A 厂商的需求曲线为 $Q_A=200-P_A$，对 B 厂商的需求曲线为 $Q_B=600-2P_B$；两厂商目前的销售量分别为 $Q_A=50$，$Q_B=100$。求：

(1) A、B 两厂商的需求的价格弹性 ed_A 和 ed_B 各是多少？

(2) 如果 B 厂商降价后，使 B 厂商的需求量增加为 $Q_B=160$，同时竞争对手 A 厂商的需求量减少为 $Q_A=40$，那么，A 厂商的需求的交叉价格弹性 e_{AB} 是多少？

(3) B 厂商降价行为是正确的吗？为什么？

五、问答题(本大题共 2 小题，第 1 小题 6 分，第 2 小题 10 分，共 16 分)

1. 等产量曲线的特征有哪些？
2. 垄断竞争市场和完全垄断市场有何区别？并举例说明。

六、案例分析题(本大题共 1 小题，共 16 分)

2013 年春节假日，武汉洗车价格普涨到每台 60 元，不少网友发帖抱怨洗车店"趁节打劫"，但物价部门和受访律师表示政府对洗车业价格没有强制规定，价格波动属于市场行为。

2 月 2 日，在媒体工作的张先生收到洗车店发来的短信，称"由于洗车小工大批返乡，春节期间价格难以控制，2 月 4 日至 24 日，洗车的会员卡将停用"。记者昨日收到张先生的反映后，走访了汉口多家洗车店。位于汉口天门墩一家汽车美容店店主说，从小年到初八洗车 60 元，别人涨，我们也得涨，去年同期也涨得蛮高，每天也不愁生意，一天要洗好几十台车。在常青花园机场高速高架桥下一家洗车店，涨价信息在显眼处张榜：2 月 1 日到 3 日，普通车 30 元；腊月二十四到初六执行春节价格，普通车即 5 座轿车每次 60 元，越野车每次 70 元，商务车每次 80 元。

对此，记者采访武昌区物价局相关工作人员，他表示，政府对洗车业价格没有强制规定，临近春节，洗车价格上涨，价格波动属于市场行为，物价部门没有法律依据来制裁这种涨价行为。湖北金卫律师事务所李光福律师说，根据《中华人民共和国价格法》的规定，我国大多数商品和服务价格实行市场调节价，洗车服务不属于重要的公用事业和公益服务，因此不宜由政府部门对其价格进行指导和干预。另外，人工费在洗车成本中占了很大比重，临近春节，农民工纷纷返乡过年，洗车工人供不应求，洗车价随之上涨即在情理之中。

尽管物价部门和受访律师都称洗车价格波动属"市场行为"，但涨价还是引发大量车主吐槽。在一家医院工作的车主侯先生对记者说，这个价涨得太离谱了，如果其他行业也这样，那出租车起步价岂不是可以涨到 30 元、40 元，照样有乘客；医院也有理由涨到平时几倍，春节期间急着要看病的人高价也会看，建议工商、物价部门给个指导价。在一家科技公司上班的车主张先生也告诉记者，不能"瞎涨"。

问：

(1) 如何理解平时的洗车市场(除春节期间)是一个近似完全竞争市场？

(2) 从平时的市场过渡到春节市场，该行业出现了怎样的变化？为什么？

(3) 完全竞争市场的价格浮动需要政府介入干预吗？为什么？

西方经济学模拟试题(二)

一、单项选择题(本大题共10小题,每小题2分,共20分)

1	2	3	4	5	6	7	8	9	10

1. 下列选项中,(　　)应计入 GDP 中。
   A. 面包厂购买的面粉　　　　　　　　B. 购买 400 股股票
   C. 家庭主妇购买的面粉　　　　　　　D. 购买政府债券

2. 政府购买支出是指(　　)。
   A. 政府购买各种产品和劳务的支出　　B. 政府购买各种产品的支出
   C. 政府购买各种劳务的支出　　　　　D. 政府的转移支付

3. 在以下四种情况中,投资乘数最大的是(　　)。
   A. 边际消费倾向为 0.6　　　　　　　B. 边际消费倾向为 0.3
   C. 边际储蓄倾向为 0.1　　　　　　　D. 边际储蓄倾向为 0.3

4. 如果 MPS 为 0.2,则税收乘数(税收为定量税)值为(　　)。
   A. -5　　　　B. 0.25　　　　C. -4　　　　D. 2

5. 当货币的投机需求对利率变得更加敏感,则(　　)。
   A. IS 曲线变得更加陡峭　　　　　　　B. IS 曲线变得更加平缓
   C. LM 曲线变得更加陡峭　　　　　　　D. LM 曲线变得更加平缓

6. 在经济过热时,政府应该采取(　　)的财政政策。
   A. 扩大政府财政支出　　　　　　　　B. 减少财政支出
   C. 扩大财政赤字　　　　　　　　　　D. 减少税收

7. 紧缩性货币政策的运用会导致(　　)。
   A. 减少货币供给量,降低利率　　　　B. 增加货币供给量,提高利率
   C. 减少货币供给量,提高利率　　　　D. 增加货币供给量,降低利率

8. LM 曲线变得平坦是由于(　　)。
   A. k 变小,h 变大　　　　　　　　B. k 和 h 同比例变大
   C. k 变大,h 变小　　　　　　　　D. k 和 h 同比例变小

9. 在古典区域内(　　)。
   A. 货币政策有效　　　　　　　　　　B. 财政政策有效
   C. 货币政策无效　　　　　　　　　　D. 财政政策和货币政策同样有效

10. 实行紧缩性财政政策会产生(　　)。
    A. 预算赤字　　　B. 预算盈余　　　C. 物价上涨　　　D. 失业减少

得分 ☐ 　　**二、判断题**(本大题共 10 小题,每小题 1 分,共 10 分)

1	2	3	4	5	6	7	8	9	10

1. 如果农民种植的粮食用于自己消费,则这种粮食的价值就无法计入国内生产总值。
 (　　)
2. 如果边际消费倾向为 0.75(税收为定量税),政府支出乘数为 4。(　　)
3. 如果边际消费倾向为 0.75,税收上升 100,那么实际收入下降 300。(　　)
4. 政府购买的变化直接影响总需求,但税收和转移支付则是通过它们对私人消费和投资的影响间接影响总需求。 (　　)
5. LM 曲线是描述货币市场均衡时,国民收入与利息率之间的关系。 (　　)
6. 如果净税收增加 10 亿美元,会使 IS 右移税收乘数乘以 10 亿美元。 (　　)
7. 一般地说,位于 IS 曲线右上方的收入和利率的组合,都是投资大于储蓄的非均衡组合。 (　　)
8. 税收增加使 IS 曲线向右移动。 (　　)
9. d 变大,IS 曲线变得陡峭。 (　　)
10. 按照凯恩斯的货币理论,如果 r 上升,货币需求将上升。 (　　)

得分 ☐ 　　**三、计算题**(本大题共 3 小题,第一小题 6 分,第二小题 8 分,第三小题 12 分,共 26 分)

1. 假定某国有 600 亿美元纸币,100 亿美元铸币,2 000 亿美元活期存款,1 000 亿美元储蓄存款,1 500 亿美元定期存款,1 600 亿美元政府债券。试问 M_0、M_1、M_2、M_3 各是多少?(6 分)
2. 假设货币需求 $L=0.2y-10r$,货币供给量 $m=200$,$c=100+0.8y_d$,$t=100$,$g=80$,$i=220-2r$。(单位:亿美元)

 试求:(1) IS 和 LM 方程。(6 分)

 (2) 均衡收入、利率。(2 分)
3. 假设某三部门经济的消费函数为 $c=100+0.8y_d$,投资 $i=64$,政府购买 $g=100$,$tr=30$,边际税率 $t=0.2$。(单位:亿美元)

 试求:(1) 均衡收入。(4 分)

 (2) 投资乘数、政府购买乘数、转移支付乘数和税收乘数。(4 分)

 (3) 假定该社会达到充分就业所需要的国民收入为 1 000 亿美元,试问:若要实现充分就业,投资应如何变动?(4 分)

得分 ☐ 　　**四、画图分析题**(本大题共 2 题,每小题 10 分,共 20 分)

1. 用 IS-LM 模型画图分析下列情况对均衡的影响。

 (1) 投资增加。

 (2) 税收增加。

 (3) 央行降低法定存款准备金率。

(4) 政府购买增加。

(5) 央行在公开市场卖出政府债券。

2. 用 AD-AS 模型说明 20 世纪 70 年代西方国家因石油危机所引起的滞涨。

五、问答题(本大题共 4 题,每小题 6 分,共 24 分)

1. GDP 指标的含义及核算的支出法。(6 分)

2. 简述凯恩斯货币需求的三个动机。(6 分)

3. 简述凯恩斯流动性陷阱及成因。(6 分)

4. 经济萧条时期如何运用财政政策调控经济?(6 分)

西方经济学模拟试题(一)参考答案

一、单项选择题(本大题共 10 小题,每小题 2 分,共 20 分)

1	2	3	4	5	6	7	8	9	10
C	C	D	A	B	B	D	B	B	D

二、判断题(本大题共 8 小题,每小题 1 分,共 8 分)

1	2	3	4	5	6	7	8
√	×	×	×	×	×	×	×

三、画图分析题(本大题共 1 小题,共 10 分)

(1) 图形。

(2) 关系。

① TP 与 MP。在每一劳动投入下边际产量的值是对应该点总产量的斜率值。

② TP 与 AP。在每一劳动投入下平均产量的值是对应该点总产量与原点连线的斜率值。

③ MP 与 AP。边际产量大于平均产量时平均产量上升,边际产量小于平均产量时平均产量下降,两者相交于平均产量的最低点。

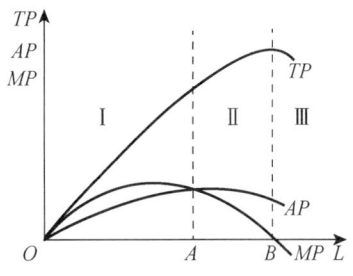

图 0-1 画图分析题图示

(3) 最佳生产区间是第二区间,因为可变要素与不变要素之间处于最佳比例关系。

四、计算题(本大题共 4 小题,第 1 小题 6 分,第 2 小题 9 分,第 3 小题 6 分,第 4 小题 9 分,共 30 分)

1. (1) 由 $U = XY$ 得:$\frac{\partial U}{\partial X} = \frac{\partial(XY)}{\partial X} = Y$,$\frac{\partial U}{\partial Y} = \frac{\partial(XY)}{\partial Y} = X$;

又知,$Px = 2, Py = 3$,进而由 $\frac{MU_X}{P_X} = \frac{MU_Y}{P_Y}$,得 $\frac{Y}{2} = \frac{X}{3}$。

由题意可知预算方程为:$2X + 3Y = 120$。

解下列方程组:

$$\begin{cases} \dfrac{Y}{2} = \dfrac{X}{3} \\ 2X + 3Y = 120 \end{cases}$$

$$\begin{cases} X = 30 \\ Y = 20 \end{cases}$$

因此,为使获得的效用最大,他应购买 30 单位的 X 和 20 单位的 Y。

(2) 因为,$MUx = \dfrac{\partial U}{\partial x} = Y = 20$,$Px = 20$

总效用 $TU = XY = 30 \times 20 = 600$

2. (1) $TP = 10L - L^2 - 100$

$$AP = 10 - L - \dfrac{100}{L}$$

$$MP = 10 - 2L$$

(2) 总产量最大时 $L = 5$

平均产量最大时 $L = 10$

边际产量最大时 $L = 0$

3. (1) $AVC = Q^2 - 9Q + 81$

$AVC' = 0$ $Q = 4.5$ $P = AVC\min = 60.75$

(2) $MR = MC = P$ $Q = 6$ $TR = 486$ $TC = 403$ 利润 $= 83$

4. (1) $Q_A = 50, P_A = 150$,即 $Eda = \left(-\dfrac{dQ_A}{dP_A}\right) \times \left(\dfrac{P_A}{P_B}\right) = -(-1) \times \dfrac{150}{50} = 3$

$Q_B = 100, P_B = 250$,即 $Edb = \left(-\dfrac{dQ_B}{dP_B}\right) \times \left(\dfrac{P_B}{Q_B}\right) = -(-2) \times \dfrac{250}{100} = 5$

(2) 当 $Qa' = 40$ 时,$P'_A = 200 - 40 = 160$ 且 $\Delta Qa' = -10$

当 $Qb' = 160$ 时,$P'_B = 300 - 0.5 \times 160 = 220$ 且 $\Delta Qb' = -30$

$Eab = \left(\dfrac{\Delta Qa'}{\Delta Pb'}\right) \times \left(\dfrac{Pb'}{Qa'}\right) = \left(\dfrac{-10}{-30}\right) \times \left(\dfrac{250}{50}\right) = \dfrac{5}{3}$

(3) 降价正确。由(1)知,B 厂商在 $P_B = 250$ 时的 $Edb = 5 > 1$,所以对于厂商的需求是富有弹性的,因为对于富有弹性的商品而言,价格与销售收入呈反方向变化,B 厂商降价是正确的做法。

五、问答题(本大题共 2 小题,第 1 小题 6 分,第 2 小题 10 分,共 16 分)

1. (1) 任何两条等产量曲线不可以相交。

(2) 离远点越远代表产量水平越高。

(3) 凸向原点。

2. (1) 行业中厂商的数目。论述言之有理即可。

(2) 产品的差别程度。论述言之有理即可。

(3) 进入行业的障碍。论述言之有理即可。

(4) 厂商对价格的控制程度。论述言之有理即可。

举例:汽车与铁路。

六、案例分析题(本大题共 1 小题,共 16 分)

(1) 进入障碍比较低,产品之间差别小,厂商数目比较多,单个厂商对价格控制程度较小。

(2) 从平时到春节,洗车的价格发生了变化。

原因:需求方面:需求增加,过年爱干净。

供给方面:洗车店面临员工短缺,没有回家的员工洗车的机会成本上升,春节期间属于加班,要支付3倍工资,企业成本上升。

(3)不需要,其价格的上升是由于需求和供给的双方影响,春节过后就会回归的均衡,这种市场行为不在政府干预的范围之内。

西方经济学模拟试题(二)参考答案

一、单项选择题(本大题共10小题、每小题2分、共20分)

1	2	3	4	5	6	7	8	9	10
C	A	C	C	D	B	C	A	A	B

二、判断题(本大题共10小题、每小题1分、共10分)

1	2	3	4	5	6	7	8	9	10
√	√	√	√	√	×	×	×	×	×

三、计算题(本大题共3小题,第一小题6分,第二小题8分,第三小题12分,共26分)

1. $M_0 = 600 + 100 = 700$(亿美元) (2分)

    $M_1 = 700 + 2\,000 = 2\,700$(亿美元) (2分)

    $M_2 = 2\,700 + 1\,000 + 1\,500 = 5\,200$(亿美元) (1分)

    $M_3 = 5\,200 + 1\,600 = 6\,800$(亿美元) (1分)

2. (1) 因为,$c = 100 + 0.8Y_d$

    $y = 100 + 0.8(y - 100) + 220 - 2r + 80$

    $IS:y = 1\,600 - 10r$

    令 $L = M$ $0.2y - 10r = 200$

    $LM:y = 1\,000 + 50r$ (6分)

    (2) 令 $IS = LM$ 则 $1\,600 - 10r = 1\,000 + 50r$

    $r = 10$ $y = 1\,500$ (2分)

3. (1) $y = c + i = 100 + 0.8y_d + 64 + 100$

    $y = 800$ (4分)

    (2) $k_i = \dfrac{25}{9}$;$k_g = \dfrac{25}{9}$;$k_t = -\dfrac{20}{9}$;$k_{tr} = \dfrac{20}{9}$ (4分)

    (3) $\Delta y = 1\,000 - 800 = 200$ (4分)

    $\Delta i = \dfrac{\Delta y}{k_i} = \dfrac{200}{\frac{25}{9}} = 72$

四、画图分析题(本大题共2题,每小题10分,共20分)

1. (1) 投资增加,IS_0 曲线右移,均衡收入增加,均衡利率上升。

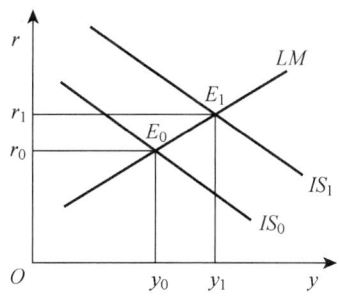

图 0-2 第(1)种情况

（2）税收增加，IS_0 曲线左移，均衡收入减少，均衡利率下降。

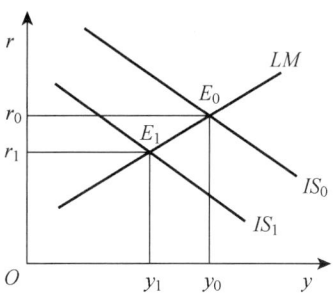

图 0-3 第(2)种情况

（3）货币需求增加，LM_0 曲线右移，均衡收入增加，均衡利率下降。

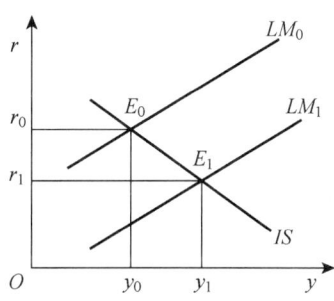

图 0-4 第(3)种情况

（4）政府购买增加，IS_0 曲线右移，均衡收入增加，均衡利率上升。

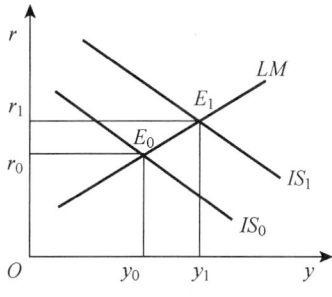

图 0-5 第(4)种情况

（5）央行在公开市场卖出政府债券，LM_0 曲线左移，均衡收入减少，均衡利率上升。

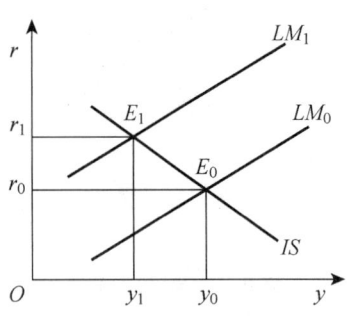

图 0-6　第(5)种情况

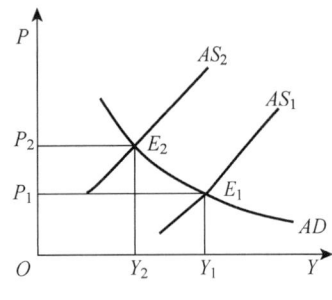

图 0-7　画图分析题 2 图示

2. 20 世纪 70 年代西方国家因石油危机，引起工业基础原材料涨价，企业生产成本上升，AS_1 曲线左移（如图），均衡收入减少，均衡价格上升，引起经济的滞胀现象。

五、问答题（本大题共 4 题，每小题 6 分，共 24 分）

1. GDP 是指一个经济社会在一定时期所生产的全部最终产品的市场价值。(2 分)GDP 核算的支出法公式是：GDP＝$C+I+G+(X-M)$，其中 C 为消费，包括耐用品、非耐用品和劳务消费。I 为投资，包括固定资产和存货投资。G 为政府购买。$X-M$ 为净出口，X 为出口，M 为进口。(4 分)

2. 三动机：交易动机：满足正常交易需要所需的货币量。预防动机：预防意外事件发生所需的货币量。投机动机：为了等待有利的购买有价证券的机会持有的货币量。(3 分)交易动机和预防动机和收入呈正比。投机动机和利率呈反比。(3 分)

3. 当利率极低时，人们预期证券的价格不会升只会降，所以人们手中无论增加多少货币，都不会再去购买有价证券。(3 分)人们不管有多少货币都愿意持有在手中，这种情况称为"凯恩斯陷阱"或"流动偏好陷阱"。(3 分)

4. 经济萧条时期应采用积极的财政政策。(3 分)减税增支，刺激经济增长。(3 分)